# 面试实战解码

上海华智公考学校 / 编著

复旦大学出版社

# 序 言
PREFACE

习近平总书记指出："办好中国的事情，关键在党，关键在人。"当今中国面临着复杂多变的国际形势，承担着依法治国与国家治理现代化的重任，怀揣着中华民族伟大复兴的中国梦，这一系列形势与重任，需要坚强有力的党的领导和一支讲政治、懂经济、有文化的高素质公务员队伍。

习近平总书记常提"物必先腐，而后虫生"，公务员"德""位"相配，正是党与国家肌体强健的根本。因此，为了使广大未来的公务员成为"德""位"相配的高素质人才，我从政治学的角度，提几点希望。

第一，政治上要讲忠，忠于党，忠于人民。作为中国共产党领导下的社会主义国家中的公务员，忠于党是对公职人员的基本要求。党政军民学，东西南北中，党是领导一切的。作为高素质的公务员，要紧跟党的步伐，坚定树立政治意识、大局意识、核心意识、看齐意识，成为合格的社会主义建设的"螺丝钉"。此外，党的领导与人民当家做主是有机统一的。党的领导与人民当家做主密不可分，忠于党就是忠于人民，忠于人民则需要忠于党。

第二，工作上要讲勤，勤学苦练真本领。曾国藩有言："古人修身治人之道，不外乎勤谦二字。"作为服务于国家与人民的公务员，要脚踏实地、勤学苦练、甘为孺子牛。这种勤奋与毅力，既是政治体制得以良好运转的保证，也是实现人生价值的重要方式。在社会治理领域要不断创新，坚持工作思维的人文精神，坚持治理主体的多元互动，坚持工作方法的与时俱进。

第三，做人上要讲德，修身立德方为人之本。《论语》有言："君子务本，本立而道生。"德为人之本，德立而人立，德亡而人息。人有人之德，政有政之德，具体职务有具体职务之德。作为公务员，要具备仁、义、礼、智、信等基本德行，在工作中主要表现为，全心全意为人民服务。坚持走群众路线，取信于民，从群众中来到群众中去，坚持情为民所系、权为民所用、利为民所谋。

以上是我对未来公务员的几点希望与建议，希望华智这套解码系列的书，助力大家实现自身梦想。希望大家在未来的工作中把握政、勤、德的要义，牢记公务员的责任、使命与担当，在发挥个人价值的基础上，实现民族复兴。

复旦大学国际关系与公共事务学院<br>孙关宏教授

# 导言
FOREWORD

上海公职考试录用制度，为有志于从事政府工作的优秀青年提供一个公开、公平、公正的竞争机会。与此同时，这种高度竞争的选拔考试在考题设置上难度颇高，尤其是在面试阶段，其考查的要素综合性更强、考生之间的竞争也更加激烈，正可谓"狭路相逢勇者胜"。对于许多考生来说，由于缺乏工作经验，面试备考周期也短，自助面试备考就显得勉为其难。在这个背景下，掌握高效的面试备考方案、实战技巧就成为脱颖而出的关键。

上海华智公考致力于上海公职类考试研究17年，立足于最新考纲及历年真题的深度剖析，潜心研究面试出题规律、解题策略、评分要求，并将理论研究的成果付诸十多年的考试实践检验，形成了良好的品牌美誉度。《面试实战解码》是上海华智公考17年研发成果的一个体现，主要模块有自我认知、综合分析、计划组织、应急应变、人际交往、面试热点等，每个模块除了知识技巧讲解外，还与历年真题相结合，提供题型详解及解题思路，并结合实战强化练习，将面试答题技巧和实战应用紧密地结合起来。

本书编写体现了华智公考的一贯特色，即深刻把握面试命题和面试评分的本质，讲解深入浅出。具体特征如下：

· 本地性——本书专注于对上海本地各类公考面试科目的讲解，对上海特色的考情考务和本地特色的评分倾向把握精准。通过这本书的学习，考生可以精确掌握上海各公职考试的面试科目，实现"学一书而通上海公职考试面试"。

· 规律性——本书在总结多年上海公考面试经验的基础上形成，对各类常考题型进行归纳、总结，对上海地区各类公考面试的常考题型与命题特点进行了归纳，准确把握了面试命题规律和评分标准，狠抓面试要点，稳抓面试得分点，对考生面试备考有较强的指导性。

· 实战性——本书重实用，突出解题策略，主要从考生朋友学习的角度对面试知识进行讲解，侧重于教会考生朋友们如何去答题，故每个模块都有题型详解、解题思路、经典例题、强化提升、自测练习，让考生朋友们更精准、更迅速地把握考试要求、掌握面试思维、训练答题技巧、输出高分作答。

望广大考生在得此书之时，认真学习，夯实基础，稳步向前，实现梦想！华智公考预祝各位考生成功上岸，一举戎"公"！

上海华智公考

2020年8月5日

# 上岸学生推荐语

华智是上海公务员考试培训的老品牌了，上海的同学都知道，对上海考情研究透彻、针对性强，老师授课深入浅出，教学举一反三，学起来很愉快，是值得依靠的备考机构。

张同学　　　　报考单位：市委　　　√已录用

华智伴我走过最美好的公考年，174.4分，上海市前五名，成功上岸。

黄同学　　　　报考单位：检察院　　√已录用

拿到试卷后，看到多数题都似曾相识，顿时觉得胜券在握，这种胸有成竹的把握离不开华智公考的母题教学法和条件反射般的题感训练。

周同学　　　　报考单位：台盟　　　√已录用

成绩公布了，笔试、面试、总成绩都是岗位第一名。
华智对上海市公考考情研究得非常精细，哪里频考、哪里少考，以及有哪些备考误区，一目了然。

刘同学　　　　报考单位：规土局　　√已录用

查分的时候，手都是抖的，当看到超出分数线18.4分后，第一时间想到的是感谢华智。

曹同学　　　　报考单位：徐汇区　　√已录用

华智的课程和图书一样严谨，抽丝剥茧般还原最本质的知识和考法，带班老师也有全方位的督学和鼓励。华智相伴，不只是成就梦想，也是成就更好的自己。

吴同学　　　　报考单位：审计局　　√已录用

# 本书阅读提示

BOOK READING TIPS

▷ **剖考情、知其然**

认真阅读本书绪论"给你一把金钥匙——考情解读",细致了解面试概况、考情差异、命题趋势、面试流程,建立起宏观的初步印象。

在阅读考情时,可结合书中配有的二维码观看考情解读视频课,初步做好自我评估,建立起个人各方面的强弱预估,以便下一步有针对性地强化学习和训练。

考虑到近年来公务员考试面试也在进行局部的试验性创新,本书结合公务员考试面试实际情况的需要,以结构化面试为主,同时兼顾结构化小组面试和无领导小组面试,以策周全。

▷ **分模块、解面试**

此部分很重要!

首先,通过"题型详解"的学习,认知该类题型,并通过细致的解题思路剖析来建构解题思维,再通过"经典例题"消化理论知识与方法技巧。重点、难点配以视频解码,可扫描二维码获取。

其次,通过"强化提升"题目提高训练难度,进行实战检验及复盘,以突破高分。用"自测练习"进行学习效果评估和自我预判,如需获得专业教师点评,扫描对应的二维码即可。

▷ **盯题材、抓热点**

本书章节设计紧盯上海公职类考试面试常考题材和热点,包括国家领导人重要讲话、社会治理热点、政务热点、经济热点、文化热点等,对于面试命题具有一定的预测性。

把握热点和主题的关键在于理解其背景、分析其影响、把握其对策。

▷ **配好课、智学习**

本书与华智公考面试课程搭配效果更好,扫一扫书中二维码能学到更多公务员考试面试知识与技巧,为考生增添力量!

# 目 录
CONTENTS

绪论：给你一把金钥匙——考情解读 ········································· 001

**第一章　自我认知与拟任岗位如何"结缘匹配"** ························· 005
　　第一节　梳理自己——自我认知 ········································· 005
　　第二节　剖析自己——求职动机 ········································· 009
　　第三节　了解岗位——职业规划 ········································· 012
　　第四节　能力倾向——背景经历介绍 ···································· 013
　　答案解析 ······································································ 017

**第二章　综合分析思维如何"全面深刻"** ···································· 023
　　第一节　综合分析思维透露"家底" ···································· 023
　　第二节　"全面辩证"——剖析社会现象 ································ 024
　　第三节　"理解落实"——加深政策理解 ································ 028
　　第四节　"科学解读"——领悟哲理故事 ································ 033
　　第五节　"揭示内涵"——咀嚼名言警句 ································ 038
　　第六节　"洞察本质"——知晓原理效应 ································ 042
　　第七节　"辩证深刻"——解读鲜明观点 ································ 055
　　第八节　"鲜明透彻"——定向反驳观点 ································ 059
　　答案解析 ······································································ 063

**第三章　计划组织与协调方式如何"周密有序"** ·························· 093
　　第一节　分类答题的三种方式 ············································ 093
　　第二节　调研 ································································ 094
　　第三节　宣传 ································································ 098
　　第四节　会议接待 ·························································· 101
　　第五节　培训 ································································ 107
　　第六节　其他 ································································ 110
　　答案解析 ······································································ 119

## 第四章 应急应变与问题解决如何"及时高效" ... 136
- 第一节 危机解决经典三步法 ... 136
- 第二节 工作危机之争执纠纷 ... 139
- 第三节 工作危机之误会质疑 ... 142
- 第四节 工作危机之阻碍阻挠 ... 145
- 第五节 工作危机之条件缺失 ... 148
- 第六节 公共危机之自然灾害 ... 150
- 第七节 公共危机之安全事故 ... 154
- 第八节 公共危机之公共卫生事件 ... 156
- 第九节 公共危机之舆情处置 ... 158
- 第十节 公共危机之群众上访 ... 161
- 答案解析 ... 163

## 第五章 人际交往意识与技巧如何"准确对应" ... 185
- 第一节 "找、抓、提"三步答题法 ... 185
- 第二节 对领导恭敬适度 ... 186
- 第三节 对同事尊重合作 ... 191
- 第四节 对群众平等热情 ... 197
- 第五节 对亲友中庸平和 ... 199
- 第六节 对下属谦和大度 ... 201
- 答案解析 ... 203

## 第六章 面试热点 ... 218
- 第一节 "精准把握"——习近平讲话 ... 218
- 第二节 "科学规范"——社会治理 ... 219
- 第三节 "高效治理"——政务热点 ... 228
- 第四节 "引领市场"——经济热点 ... 232
- 第五节 "传承创新"——文化热点 ... 238

## 附录 值得注意的面试模式 ... 243

# 绪论：给你一把金钥匙——考情解读

## 一、上海市公职类考试面试与其他同类考试比较

### （一）相同点

上海市公务员考试、上海市行政执法类公务员考试、上海市人民警察学员考试[①]、上海市事业单位考试与国家公务员及其他各省公务员考试都运用到结构化面试的方式。

### （二）不同点

国家公务员考试及其他各省公务员考试的面试除了结构化面试方式，还会用到无领导小组面试形式，尤其是近年来，国家税务系统面试还出现了一种新型考查方式——结构化小组面试。在结构化面试中，还出现了演讲、串词编故事、漫画分析等考查内容。

## 二、上海市公职类考试面试比较

### （一）题量方面

上海市公务员考试面试一般4～5题，上海市行政执法类公务员考试、上海市人民警察学员考试、上海市事业单位考试的面试一般3题。

### （二）难易度方面

上海市公务员考试面试一般难度最大。

### （三）命题素材方面

上海市公务员考试面试综合性强、涉及面广，上海市行政执法类公务员考试、上海市人民警察学员考试、上海市事业单位考试面试的命题素材都与各自的工作岗位与行业特点联系较紧密。

## 三、上海市公务员考试面试命题特点及变化趋势预测

### （一）结构化面试为主流

上海市人事部门在近几年的招考公告中没有明确面试形式，且招录单位拥有确定面试形式的自主权，因此不能完全排除上海市使用非结构化面试形式的可能性。从历年考试情况看，结构化面试仍是上海市各公务员招录单位乐于选择的面试形式，但考生还应注意及

---

[①] 本书中，上海市公安系统、法院系统人民警察学员招聘考试均简称为"上海市人民警察学员考试"。

时了解所报考职位对面试的具体要求，并积极应对，以防无领导小组讨论等非结构化面试形式出现。

（二）综合分析题为主流，其他题型仍将均衡分布

虽然综合分析题逐渐成为考查的主流，但岗位匹配类题、应急处理类题和计划组织类题不会被忽略，而且会占据相对稳固的比重。

（三）各题型的融合程度将加强

"一题多考"类题型将会有所增加，尤其是以综合分析题为载体，渗透考查考生的岗位匹配性、应急处理能力、人际沟通协调的意识与技巧等，甚至会同时在一道题中考查三项能力。

（四）需要关注的新型考查形式

从全国的趋势看，各种各样的新题型层出不穷，鉴于各地公务员面试题型的发展变化趋势，准备上海市公务员考试也应关注结构化小组面试等考核方式。

（五）题量与面试时间基本稳定

近几年面试题量在3～5题，时间在15～20分钟。有些题目可能还会有追问，追问主要考查实际问题解决能力。考生平时模拟练习时就要将各种题型都练到，并且严格控制时间，这样，在考场上才不会出现意外。

（六）少数岗位会考查专业性题目

上海市实行通用测评要素和自定测评要素分别命题，并由招录单位自主确定面试题。因此，上海市公务员考试的面试命题自主性很强，出题灵活，个性鲜明，题量也因部门不同而稍有不同。

上海市公务员考试面试中，税务、检察院等部门岗位经常出专业性试题，考生必须根据报考单位和职位的特点在面试前准备充分，查阅相关资料，才能在应考时反应迅速、及时决断。

（七）命题体现出很强的时效性、实践性

上海市公务员面试题目比较贴近时代，一般体现时效性、实用性，与工作密切相关。很多题目结合当时社会实际情况，如"空谈误国，实干兴邦，结合你自己的经历和所报考的岗位谈谈对实干的认识""国民床单、回力牌球鞋、上海牌手表等老字号再次走红，请你谈谈看法"等都是时效性强的面试真题，"不忘初心""万众创新""简政放权""上海援藏""疫苗安全""微信使用"等热点都在面试真题中出现过。近几年面试题多结合具体的现实生活命题，既有群众路线教育类政治性较强的题目，更有雾霾天气、在副驾驶装安全座椅、老人买保健品被骗、打车软件、网上展厅布置等诸多涉及大众普通生活的具体问题，总体上呈现出问题越来越具体、空洞的大道理越来越不好套用的特点。

这就要求考生平时在关注国内和上海市新闻动态和热点事件之外，多深入生活实际，了解生活具体的科技应用，掌握应对生活中各类难题的方法措施，还要学会具体问题具体

分析，掌握一些思维方法，做到灵活应对和有备无患。与此同时，结合自身学习、工作经历和将要报考的工作岗位的性质、特点搜集资料，做好必要的积累，以便面试时灵活、恰当地应对，取得好成绩。

## 四、上海市公务员考试面试考情介绍

### （一）从历年面试实践看上海市公务员面试的一般流程

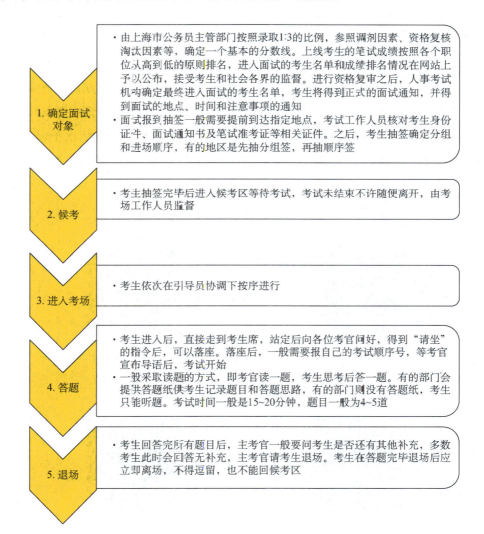

### （二）面试成绩公布时间

面试工作结束若干天后，上海市公务员主管部门会通过官方指定网站公布面试成绩。

### （三）从历年面试看面试基本形式

上海市人事部门在近几年的招考公告中没有明确指出公务员考试的面试形式，且招录单位拥有确定面试形式的自主权。但是从历年的真题情况来分析，上海市公务员考试面试基本使用的还是结构化面试形式，其他非结构化面试形式都没出现过。

上海市公务员考试面试测评内容分为通用要素和自定要素，通用要素的面试题由市人事局统一提供，自定要素由各招考单位确定。

面试通用测评要素主要包括综合分析能力、言语表达能力、应变能力、计划组织协调能力、人际交往的意识与技巧、自我情绪控制、求职动机与拟任职位的匹配性、举止仪表和专业能力。根据不同职位的特点，招录单位可以确定不同的测评要素及其权重。

自定要素由招考单位自己确定，因此会充分体现招录单位和具体职位的要求和特点。自定要素的考查方式也不局限于一问一答的传统方法，技能测试、专业性试题、小组讨论等方式都可以采用。

综上分析，上海市公职类考试近些年一直都是采取结构化面试的方式，结构化面试基本上从自我认知与岗位匹配、综合分析、计划组织、应急应变、人际交往意识与技巧等模块进行考查，因此本书将重点围绕上述模块的考查要素与重难点问题依次予以拆分讲解，各个击破，以便广大考生按照每个模块的审题、破题思路逐步提升自己的面试应对能力，快速打造自己的答题方式与风格，轻松攻克上海市公职类考试的面试。

上海市公务员考试面试考情

上海市事业单位考试面试考情

上海市人民警察学员考试面试考情

上海市行政执法类考试面试考情

# 第一章 自我认知与拟任岗位如何"结缘匹配"

自我认知和岗位匹配这个部分的考查主要从四个方面入手，分别是自我认知、求职动机、职业规划和背景经历介绍，这一部分是上海市公职类考试的考查重点。

## 第一节 梳理自己——自我认知

### 一、题型详解

自我认知属于心理学、精神分析学中的重要概念，指的是一种文化模式下的人如何认知、界定自我的心理过程，属于心理活动的较深层次。

在面试中，自我认知即对自我的认识与评价，可以从宏观整体考查，也可以从微观细节考查。宏观上是指考生的自然情况、价值观、优缺点、兴趣爱好、素质能力等。微观上主要指选择宏观中一些具体的方面，如优缺点、计划组织协调能力、知识储备、人际交往的意识与技巧、应变能力、抗压能力等。具体可分为知识结构、能力结构和个性特征三个方面。

（一）知识结构

知识结构指的是一个人掌握的知识类型、知识框架以及形成知识框架的各种知识的比重。比如，自然科学知识和社会科学知识、普通知识和特殊知识、基础知识和专业知识、传统知识和现代知识等。比重不仅包括数量，更重要的是质量。

（二）能力结构

能力结构指的是一个人所具备的能力类型及各类能力的有机组合。能力的类型有多种，包括记忆能力、理解能力、分析能力、综合能力、口头表达能力、文字表达能力、机械工作能力、环境适应能力、应变能力、人际关系能力、组织管理能力、想象力、创新力、判断力等。

（三）个性特征

个性特征是决定每个人心理和行为的普遍性和差异性的特征和倾向较稳定的有机组

合。个性心理特征主要包括气质和性格两个方面。气质是一种外在能够感受到的行为特征，性格是个人对现实的稳定态度和习惯性的行为。

在面试的过程中，个性很重要，考生要勇于展示真实的自我，前提当然是考生必须明确了解应聘岗位所要求的个性特征，否则可以稍做修饰。考生在备考阶段应对所报考的岗位做详细了解和分析，以便在回答问题时能够展现适合该职位的特性。

## 二、解题思路

### （一）结构一：分类介绍自己

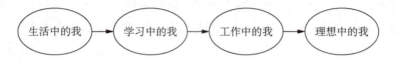

（1）生活中的我：兴趣爱好，以及为人处世的状态；
（2）学习中的我：求学经历和知识背景、学习态度和取得的成绩；
（3）工作中的我：工作背景或者参加社会实践的经历；
（4）理想中的我：理想、职业规划或者人生准则等。

### （二）结构二：分层介绍自己

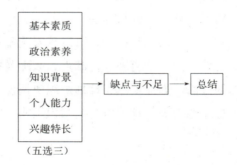

以上并非全部都要回答，可在其中挑选自己比较容易展示的部分。

（1）基本素质：助人为乐、严于律己、宽以待人，以及身体素质过硬等。

（2）政治素养：关心政治，熟悉国家的意识形态和方针政策，可以展示自己对党的历史、党的理论了解的程度，尤其是马克思主义理论、毛泽东思想和中国特色社会主义理论体系的内容。当然还包括是否是党员、有没有在党组织中担任职务等。

（3）知识背景：一方面是专业知识，可以说明自己所在学校或者单位在这个专业的优势（但是最好不涉及具体的校名或者单位名），也可以说明自己取得过的成绩、发表过的文章和获得的荣誉等；另一方面是综合知识，也就是除了专业之外通过自己的努力取得的知识，不要泛泛而谈，即使不是专业所学，也需展示自己爱好政治，曾经自学或者研读了相关的著作等。

（4）个人能力：结合自己的工作经验或者社会实习经历来谈。

（5）兴趣爱好：要符合当代年轻人的特点，爱好需健康、阳光、积极，且不能光说爱好，必须要说明和解释自己为什么会有这样的爱好，这个爱好带给你什么。

（6）缺点和不足：坦诚相待，只要不是和自己所报考的岗位有冲突的缺点都可以说。谈不足时要给出改进的意见，表明自己认识到了自己的不足，也正在努力改进中。

（7）总结：总结可以简明扼要，无须太长。

（三）小结

自我介绍的表达要点：

（1）人生态度：积极阳光；

（2）学识能力：匹配岗位；

（3）个人性格：谦虚坚毅；

（4）与人相处：团结合作，真诚友善；

（5）兴趣爱好：健康合理；

（6）特殊优势：满足对方岗位的特殊需求（如身体好、爱运动、适应出差）。

自我介绍答题四不要：

（1）不要透露具体的个人信息。

（2）不要漫无边际，重点是过去和现在的自己，展望未来的话少说，表决心的话少说，过于琐碎的细节少说，也不要把自己的过往经历当成故事一样讲。

（3）不要自吹自擂、面面俱到，尤其不要用"金无足赤，人无完人"这样的词语来形容自己。即使自己取得的成绩十分辉煌，最后也要表明那都是过去，未来还有更多需要发展和提升之类的表述来表示谦虚。

（4）不要欺瞒考官，或者故意避重就轻不说自己的缺点，这会让考官很反感。应届生可以讲"我是一个理论知识丰富但缺乏实践的人"等。

【注意】

自我认知类题目并非都是让大家做自我介绍，很多时候题目会在这个基础上变形，但是万变不离其宗，所以还是需要提前准备好自我介绍，方能以不变应万变。

【范文展示】

尊敬的各位考官，下面我做一下自我介绍。我是一名应届大学生，小时候生活在一个山清水秀的小山村，在农村读完小学和初中之后，我以全县第一名的成绩考进市立中学，在那里读完了高中，并成为一名光荣的共产党员。

高考时，源于成为一名弘扬公平正义的法律人的向往，我毫不犹豫地选择了法学专业。四年的大学生涯培育了我和蔼、和睦、和谐的处世态度。在校期间，我学习成绩优秀，大一通过全国计算机等级考试（二级 C 语言）；大二通过大学英语四、六级考试并获得全国大学生英语竞赛三等奖；大三自学 ACCA（英国特许公认会计师），现为第二阶段考生；大四通过了国家司法考试，并以省优秀毕业生的身份获得了法学学士学位。

我还参加了很多社会活动，大一时做家教，大二时走进街道社区做法律咨询。每到假期，我积极投身于公检法司等涉法专业部门的实践活动，体会到了严谨治学的必要、相互帮助的重要和快乐工作的需要。

能够劈波斩浪从众多应聘者中脱颖而出进入面试，我感觉到离成功又近了一步！我知道自己也有很多不足。孔子说："知错能改，善莫大焉。"在今后的工作中，我会通过自身的努力，在领导、同事的帮助下，不断改正缺点，努力成长为一名合格的工作人员。

尊敬的考官，"难与青松比碧翠，愿做梅花傲雪霜"，给我一次机会，我会用实际行动证明给你们看！

## 三、经典例题

**请谈谈你报考该职位（人民警察）的优势和劣势分别是什么？**

【思路点拨】 考生需要清晰地描述和职位相匹配的优势。客观地诚恳描述自己的劣势，以及如何在未来的工作中克服劣势，发挥优势，胜任工作。

【参考答案】 第一，小时候，我是学校的体育课代表，经常代表学校参加市级运动会并取得过很好的成绩，也因此我有坚持体育锻炼的习惯。现在我仍然每周坚持 3 天长跑，每天跑 5 千米，这样的习惯我已经保持了 10 年，这就为我成为一名合格的人民警察提供了体能上的保证。

第二，我是学习计算机专业的，特长是网络安全和编程。我曾代表学校参加全国高校计算机网络安全大赛，并获得一等奖。课余时间，我还在一家网络安全公司兼职，负责网络维护和升级。这样的学习和兼职工作经历使我一直能够了解最新的网络安全知识和信息，提升自己的网络安全管理技术。所以我相信，自己在技术方面完全有能力胜任网络警察这个职位。

当然，我也能够清晰地知道我的不足。例如，我在网络执法实践方面经验不足，对执法的标准和尺度的掌握还不够精准。所以，在未来的工作中，我会通过自己坚持不懈的努力，用心学习专业知识，主动向同事和领导们请教，优质优量完成工作任务，在实践中锤炼自己。我相信，我一定会成为一名优秀的公安干警。

## 四、强化提升

有人说自己最了解自己，有人说自己最难了解自己。谈谈你是否了解你自己，你对所报考的岗位有哪些优势，录取后你将如何开展工作。

【你的思考】

### 五、自测练习

请按照个人的实际情况写出你的自我介绍。

练习批改

## 第二节　剖析自己——求职动机

### 一、题型详解

#### （一）求职动机概述

动机是需要，是刺激。求职动机是一个人工作的原动力，能反映一个人的价值观、人生观，也能够据此预测出考生的耐压能力、工作态度、被录取后开展工作的策略和方法等。

只有为更好地发挥自己的才能、实现自己的价值而工作的人，才会在工作中努力奋斗，以工作为乐，才能做出好的成绩。所以求职动机在某种程度上能够决定应聘者的成败。

公务员面试的求职动机就是你为什么报考公务员。所以此类题型的核心考查点在于考生需要明确自己为什么选择报考岗位。

#### （二）动机的种类

**1. 生理性动机和心理性动机**

生理性动机是由个体的生理需要驱动而产生的动机，它是以个体的生物学需要为基础的动机；心理性动机是和心理需要相联系的动机，是人类以非生理性需要为基础所产生的行为动机。

**2. 主导动机和辅助动机**

主导动机是一个人动机中最强烈、最稳定的动机，在各种动机中处于主导和支配的地位；辅助动机往往与一个人的习惯和兴致相联系，能够对主导动机起到补充作用。

### 3. 短暂动机和长远动机

短暂动机常常由对活动本身的直接兴趣引起，只能对个别具体活动一时起作用，容易受情绪的支配和影响，不够稳定；长远动机一般来自对活动意义的深刻认识，它持续作用时间长、范围广，不受外界偶然情境的变化影响，具有比较稳定的性质。

### 4. 内部动机和外部动机

内部动机就是人们对活动本身感兴趣，活动本身就构成了奖励或报酬，无须外力的推动，也不必外加奖赏；外部动机就是指人们受到活动以外的刺激而诱发出来的动机。

（三）择业动机

美国心理学家佛隆提出一个公式：

$$择业动机＝职业效价×职业概率$$

职业效价是指择业者对职业价值的评价（包括职业价值观）和对某项职业的要求的评估（如劳动条件、工资等），职业概率是指获得该职业的可能性的大小。

## 二、解题思路

（1）明确自己的求职动机，即对于岗位的理解以及对工作的认识和兴趣。

（2）证明自己能够胜任岗位，即自己具备该职位的一些素质和能力。

- 专业素质：专业知识、荣誉成绩、资格证书
- 实践能力：大学兼职、实习经历、工作经历

（3）表明自己对于工作的信心和决心，如直面挑战、提升自我、服从安排、团队合作等。切忌抽象化，比如强调报考岗位能充分发挥自己的特长，实现自己的理想抱负；切忌庸俗化，只谈条件和自己可能得到的好处。

## 三、经典例题

你的条件那么好，选择范围也宽，为什么要报考我们单位（人民警察）？

【思路点拨】 首先需要想清楚的是人民警察的要求是什么；然后阐述求职动机，这部分可以作为重点，并结合人民警察的要求；最后还需要加上与现实结合的点，以增加可信度。

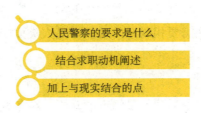

【参考答案】 我之所以报考这个职位，关键是因为我喜欢这份工作。人民警察是维护法律权威、惩治违法犯罪行为、保障人民群众生命财产安全的重要力量。正是由于对这一崇高职业的认识，我报考了这个职位。同时我也为这个岗位做好了一切准备，时时刻刻维护好这个职业的光辉形象，遵守人民警察的职业道德。

我觉得我适合做一名人民警察。因为我是个比较有社会责任心和正义感的人，非常看不惯社会上的各种黑恶势力以及违法违规行为。我在大一时就主动加入校园安全保卫巡逻队，并且在大三时被任命为队长。在此期间，我和我的队友们多次制服扰乱校园安全秩序的不法分子，也配合公安民警破获了一些诸如校园盗窃的案件，我喜欢这份工作给我带来的挑战和磨炼。人们常说，人民警察工作危险、待遇低、任务繁杂，但是我认为越是这样艰苦的工作环境就越能激发出人的活力和干劲，更能磨炼出钢铁般的意志。作为年轻人，要想承担起祖国赋予的重任，就要不断地锤炼自己，让自己早日成为社会主义事业的建设者和接班人。抱着锤炼自我以及为社会主义正义事业做贡献的目的，我毫不犹豫地报考了人民警察这个职位。

我的组织纪律性比较强，富有强烈的社会责任心和正义感，我认为这正是作为一名人民警察所必须具备的素质。也只有这样，才能够更好地履行作为一名人民警察的光辉职责，维护人民群众的生命财产安全。

总之，我一直以成为一名优秀的人民警察来严格要求自己，并深知自身还有很多不足，在以后的学习和工作中我会努力改进，随时准备为这个职业奉献自己的青春。

## 四、强化提升

如果你被录用，遇到什么情况你会提出辞职或者请求调离？

【你的思考】

## 五、自测练习

请按照个人实际情况写出你的求职动机。

练习批改

# 第三节　了解岗位——职业规划

## 一、题型详解

在回答职业规划类问题时，考生要牢牢把握住短期规划和长期规划两个基本点，对具体问题要结合报考的岗位有针对性地作答。

## 二、解题思路

**1. 短期计划**

（1）提高工作能力。了解单位，熟悉岗位，以做好本职工作为出发点，不断提高自己对工作的熟悉度和认知度，让自己成为一名行家能手，在工作岗位上迅速成长和成熟起来。

（2）处理人际关系。尊敬领导，团结同事。工作顺利开展离不开自己工作能力的提高，也离不开良好的工作氛围和人际关系。这不仅是自己提高的需要，也能很好地促进同事合作、部门协调。总体而言，提高工作能力和处理人际关系犹如车之双轨、鸟之双翼，在短期计划甚至是整个工作生涯中都是缺一不可的。

**2. 长远目标**

（1）横向拓展。根据单位实际和自我成长的需要做一个综合型人才，既懂技术又懂管理，做一个多面手，以自己的工作能力为单位的发展做出更多的贡献。

（2）纵向深入。做到干一行爱一行钻一行，立足岗位，不满足于完成工作任务，而是在相关领域和专业方面进行深入挖掘，让自己在前沿理论和实际工作能力方面有所研究和创新，做行业的领军人物。

总体而言，就是通过纵向深入和横向拓展不断提高自己的综合素质和能力，让自己的成长与单位的发展同步、自己的进步和单位的需要同步，做到自我价值和社会价值实现相统一。

## 三、经典例题

**如果你被录取了，谈一下你会怎么做好一名基层公务员？**

【思路点拨】　此题属于设想类，也就是各位考生还没有成为公务员，所以考查的是对一个大的岗位的设想和未来的规划。

基层公务员的要求主要就是做好本职工作，服务好群众，但是如果只是说这样比较大、比较空的内容，显然不具备说服力，所以可以先做设想，再谈落实；先谈大的（如基层公务员），再谈小的（如考生所报考的岗位）。

【参考答案】　我认为一名称职优秀的公务员的标准就是能够立足于本职岗位，提升自己的工作能力，为人民群众做更多的实事。

首先，我会时时刻刻提醒自己，我是人民的公务员，我代表人民的利益，必须践行"全心全意为人民服务"的誓言，并将具体要求落实到工作中。

其次，立足本职岗位，勤奋学习，扎实工作。我会根据我的岗位特点和工作需要，通过书本或者向前辈和同事学习，不断提高科学认识和分析形势的能力，增强敏锐性和鉴别力，紧密结合人民群众的利益和愿望，提高工作能力，切实做好本职工作。

再次，由于公务员岗位的特殊性，我会不断加强体能训练，保持强健的身体素质和高效的行政效率。在执行公务的时候，严格遵守党的纪律和工作纪律。

最后，我一定做到多与群众接触，经常去社区或街道了解群众情况，维护他们的合法权益，为他们做实事。我坚信，只有不脱离群众的公务员，才能受到群众的爱戴。基层公务员工作繁重、复杂，我们需要在工作实践的磨炼中不断提升自身的综合素质，从而满足不断变化的新形势下政府工作的需要，做一名让人民满意的公务员，不愧对人民公务员这个光荣的称号。

### 四、强化提升

**能力、责任、创新，请结合公务员工作谈谈。**

【你的思考】

### 五、自测练习

请按照个人实际情况写出你的职业规划。

练习批改

## 第四节　能力倾向——背景经历介绍

### 一、题型详解

由于每个考生的经历都不相同，背景经历介绍类面试题具有个性化特征，答题思路也不尽相同，考生要在备考时对自己的过往经历有一个大致的梳理，确保能在面试时迅速匹配并应用到答题中。

## 二、解题思路

### （一）思路一

### （二）思路二

当符合题干情况的经历不止一个，或者一个不能完整表达时，可选择多个，但是最好不要超过三个。

## 三、经典例题

习近平总书记在学习贯彻党的十九大精神研讨班开班式上说："时代是出卷人，我们是答卷人，人民是阅卷人。"结合报考岗位，谈谈如何交出一份人民满意的答卷？

【思路点拨】

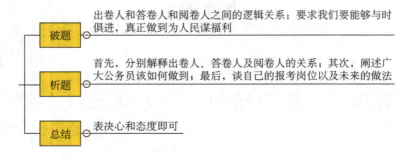

【答案解析】 习总书记的这句话深刻地指出了我们作为党员干部应该有的自我定位和目标追求。

时代是出卷人的意思是：时代是不断发展变化的，每个时代都有每个时代独特的问题，我们只有以问题为导向，不断地解决不同的时代问题，才能带领全国人民不断开拓向前。这就要求我们必须要做到求真务实，要与时俱进。

我们是答卷人，"我们"主要是指广大的党员干部及公务员，这五个字虽然简单，但是实际上是在告诫我们作为执政者，作为人民的公仆，应该把自己的工作当作一次次的考试，要勇于担当，用谦虚谨慎的心态应对这场时代的考试，把满意的答卷作为我们的奋斗目标。

人民是阅卷人则更强调了我们要以人民为中心，走群众路线，把人民的期盼和要求作为我们的奋斗目标，把人民满意作为我们做事的标准。

作为一名即将走进新时代的公务员，我们必须牢牢抓住社会的主要矛盾已经转变为人民对美好生活的向往和不平衡不充分的发展之间的矛盾，我们必须要从人民群众关心的事做起，以人民满意作为考核工作的准绳。我所报考的岗位是基层人民警察，人民警察的职责就是保护人民的生命财产安全，要想真正做到这两点，我认为首先离不开坚定的信念。信念是我们做人行事的风向标，只有信念和思想正确，我们才能走上正确的道路。其次离不开我们的能力，说一千道一万，能让群众真正满意的关键还是在于能否高效、快速地解决群众的问题，这就需要我们有扎实的工作能力和工作技术。如果我有幸通过考试，那么作为一名新人，我最大的问题就是工作经验和工作技能不足。不过，我相信只要我多学习、多思考、多做事、认真积累，就一定能够成为一名合格的人民警察。

"不经一番寒彻骨，怎得梅花扑鼻香"，我始终相信，只要把工作落到实处，不怕苦、不怕累，就没有什么事做不成，而我也将始终践行这一点，让自己能够交出人民和时代都满意的答卷。

> 【注意】
> 在正常的面试过程中，可以不用对经历本身做过于详尽的描述，抓住重点即可。详尽的描述会增加真实感，但是时间不太容易把握，所以需要提前准备好，张弛有度。

## 四、强化提升

**1.** 慎独是指在闲居独处、无人监督之时，更须谨慎从事，自觉遵守各种道德准则。请你结合工作和生活谈谈怎么做到谨慎与清醒？

真题解析

【你的思考】

**2.** 习总书记说"讲规矩，立规矩，守规矩"，结合岗位谈谈你会怎么做？

【你的思考】

## 五、自测练习

**1.** 习近平总书记指出：不能只做质变的突破工作，也要注重量变的积累工作。结合岗位谈一下你在工作中如何把握量变与质变的关系？

【你的思考】

**2.** 习总书记说，作为新时代的青年人，追梦需要激情与理想，圆梦需要奋斗与奉献。联系自己实际情况，谈谈你是怎么践行的。

【你的思考】

**3.** 习近平总书记在江西考察时指出,以百姓之心为心,与人民同呼吸、共命运、心连心,是党的初心,也是党的恒心。结合岗位谈谈你怎么做?

【你的思考】

## 答案解析

### 第一节 梳理自己——自我认知

**四、强化提升**

有人说自己最了解自己,有人说自己最难了解自己。谈谈你是否了解你自己,你对所报考的岗位有哪些优势,录取后你将如何开展工作。

【思路点拨】本题考查自我整体特色认知与职务匹配认知。考生听题时,一定要仔细、认真,虽然本题一题三问,但是问得很自然、很流畅,也容易识记。关于"是否了解自己",考生在回答时应着重谈的是自己对所报考岗位的了解,报考岗位所需公职人员的特质自己是具备的,即对自身的认识是充分的。"一旦录取,如何工作",考查的是考生对自己、对将来工作的规划。

【参考答案】我认为上述说法都有道理,我们要辩证地理解。

对于一个非常理性的人来说,他有可能做到自己最了解自己但也不是绝对的,因为经常出现"旁观者清,当局者迷"的情况。对于一个十分感性的人来说,他也许不能准确地对自己做出定位,缺乏对自己客观的认识,所以说自己最难了解自己。认识过程是个循环往复的能动性过程。我们应该坚持实事求是的态度,对自己做出客观、真实的评价。

我是一个性格既活泼开朗又大方稳重的人,热爱学习、工作认真、团结同志是我的优点,社会实践不丰富、缺乏工作经验、考虑问题不够全面是我的缺点。我进行了7年的专业知识学习,具有比较深厚的理论基础。我政治立场坚定,大三就加入中国共产党,成为一名光荣的共产党员。

假如我被录取,在实际工作中,我一定会保持谦虚谨慎的态度,做好自己的本职工作,不断地反思自己,虚心接受领导和同事们的指导和批评,学会包容,不断地挑战自我,使自己早日成为领导放心、同事认可、群众满意的公务员。

如果被录取,我将把做一名优秀的公务员作为目标,严格要求自己。第一,我会熟悉工作、适应环境。我会进一步了解本单位的工作职能、本单位的组织架构及基本的运行状况，尤其是我所在岗位的工作职责，尽快地熟悉本职工作，为顺利地进入工作角色并开展工作创造条件。第二，我会积极学习、虚心求教。进入一个新单位、面临一个新环境、走上一个新岗位，会有相当多需要学习的地方。我会积极地向领导学习，向老同志学习，向同事学习，争取能够早日胜任自己的工作。第三，我会服从安排，踏实做事。坚决地服从领导的工作安排，坚决地贯彻好领导的工作意见和要求，不好高骛远、不挑肥拣瘦，而是脚踏实地、按时、高质量地完成领导交办的事情。第四，我会谦虚谨慎、低调做人、团结同事。海明威曾经说过："人不是一座孤岛。"在工作中，我们需要同方方面面的人处理好关系，做到与同事多交流、多沟通，加深了解，增进感情；不争名利，不斤斤计较；识大体、顾大局，创造一个和谐的工作氛围。第五，我会努力工作，开拓创新，熟悉并胜任本职工作后，我会以高度的责任感积极发现工作中存在的问题，并提出解决问题的办法，以恰当的方式向领导提出来，争取我所负责的工作有一个更大的进步。

## 第二节 剖析自己——求职动机

### 四、强化提升

**如果你被录用，遇到什么情况你会提出辞职或者请求调离？**

【思路点拨】此题的角度就是考查考生对于报考岗位是否坚定，所以对于辞职或者请求调离的这个情景是不能随便给出肯定回答的，只能出现在一些不得不离开的客观情况之下，比如身体原因、工作需要等。

在答案的最后，最好可以表明一下自己的坚定信念，增强考官对自己的信任。

【参考答案】如果被录用我会努力工作。但如果出现下列情况或原因，我可能会提出辞职或请求调离：

（1）健康原因。如果由于健康原因，我的身体已经不适合从事比较繁杂的公务员工作，那么我会辞职或请求调离，我不想因为我而影响大局。

（2）失误造成严重后果。如果由于我的工作失误而导致了一些严重的后果，给国家和人民的利益造成了损害，也损害了公务员在人民群众心目中的形象，那么我会辞职或请求调离。

## 第三节 了解岗位——职业规划

### 四、强化提升

**能力、责任、创新，请结合公务员工作谈谈。**

【思路点拨】公务员的工作应该具有怎样的素质，一直是值得考生思考的，也是未来考生需要具备或者逐渐培养成的。题中提出的三个要素作为公务员基本素质的一个部分，考生应该结合具体的工作环节和对象加以论述。

此题应先指出三者是公务员的必备素质；然后，结合事例、工作的具体内容和背景知识，分别论述三者的重要意义；最后，谈谈自己，并表明自己未来的工作怎么规划落实。

【参考答案】"能力、责任、创新"是这个时代谈论得最多的话题，也是一名公务员应该有的素质。

公务员应该具备很多能力以完成各项工作和处理各类问题。首先，就要求公务员有专业知识的积累，有一定的专业技能，对所从事的工作非常熟悉；其次，还要求对政策和法律法规了如指掌，并理解透彻，做到心中有理论、做事用理论；最后，公务员还必须有较强的综合能力，抗得住压力、稳得住心神。

责任感也是公务员必不可少的基本素质。事不避难，勇于担当，公务员为老百姓做事是分内之事。切实履行公务员的使命，增强服务意识，强化服务职能，以"为人民服务，让人民满意"为工作的出发点和落脚点，自觉做到主动服务、热情服务。当国家需要的时候，哪怕是全国人民都休息的春节，领导都要下到基层、到问题发生的地方去体察民情，这就是高度责任感的最好体现。

随着环境、形势的变化，公务员还应具有创新意识，要不断学习新的知识和理论，不断创新工作思维，不断创新工作的方式方法，与时俱进，适应时代要求。

未来如果有幸能走上工作岗位，我也会切实努力提高这三方面的素质，不断努力，不断学习，切实提高这些基本的素质。

## 第四节　能力倾向——背景经历介绍

### 四、强化提升

1. 慎独是指在闲居独处、无人监督之时，更须谨慎从事，自觉遵守各种道德准则。请你结合工作和生活谈谈怎么做到谨慎与清醒？

【思路点拨】本题考查习总书记经常教导领导干部要做到"君子慎独"，难度比较大。思路应当是破题—析题—总结。考生应当首先用历史上"君子慎独"的典故作为论证观点，再结合自己工作经历答题，表明自己会怎么做。

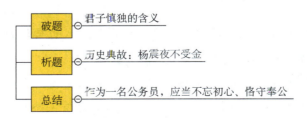

【参考答案】习总书记强调"君子慎独"说的是作为公务人员即使独处，也应当坚守自己内心。"类君子之有道，入暗室而不欺"说的就是这个道理。在我国历史上，就有诸多清官做到慎独。东汉著名清官杨震，他的好友王密半夜给他送来黄金作为答谢。杨震义正词严地说，此刻天知地知你知我知，正是君子慎独的体现。而我作为一名基层公务员和共产党员，我也应当时刻坚守自己内心，不忘初心，恪守奉公。时刻以党章和法律为准绳，不越红线。诚如习总书记强调的一样"不能胜寸心，安能胜苍穹"。只有战胜内心的贪欲和邪念，才能在工作岗位取得成就。

**2.** 习总书记说"讲规矩，立规矩，守规矩"，结合岗位谈谈你会怎么做？

【思路点拨】习总书记强调的规矩，对于公务员而言，就是法律和党纪。那么考生应当把思路往法治、遵守党的规矩上靠。结合习总书记平常讲话，共产党员无非就是廉洁、守法这样的主题。最后结合工作岗位点题。

【参考答案】习总书记强调的规矩就是党纪国法。正如习总书记平常教导我们的一样：法令行则国治，法令弛则国乱。我们作为共产党员和基层公务员的规矩就是法律和党章。就我报考的岗位而言，我认为应当从以下几个方面树立规矩意识。

第一，守规矩。张居正说过，天下大事不难于立法，而难于法之必行。在规矩树立之后，最重要的是遵守法律和党纪。

第二，要树立内心对法律和党纪的敬畏之心。习总书记在谈廉政时强调，不能胜寸心，安能胜苍穹。只有时刻以法律和党纪为红线，心生敬畏之心，才能不逾越规矩。

第三，作为一名基层公务员。我在今后的工作中，不能因为职位低、工作琐碎就忘了规矩和党纪。应当时刻将自己的神经紧绷，遵纪守法，心存敬畏之心，这样才能更好地为群众服务，完成工作任务。

### 五、自测练习

**1.** 习近平总书记指出：不能只做质变的突破工作，也要注重量变的积累工作。结合岗位谈一下你在工作中如何把握量变与质变的关系？

【参考答案】习总书记的这句话很好地阐述了质变和量变的关系。质量互变规律是马克思主义理论中的重要组成部分，它告诉我们凡事都有一个从量变到质变的过程，我们不能只盯着质变而忽视量变，因为量变是质变的准备，只有量变到足够的度时才会真正地发生质变，一味强调质变而忽视量变，往往达不到质变的效果。同时，这句话还告诉我们水滴石穿也不是一日之功，在寻求质变的过程中不能心急，当以量变为前提。而且在量变的过程中也会伴随着部分的质变，所以只要我们注重平时一点一滴的改变，假以时日，最后一定能达成我们想要的结果。

我报考的是基层服务岗位，基层服务岗位最注重的就是能够让群众对我们满意、对政府满意、对国家满意，也能够获得真正的幸福感。但是基层服务的工作想要得到人民的肯定，并不是嘴上说说而已，而是要从一点一滴的具体工作落实，一次办事、一次微笑、一次答惑中不断体现出来的，所以只有不断地积累，不断地改变，才能达成基层服务工作的质变。而对于我来说，要想真正做好每一件小事，就不仅仅要从思想上让自己明白基层服务工作的重要性，更是要从实践中去改变，不能心急，不能求成，扎扎实实地做好每一件小事。

工作中，无论是对工作技能的掌握，还是对工作内容的理解，都需要一个过程，如果我能够成为一名公务员，我会不断用习总书记的这句话告诫自己、鼓励自己，不会只盯着眼前的问题，不会因一时的得失就骄傲自满，真正做到安下心来，专心致志，在平凡的岗位上成就不平凡的梦想。

**2.** 习总书记说，作为新时代的青年人，追梦需要激情与理想，圆梦需要奋斗与奉献。联系自己实际情况，谈谈你是怎么践行的。

【参考答案】每个时代的青年人都有自己的际遇和机缘，我们作为新时代的年轻人也要勇于面对挑战、活出自我。这其中最关键的就是我们要敢于做梦、努力圆梦。习总书记之所以告诉我们追梦需要激情和理想，是因为我们正处在时代转折的关键时期，2035年我们国家要基本实现社会主义现代化，到21世纪中叶要建成富强、民主、文明、和谐、美丽的现代化强国。作为年轻人，我们生逢其时，但也重任在肩。不论我们怎么敢想，最终的落脚点都要在实际的行动中去完成。

我是……（此处应该阐述自己的实际例子。例如，我已经参加工作几年了，但是安稳的工作并没有消磨我的梦想和热情，那就是我希望自己能够为建设国家，能够为家乡的父老乡亲做出自己的贡献。曾经我觉得这个愿望离我很远，我也只是放在心中，但是随着我年岁的增长，这个梦想非但没有熄灭，反而越烧越旺，于是我放下了现在的安稳，勇敢地奔向自己的梦想。当然我也知道，要想成为一名能够直接服务于社会、国家的公务员是很难的，我必须要付出努力。接着谈自己备考期间的努力。）

最后还应该谈的是，自己成为公务员后，更要努力，以及根据自己的岗位谈如何落实。

**3.** 习近平总书记在江西考察时指出,以百姓之心为心,与人民同呼吸、共命运、心连心,是党的初心,也是党的恒心。结合岗位谈谈你怎么做?

【参考答案】习总书记强调的是,作为党员干部,一定要做到密切联系群众,树立为群众服务的意识。习总书记曾经教导过我们"但愿苍生俱饱暖,不辞辛苦出山林",这正是总书记为百姓服务这一初心的写照。当年习总书记在梁家河时,与当地群众同吃住,看到群众用热能困难时,亲自去四川考察,因地制宜帮助梁家河人民修建沼气池,为群众谋实实在在的福利。

而我作为一名基层公务人员,也应当牢记习总书记的教诲。人心是最大的政治,只有时刻以群众利益为核心,深入田间地头开展工作,牢记总书记告诫基层干部应当有"计利当计天下利"的情怀,才能做到不忘初心,完成党和领导交代的任务。

# 第二章 综合分析思维如何"全面深刻"

## 第一节 综合分析思维透露"家底"

综合分析考题是每年公职类考试面试中的必考题型。所谓综合,指的是把分析过的对象或现象的各个部分、各属性联合成一个统一的整体。所谓分析,指的是把一件事物、一种现象、一个概念分成较简单的组成部分,找出这些部分的本质属性和彼此之间的关系。

命题剖析

从定义我们不难发现,综合分析能力本身就是面试中最为重要的一种能力,可以说一个考生的综合分析能力强,那么不仅是在此类题型中能够游刃有余,在其他的题型里也能表现得很好。

综合分析类题型不仅很重要,而且有一定的难度,因为综合分析类题型有很多小的题型,目前考过的就有社会现象类、政策理解类、哲理故事类、名人名言类、原理效应类等,不同题型思考的方向虽大致一样,但各有千秋。

一般来说,综合分析类题型的答题思路如下:

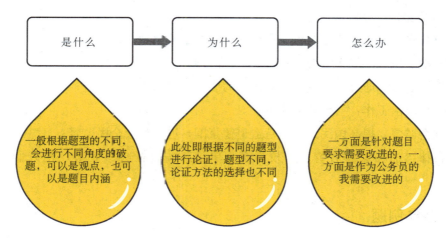

大家要牢记这个思路,因为之后的所有答题思路都是在这个基础上的调整与改变。下面我们将针对不同题型进行详细讲解。

# 第二节 "全面辩证"——剖析社会现象

## 一、题型详解

社会现象类题目以时政热点作为命题素材，题目命制范围紧跟国家时事政策、社会发展趋势以及现阶段与我国人民生产生活紧密相关的事件，重点考查考生的逻辑思维能力，即透过时政现象看到社会问题的本质，通过解决根源问题淡化或消弭不良的社会影响，强化社会现象的积极意义，弘扬社会正能量。

提问方式一般为"你怎么看？""请谈谈你的看法或理解"。考生整体作答要言之有据，言之有理，结构严谨，条理清晰，逻辑性强。

社会现象类题目按照性质可以分为三类：积极类、消极类、中性类。

## 二、解题思路

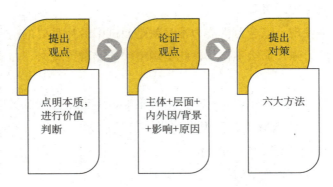

六大方法包括：

（1）行政手段：政府通过发布一系列规章、制度来管理；

（2）经济手段（一般不考虑）：通过市场进行调节；

（3）法律手段：通过立法或者建立相应的法律法规来约束和调整；

（4）思想政治工作：宣传教育为主；

（5）社会监督：提高国民素质，营造道德氛围，进行社会全民监督；

（6）自律：加强家庭教育、学校教育、单位教育、社会教育等，使人们能够做到自律。

## 三、经典例题

**1.** 据调查数据显示，现在很多"95后"第一份工作的平均在职时间只有 7 个月，成为"闪辞"主力军。对于这一现象，你怎么看？

【思路点拨】

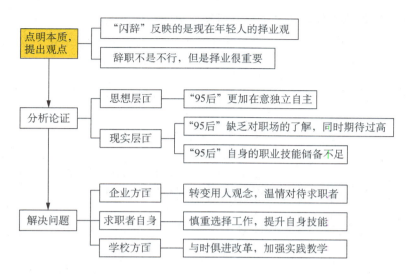

【参考答案】 "闪辞"虽然不值得提倡，但也不一定是坏事。如果专业不对口，又非自己的兴趣，就应该及时转换职场的"跑道"，而不是继续浪费时间。因此我认为，"95后"成为"闪辞"主力军是部分年轻人面对第一份工作时的正常现象，虽不应鼓励或放任，但也不必过分苛责。

"95后"第一份工作的平均在职时间之所以不长，我认为原因有以下几点：第一，"95后"更加在意独立自主与自身感受，在职场中把个人价值看得尤为重要，一旦发现工作与原有的期待不符，便会很快去尝试其他选择。第二，"95后"刚步入职场，对行业、职业和企业都缺乏实际与必要的了解，以至于无法快速融入职场，从而选择"闪辞"。第三，当前学校教育与就业市场之间还存在一定的脱节，这就使得一些大学毕业生缺乏职场实战技能，无法胜任实际工作，造成一定比例的职场新人"闪辞"。

而要改善这种现象，树立"95后"正确的职业观，使其更好地融入社会，我认为还需从以下几方面做起：首先，企业的用人观念需要转变，面对员工的多维度诉求，企业不要一味打压，可以适当转变自身的用人观念和管理观念，尊重员工，在亲密的伙伴关系与坚定的价值导向下，帮助员工熟悉企业、实现自身的个人价值，提高团队的凝聚力，实现企业和员工的双赢。其次，刚毕业的求职者在选择第一份工作时要慎重，根据自己的兴趣或能力去进行选择，不要盲目就业。再次，求职者还要转变自己的就业观念，不要好高骛远，以免选择的工作实际情况和自己的期望值差距太大。最后，学校教育也要做一些适当的改变，在注重理论知识学习的同时，也要注重市场的实际需求，加强学生在校期间的实习实践，帮助他们提升自身的职场竞争力。

【小结】 遇到没有明显对错的社会问题，不用一味否定，可以在消极中找寻一点正能量，同时在积极中看到隐藏的危机。

**2.** "当陌生人向你求助的时候，你会相信他吗？"中科院做了一个有关中国社会信任度的调查，该调查显示中国社会的信任度不高，对此，你怎么看？

【思路点拨】

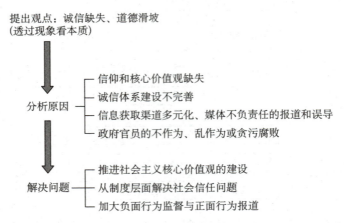

【参考答案】 从调查反映的情况看，当前中国社会人与人之间的信任已经岌岌可危。人们信任度不高从本质上看体现的是诚信的缺失和道德的滑坡。

导致社会总体信任度下降的主要原因有以下几个方面：首先，人们的信仰和核心价值观缺失会导致社会道德体系崩溃，人们不能用自己的信仰和价值观自守，就会失去做人的底线，社会的互信就无法实现。其次，我国诚信体系建设尚不完善，失信的成本过低。一方面，企业或个人对自身利益过度追逐，拿诚信交换利益已然成为一种社会现象；另一方面，法律法规的不完善以及执行不力导致有的不诚信现象不能受到应有的惩处，这就造成一部分人铤而走险。再次，信息获取渠道日益多样化、新闻媒介发达且偏好报道"坏事情"，使人们更容易获得他人被骗的信息，而对社会的信任度过低。最后，一些政府官员的不作为、乱作为或贪污腐败也是造成民众对基层政府、政法机关信任度低的重要原因。

要挽救濒临倒塌的社会信任，我认为要从以下三个方面着手：第一，推进社会主义核心价值观的建设，把诚信建设摆在突出位置，大力推进政务诚信、商务诚信、社会诚信和司法公信建设。在全社会营造诚信的舆论环境，用诚信立人立国，形成诚实守信的良好社会风气。第二，必须要从制度层面解决社会信任问题，从制度上、法律上和管理机制上降低信任风险，特别是从公权力这个社会信任的核心环节入手，重建社会信任。在这一过程中，政府部门应该起到榜样作用，杜绝背信、失信的行为和权力滥用，对政府工作人员加强社会监督，提高政府部门的公信力；加强对食品、药品行业的监管，设立企业诚信评价体系，通过罚款、整改等方法提高企业的品质，一旦企业出现不诚信行为，将其录入黑名单并通报。第三，加大新闻媒体对不文明行为的监督，同时对诚信的事件进行积极报道，使人们对社会诚信体系重树信心。

## 四、强化提升

**1.** 现在利用手机上的微信公众号以及资讯 App 进行阅读的人越来越多,很多人喜欢这种碎片化阅读方式,但是也有人认为碎片化阅读会产生一些问题。对此,你怎么看?

【你的思考】

**2.** 每到毕业季,大学毕业生们纷纷以毕业聚餐、旅行、写真等活动来表达情感,留住校园里的美好记忆。有的花费 6 000 元,有的甚至花费超过 10 000 元。对此,你怎么看?

【你的思考】

**3.** "白天是上班族,晚上是小摊主或者淘宝业主,工作日是白领,节假日也做起了兼职。"对于一个人身兼数职的现象,你是如何看待的?

【你的思考】

### 五、自测练习

**1.** 谈谈新冠肺炎疫情对"一带一路"建设的影响。

【你的思考】

**2.** 目前个人网上募捐的行为越来越盛行,但屡现骗局。请你谈谈如何有效加强网络监管,发挥网络募捐的作用。

【你的思考】

**3.** 美国新能源汽车企业特斯拉在上海成立了子公司,促使我国新兴汽车企业和传统汽车企业都在积极发展新能源汽车产业。有人认为特斯拉的入驻挤压了我国传统的汽车市场,也有人认为这可以在国内汽车产业形成"鲶鱼效应"。对此,请谈谈你的看法。

【你的思考】

# 第三节 "理解落实"——加深政策理解

### 一、题型详解

政策理解类题型重点考查考生对国家政策、方针的理解,考查方式一般是让考生就题中所述的政策、方针谈谈自己的理解或看法。内容涉及近一年来的民生、管理制度、经济发展、文化、生态环境保护等方面，其中多考查民生方面的相关政策，包括教育、医疗、就业等。

政策类题型在考查时除了会结合社会热点之外，也会根据所报部门进行一些隐藏的求职动机和岗位匹配性的考查，考生在进行学习时应注意对岗位本身特点的把握。

## 二、解题思路

### 1. 分析论证

针对政策功能实现可从以下三个方面来思考。

（1）政策的背景和出发点：所解决的社会问题是否真的是问题，对社会资源的分配是否公平合理。

（2）政策的针对性和可行性：针对性是指能否解决某些社会问题或者能够规范某种社会行为；可行性可从政治、经济、技术和社会四个角度分别思考，其中社会角度是指是否符合公序良俗，被大众接受。

（3）政策的实施和效果：政策实施是否有困难，效果是否好，与付出的成本相比是否合理，究竟能否促进社会的发展。

### 2. 落实观点

基于对政策的判定后落实，一般有以下两种情况。

（1）考生认为该政策利大于弊。

① 优化完善：弥补可能存在的问题，想办法使其充分发挥优势；

② 执行落实：该政策好，应该通过什么样的办法使其更好地落实；

③ 监管到位：政策在贯彻落实的过程中需要对过程和结果进行监管，确保效果得以实现；

④ 推广宣传：为了能够更好地推广好的政策，更快地被大众接受并自觉执行，必须进行相应的推广和宣传活动。

（2）考生认为该政策弊大于利。

① 全面禁止：既然政策不好，继续落实会产生很大的负面影响和不良的社会反应，所以应该全面禁止；

② 宣传引导：此处的引导是针对政策制定者，正是由于他们思考不全面或思想产生了偏差，才会提出有问题的政策，所以需要调整；

③ 积极解决：政策虽然不好，但是需要解决的问题却实实在在存在，所以此时还需要考虑政策本身要解决的问题应该如何处理，此处简单回答即可。

## 三、经典例题

**1.** 某地城管部门推出以部分商户对城管的评价作为城管队伍评优和绩效标准的政策。对此，你怎么看？

【思路点拨】

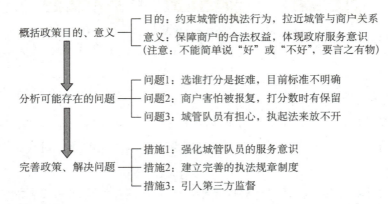

【参考答案】　某地城管部门推出以部分商户对城管的评价作为城管队伍评优和绩效的标准，是在拉近城管与商户关系上做出的积极举措。

这一政策的目的是希望从制度上约束城管的执法行为，真正将服务对象高不高兴、满不满意作为衡量城管工作好坏的一种标准，真正让商户反映诉求，行使主动权，保障商户的合法权益。这体现了政府一直都在努力探索为群众提供更便捷、更贴心的服务。

然而，这一政策也有不足之处：

第一，给城管打分的部分商户如何选择，选择标准尚不明确；

第二，商户在打分过程中，很有可能因为害怕城管打击报复而不敢如实打分，导致分数有所保留；

第三，对于城管队员来说，可能会因为担心商户打分太低，在执法上放不开手脚。

所以我认为，要想从根本上改变城管的执法方式，还应该从其他方面入手：

第一，城管队员树立服务意识，做到真心实意地为群众着想，坚持以人为本，端正执法态度，杜绝暴力执法；

第二，建立完善的执法规章制度，以此规范执法行为，做到城管执法有法可依；

第三，引入第三方监督，第三方监督既是规范执法行为的保障，又是评价城管执法的重要依据。

**2.** 为了鼓励市民积极参与志愿者活动，某市出台一项政策，为优秀志愿者提供报酬和慰问品,有人认为这有违志愿者服务的理念。你怎么看?

【思路点拨】

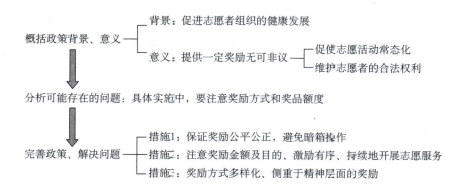

【参考答案】 近年来,随着志愿精神的普及,各类志愿者组织不断涌现,志愿活动参与者的范围也逐渐扩展到各行业、各年龄层。为了促进志愿者组织的健康发展,各地政府纷纷出台政策予以引导和监管。在我看来,对志愿者,尤其是表现优秀的志愿者提供一定奖励无可非议,但是在具体实施中,要注意奖励方式和奖品额度。

对优秀志愿者给予一定奖励确实具有积极意义,比如培育志愿者尤其是经济不宽裕人员参与的积极性、促使志愿活动常态化、维护志愿者的合法权利等,但是在具体实施过程中要注意以下三方面的内容。

首先,为了保证此项奖励公平公正,避免"拍脑袋"决策,甚至暗箱操作,市政府必须通过客观调研吸取广大群众的意见,制定相关的法规政策,从而保证奖励有法可依。目前,我国还没有出台针对志愿服务的专门法律,但已有19个省市相继出台相关的地方性法规,其中很多都明确表明可给予志愿者补贴。比如,对志愿者在从事志愿服务活动中由本人所支出的交通、用餐等费用,志愿服务活动的组织者可给予适当的补贴。

其次,要注意奖励的金额及目的,对志愿者的奖励是为了弥补志愿者在从事志愿服务中的直接开支,并不是按工作时间、工作量给予报酬。事实上,在发达国家或地区的志愿服务中,也存在对志愿者的类似基本保障,有助于激励志愿者有序、持续地开展志愿服务。

最后,不应以单一的物质奖励为主,而是要辅之以多样化的、侧重于精神层面的奖励。发放补贴属于对志愿者直接激励的范畴,容易给人造成一种志愿服务功利化的误解,政府应该考虑适当引入间接激励机制,让更多的人愿意奉献出宝贵的时间和精力,参与志愿服务。比如,有的学生因为在志愿服务活动中表现出色,在申请国外某些大学时可能被优先录取;有的公司会设立"公益假",允许员工在这期间不上班,但必须从事一些志愿服务活动。

## 四、强化提升

**1.** 某地为了缓解交通拥堵，准备收取交通拥堵费。有人赞成，认为收取交通拥堵费有利于缓解拥堵；有人反对，认为这不能从根本上解决问题。对此，你怎么看？

【你的思考】

**2.** 如今，公交、景区、娱乐场所对于儿童票的收费依据大多是孩子身高。但有人认为当前以身高作为衡量标准不符合现实情况，应以年龄作为统一标准。对此，你怎么看？

【你的思考】

**3.** 新冠肺炎疫情发生之后，2020年2月24日下午，十三届全国人大常委会第十六次会议表决通过了关于全面禁止非法交易野生动物、革除滥食野生动物陋习、切实保障人民群众生命健康安全的决定。对此，你怎么看？

【你的思考】

真题解析

### 五、自测练习

**1.** 某市准备将宠物扰邻问题与拖欠水费、频繁跳槽等问题纳入公共征信系统。有人认为，将宠物扰邻纳入征信很有必要，但也有人认为小题大做。对此，你怎么看？

【你的思考】

**2.** 某地高速路口收费站要求收费员微笑服务，但现在出现收费员当面微笑、背后吐槽的情况，"职业假笑"走红网络。对此，你怎么看？

【你的思考】

**3.** 一些干部在下基层时，不是把心思放在群众工作上，而是忙着合影、拍照、写汇报材料，从而假装完成规定的下基层任务。对此，你怎么看？

【你的思考】

## 第四节 "科学解读"——领悟哲理故事

### 一、题型详解

哲理故事类问题主要以富有哲理寓意的小故事为主体，命题材料形式多样，内容多为寓言故事、神话故事、民间故事以及社会故事等，短小精悍、寓意深刻。

该题型主要考查考生的综合分析能力，即考查考生能否从故事中提炼出富有价值的启示，并结合实际工作生活加以阐发。在答题时需要考生把握住核心观点，全面看待问题，表述有理有据、形象生动。

需要注意的是，哲理故事中蕴含的哲理不止一个，一般以一个为主，其他的为辅，考生发现得越多越好，但不是每一个都要说，而是以其中一个为主进行作答，切忌每个都答得很多，因为时间不允许。若无法找出多个道理，那么只选取一个即可。

## 二、解题思路

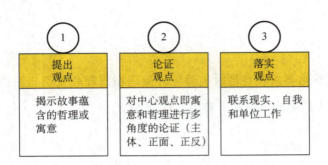

哲理解析

一则寓言故事蕴含的哲理往往并不是只有一个，但是会有一个主要的，所以考生需要练习如何准确找出核心观点，但也需要灵活。实在找不准也没关系，只要有观点且能言之成理即可。

## 三、经典例题

**1.** 小河静静地流淌着，岸就陪伴在它左右，这样的日子过了很久。有一天，河水再也无法忍受终日与岸为伴的无聊生活，决定冲破岸堤的束缚，追求自己的自由生活。然而，没有了岸的约束，河水很快干涸了。请结合公务员岗位，谈谈故事给你的启示。

【思路点拨】

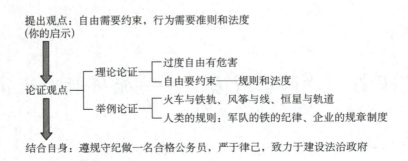

【参考答案】 题目中小河与岸的故事揭示了一个深刻的道理：没有规矩，不成方圆，没有任何约束的自由不是真正的自由。追求这种所谓的"自由"，最终的结果就会和那想

要冲破岸的束缚的河水一样自取灭亡。对于我们每一个人来说，小至立身处世，大至治国安邦，都必须遵守一定的准则和法度。

火车之所以能够奔驰千里，是因为它始终离不开两条铁轨；风筝之所以能高高飞翔，是因为它总是系着线；宇宙间无数颗恒星亘古不变地灿烂，是因为它们都按照自己的轨道运行。人类社会也是如此，规矩是人类自己制定的信条，与我们的生活息息相关，如法规、交通规则、文明公约、道德规范等。这些规矩约束着我们的生产生活，却也能够使我们不至于脱离轨道，使我们能够活得更加顺畅，取得更好的效果。例如，军队的战斗力就来自铁的纪律，企业的竞争力也来源于严格的规章制度。

对于公务员而言，遵规守纪是每一个公务员的职责，也是一个合格的公务员应具备的基本素质。有规则意识的公务员能够准确定位行政活动与法律规则之间的关系，能够自觉用规则约束自己的行为，这对于建立法治政府具有重要作用，因为法治政府的意义就是有明确规范的政府，按照规范办事。所以，每个公务员都应该培养自己的规则意识，养成自觉遵守规则的习惯，遵守法律法规，按照规则办事，才能使事业常青，才能真正提高政府的公信力。

**2.** 小树在成长的时光里，会横生出许多的枝丫，如果任其生长，很难生长成为参天大树，但是适时修剪，保证树干吸收充分的养分，小树会生长得更好。对此，你有何启发？

【思路点拨】

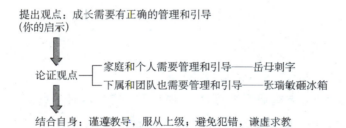

【参考答案】 这段话给我的启发就是：一个人的成长需要有正确的管理和引导，这样能让他少走弯路，集中精力朝正确的方向发展。

从一个家庭来说，好父母胜过好老师，良好的家庭教育对孩子的成长起着关键的作用。父母一定要及时规范孩子的行为，使之朝着正确的方向发展。古代名将岳飞的成长就是一个很好的例子。岳飞十五六岁时，北方的金人入侵，宋朝当权者腐败无能、节节败退，岳飞丧失信心，心情郁闷，便私自回家探母。这时，岳飞母亲依然以博大的胸怀教导儿子，好男儿要以报效国家为己任，督促他回营抗敌，并在岳飞背上刺"精忠报国"四个字，使他永以报国为志。正是母亲的积极引导和鼓励，给了岳飞前进的方向和动力，使他投军之后，英勇善战，多次打败金军，成为著名的抗金英雄，为历代人民所敬仰。试想，如果岳飞母亲在儿子灰心丧气之时没有及时地给他积极的引导，而是让他自由发展下去，也许历史上就不会有抗金英雄的传说了。

从社会来说，领导的正确管理方法对一个下属的发展来说尤为重要。海尔集团董事长张瑞敏就有一套正确的管理方法，1985年的砸冰箱事件曾轰动全国。当他听见有些员工主张把不影响使用的问题冰箱低价卖给员工使用时，张瑞敏饱含热泪地说："我今天要是把这76台冰箱卖了，就等于允许你们再造760台同样的冰箱！"之后宣布将这些冰箱全部砸掉，并毅然决然地亲手砸下第一锤，很多员工都心疼地流下了眼泪。张瑞敏之所以这样做，是因为他懂得有缺陷的产品就是废品，不把大家的心砸得流血了，就永远无法保障产品质量。张瑞敏正确的管理方法使海尔员工树立了正确的发展理念，从而使海尔集团做大做强。

在以后的工作当中，我作为一个新人，为了避免在工作中少走弯路，一定要谨遵领导的教训，听取领导的意见，在领导的培养管理下使自己成长为一棵参天大树。

## 四、强化提升

**1.** 海里的鱼都有鱼鳔，而鲨鱼没有，没有鱼鳔的鱼在水中就会下沉。鲨鱼为了不下沉，只得不停游动，从而练就了强健的体魄。对此，你怎么看？

【你的思考】

**2.** 一只小鸟学飞，向鸟妈妈埋怨说："如果不是空气阻碍了我，我将飞得更高、飞得更远。""如果没有空气，我们都将飞不起来。"鸟妈妈对小鸟说。"为什么呢？"小鸟眨着眼睛问。鸟妈妈解释道："因为是空气载起了我们的飞行，是空气给了我们飞行的动力。"谈谈你对这段对话的理解。

【你的思考】

3. 一群小羊向老羊请教处事经验。老羊拿出一瓶水说:"你们闻闻是什么味道?"一只小羊闻了以后说是海水的味道,老羊说:"你仔细闻一下。"小羊依旧说是海水的味道。其他小羊们闻了以后都说是海水,只有一只小羊没说话。最后这只小羊看大家都说是海水,它想了想,也说这是海水。老羊又问了一遍,大家还是异口同声说是海水。最后老羊笑一笑,告诉它们这其实是淡水,要尝过才知道。请结合工作谈谈这则寓言给你的启示。

【你的思考】

## 五、自测练习

1. 导蜜鸟和蜜獾是一对好帮手。导蜜鸟能够发现筑在树上的野蜂巢,却没有能力弄破蜂巢。蜜獾牙齿锋利,前爪粗硬有力,适合爬树、捣碎蜂巢,却不易找到蜂巢。因此每次导蜜鸟发现蜂巢后,便马上向蜜獾发出信号,蜜獾得到信号后,便赶来捣碎蜂巢,待蜜獾享用完蜂蜜后,导蜜鸟便可享受蜂房里的蜂蜡了。这个小故事对你有何启示?

【你的思考】

2. 有一只乌鸦找到了半杯水,却喝不到水,于是在杯中放入一块块石头,最终它喝到了水。这个故事对你将来的工作有什么启示?

【你的思考】

**3.** 蜂房的蜜流出来了，吸引了很多苍蝇来吃。因为蜂蜜太香了，它们都舍不得离开。不久这些贪吃的苍蝇都因脚被蜂蜜黏住而飞不走了。请谈谈你的看法。

【你的思考】

# 第五节 "揭示内涵"——咀嚼名言警句

## 一、题型详解

名言警句类问题主要让考生就题干中的名言警句谈理解、看法，主要以观点理解与辨析的形式出现，包括古今名人名言警句、领导人语录、社会普遍看法等。此类题目主要考查考生对观点的理解分析能力，以及能否认识、提炼名言警句中包含的深邃意义，并从中得到启发，指引生活和工作。

## 二、解题思路

**1. 提出观点**
- 阐明题目中名言的观点及蕴含的哲理或启示，最好能在此基础上进行提炼，用自己的话阐述

**2. 论证观点**
- 用理论+实际的方式论证观点（事例论证、理论论证、对比论证）

**3. 落实观点**
- 结合自身的工作和实际生活，谈自己应该怎么做、怎样落实或践行前面的道理

## 三、经典例题

**1.** 鲁迅说："不满是向上的车轮。"谈谈你对这句话是怎么理解的。

【思路点拨】

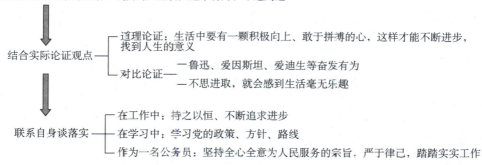

【参考答案】 鲁迅这句话包含了一个深刻的道理，即我们的人生犹如逆水行舟，不进则退。我们要奋勇向前、永不放弃。只有不断地追求进步，在前进中保持平衡，才能享受到生活的愉悦。

这句话告诫我们在生活中要有一颗积极向上、敢于拼搏的心，这样才能不断进步，才能找到人生的意义。像鲁迅、爱因斯坦、爱迪生这样的伟人，他们的成功不是凭空得来的，而是在不断地自我鞭策、坚持奋斗的过程中获取的。相反，如果我们在生活中放任自己的惰性，终日不思进取，就会感到生活毫无乐趣可言，失去奋斗的目标。没有了目标，生活就如同失去了清晰的向导；没有奋斗，前进的人生也就失去了平衡，最终导致搁浅。

在工作中，我们更需要这种持之以恒、不断追求进步的工作态度，在不断的学习中改进工作中的不足；学习党的政策、方针、路线，总结工作经验和教训，坚持全心全意为人民服务的宗旨，严于律己，通过踏踏实实的工作取得人民群众的信任和支持。

作为一名公务员，在自己平凡的岗位上一定不能懈怠，应时时刻刻警醒和告诫自己，不断学习，不仅要积累更多的理论知识来武装自己，更要将这些理论知识付诸实践，使自己在工作岗位上不断前进。

**2.** "五四"青年节，习近平总书记来到北京大学考察时勉励年轻人："人生的扣子从一开始就要扣好。"对此，你怎么看？

【思路点拨】

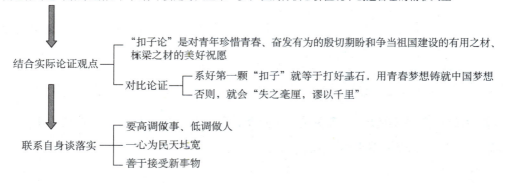

**【参考答案】** 习近平总书记以"系扣子"作比,深入浅出地表明了价值观的养成对于青年的重要性,勉励广大青年走好人生第一步,从现在做起,从自己做起,勤学、修德、明辨、笃实,在践行核心价值观中创造自己的精彩人生,发人深省、耐人寻味。

"扣子论"不仅是总书记对当代大学生提出的新要求,也是对青年珍惜青春、奋发有为的殷切期盼和争当祖国建设的有用之材、栋梁之材的美好祝愿。因此,作为一名基层工作者,在今后的工作中,我也要身体力行、不畏艰难、甘于奉献、勇于创新。

系好第一颗"扣子"就等于打好基石,进而志存高远、勇立潮头,在正确的人生观、价值观引领下,不负青春大好年华,脚踏实地,用青春梦想铸就中国梦想;否则,就会"差之毫厘,谬以千里"。

第一,要高调做事、低调做人。在日常工作中,主动接受各种锻炼,全方位考验自身各种素质,只有在处理各种实际困难的过程中,才能增加自身的临危处事能力,在以后遇到此类事情时,做到心中有底。要带着头脑下基层,多思考为什么这样,不被表面现象所迷惑,多向老同志请教。

第二,一心为民天地宽。要深入基层工作,必然牵涉各方面利益。只要紧跟党委政府,把最广大的群众的利益放在首位,上门上户深入群众,我们的工作就能取得群众的支持,就一定能够干好。在实际工作中,要善于听取各方面的意见,一心想着为群众办实事、办好事,发挥自己在基层工作中的作用。

第三,善于接受新事物。作为新时期的年轻人,在工作之余要拓宽视野,虽然我们工作在基层,但我们要具备新时期大数据时代的思维和头脑。不能龟缩到一个小圈子里,要多和朋友、同学、老师交流沟通,要善于学习、接受新鲜事物,取人之长、补己之短。

## 四、强化提升

**1.** 谈谈你对"用放大镜看自己,用望远镜看别人"的理解。

【你的思考】

**2.** 习近平总书记指出:"激情是一种可贵的工作状态和工作品质,往往能最大限度地发挥创造潜能。"请谈一谈你对这句话的看法。

【你的思考】

3. "良田千顷不过一日三餐，广厦万间只睡卧榻三尺。"请问你对公务员廉洁作风有什么看法？

【你的思考】

## 五、自测练习

1. "差之毫厘，谬以千里。"请谈谈你对这句话的认识和理解。

【你的思考】

2. 有人说，老实人吃亏。你如何反驳这个观点？

【你的思考】

**3.** 习近平总书记在党的十九大报告中提到要"以人民为中心",你怎么看?

【你的思考】

# 第六节 "洞察本质"——知晓原理效应

## 一、题型详解

原理效应类问题也是综合分析题目的一种重要题型,重点考查考生对题目所涉及的原理效应的了解情况,让考生就题目中所阐述的原理效应,通过理论和材料的有机结合来谈谈自己的看法或从中得到的启示等,从而分析如何在今后工作中借鉴和实践这个理论。

## 二、解题思路

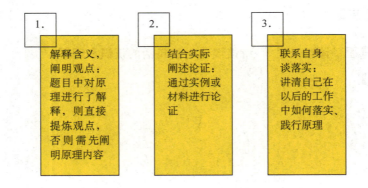

1. 解释含义,阐明观点:题目中对原理进行了解释,则直接提炼观点,否则需先阐明原理内容

2. 结合实际阐述论证:通过实例或材料进行论证

3. 联系自身谈落实:讲清自己在以后的工作中如何落实、践行原理

## 三、原理效应知识积累

**1. 木桶原理**

【原理概述】 木桶是由许多块木板箍成的,盛水量也是由这些木板共同决定的。若其中一块木板很短,则此木桶的盛水量就被短板所限制。这块短板就成为这个木桶盛水量的"限制因素"(或称"短板效应")。若要使此木桶盛水量增加,只有换掉短板或将短板加长才行。人们把这一规律总结为"木桶原理"或"木桶定律",又称"短板理论"。

【启示】 第一,从个人来说,我们在生活、工作的过程中要善于发现自己的缺点并及时加以改正,主动把自己的"短板"补起来,让我们变得更加优秀,使我们的工作更加完善。第二，从团队建设来说，如果集体中存在着"一块最短的木板"，一定要迅速将它做长补齐，否则带来的损失可能是毁灭性的。我们在团队建设的时候可以"扬长避短"，像春秋战国时著名的"田忌赛马"的故事，但是我们更应该"取长补短"，竭尽所能弥补我们的"短板"，使我们的整体力量都得到提升，只有这样的团队才是齐头并进、无坚不摧的团队。

**2. 南风法则**

【原理概述】 南风法则源于法国作家拉·封丹写过的一则寓言：北风和南风比威力，看谁能把行人身上的大衣脱掉。北风猛力吹动，顿时冷风凛冽、寒冷刺骨，结果行人把大衣裹得紧紧的。南风则徐徐吹动，顿时风和日丽，行人觉得春意上身，开始解开纽扣，继而脱掉大衣，南风获得了胜利。

【启示】 温暖胜于严寒。运用到实践中，南风法则要求我们要尊重和关心他人，时刻站在别人的立场考虑问题，多点"人情味"，多注意帮助他人解决日常生活中的实际困难，使他人真正感受到我们给予的温暖。这样，就能营造出和谐的氛围与环境。

**3. 蝴蝶效应**

【原理概述】 一只南美洲亚马孙河流域热带雨林中的蝴蝶，偶尔扇动几下翅膀，可以使美国得克萨斯州在两周以后产生一场龙卷风。其原因在于蝴蝶翅膀的运动导致其身边的空气系统发生变化，并导致微弱气流的产生，而微弱气流的产生又会引起它四周空气或其他系统产生相应变化，由此引起连锁反应，最终导致其他系统的极大变化。此效应说明，事物发展的结果对初始条件具有极为敏感的依赖性，初始条件的极小偏差将会引起结果的极大差异。

【启示】 在一个组织、社会中，对于一个微小的坏机制，如果不及时加以引导、调节，会给社会带来非常大的危害；一个微小的好机制，只要能够正确引导，那么经过一段时间的努力，将会产生轰动效应。对于个体来说，蝴蝶效应的复杂连锁效应每天都可能在我们身上发生，我们不可能回到以前去改变我们的过去，只能正确地把握现在，以后的结果才会趋向于好的方面，而走错一步，可能在短时间内我们无法发现其弊端，但是几十年后也许就会发现自己所失去的不仅仅是个人的未来，还包括其他更多的东西。

**4. 鲶鱼效应**

【原理概述】 挪威人喜欢吃沙丁鱼，尤其是活鱼。市场上活鱼的价格要比死鱼高许多。所以渔民总是想方设法地让沙丁鱼活着回到渔港。可是经过种种努力，绝大部分沙丁鱼还是在中途因窒息而死亡。有一条渔船总能让大部分沙丁鱼活着回到渔港，船长严格保守秘密，直到船长去世，谜底才揭开。原来是船长在装满沙丁鱼的鱼槽里放进了一条以沙丁鱼为主要食物的鲶鱼，鲶鱼进入鱼槽后，由于环境陌生，便四处游动。沙丁鱼见了鲶鱼十分紧张，左冲右突，四处躲避，加速游动。这样沙丁鱼缺氧的问题就迎刃而解了，沙丁鱼也就不会死了。这样一来，一条条沙丁鱼活蹦乱跳地回到了渔港。这就是著名的鲶鱼效应。

【启示】 对于渔夫来说，启示在于激励手段的应用。渔夫采用鲶鱼作为激励手段，促使沙丁鱼不断游动，以保证沙丁鱼活着，以此来获得最大利益。在企业管理中，管理者要实现管理的目标，同样需要引入鲶鱼型人才，以此来改变企业一潭死水的状况。

对于鲶鱼来说，启示在于自我实现。鲶鱼型人才是企业管理必需的。鲶鱼型人才是出于获得生存空间的需要出现的，并非是一开始就有如此的良好动机。对于鲶鱼型人才来说，自我实现始终是最根本的。

对于沙丁鱼来说，启示在于增强忧患意识。沙丁鱼型员工的忧患意识太淡薄，一味地追求稳定，但现实的生存状况是不允许沙丁鱼有片刻的安宁。沙丁鱼如果不想窒息而亡，就应该活跃起来，积极寻找新的出路。

### 5. 首因效应

【原理概述】 首因效应也叫首次效应、优先效应、第一印象效应。它是指当人们第一次与某物或某人接触时会留下深刻印象。个体在社会认知过程中，通过第一印象最先输入的信息对客体以后的认知产生的影响最强，持续的时间也长，比以后得到的信息更重要。

【启示】 首因效应告诉我们，人们根据最初获得的信息所形成的印象不易改变，甚至会左右对后来获得的新信息的解释。因此，在日常人际交往的过程中，尤其在与别人进行初次交往时，一定要注意给别人留下美好的印象。首因效应在人们的人际交往中起着非常微妙的作用，只要能准确地把握它，一定能给自己的事业营造良好的人际关系氛围。

### 6. 破窗原理

【原理概述】 一间房子如果窗户破了，没有人去修补，隔不久，其他的窗户也会莫名其妙地被人打破；一面墙，如果出现一些涂鸦没有被清洗掉，很快墙上就布满了乱七八糟、不堪入目的东西；一个很干净的地方，人们不好意思丢垃圾，但是一旦地上有垃圾出现，人们就会毫不犹豫地丢垃圾，丝毫不觉得羞愧。此理论认为，环境中的不良现象如果被放任存在，会诱使人们仿效，甚至变本加厉。

【启示】 从破窗原理中，我们可以得到这样一个道理：任何一种不良现象的存在都在传递着一种信息，这种信息会导致不良现象的无限扩展。我们必须高度警惕那些看起来是偶然的、个别的、轻微的"过错"，如果对这种行为不闻不问、熟视无睹、反应迟钝或纠正不力，就会纵容更多的人去犯错，就极有可能演变成"千里之堤，溃于蚁穴"的恶果。正如刘备所说："勿以恶小而为之，勿以善小而不为。"

### 7. 马太效应

【原理概述】 《新约·马太福音》有个故事：天国主人要外出，临走前把家产分为五千、两千和一千给三个不同才干的仆人。那个领五千的仆人随即去做买卖，又赚了五千，领两千的仆人也赚了两千，唯独那个领一千的仆人把银子埋到地下。主人回来后，对前两位大加赞赏，用原数奖励他们，却把第三位仆人的一千两银子收回来奖给了第一位。随后告诉他们："凡是少的，就连他所有的，也要夺过来。凡是多的，还要给他，叫他多多益善。"这就是马太效应。

【启示】 马太效应给我们三点启示：一是要根据每个人的实际能力委以相应的工作，授以相应的职务；二是要引导人才适应市场经济的发展，树立竞争意识，积极参与竞争，有才干而不去运用，也是不受欢迎的；三是要运用目标激励机制奖勤罚懒、优胜劣汰，只是在运用过程中，要根据政策掌握分寸。

### 8. 手表定律

【原理概述】 森林里生活着一群猴子，每天太阳升起的时侯它们外出觅食，太阳落山的时候回去休息，日子过得平淡而幸福。一名游客穿越森林，把手表落在了树下的岩石上，被猴子猛可拾到了。聪明的猛可很快就搞清了手表的用途，于是，成了整个猴群的明星，每只猴子都向猛可请教确切的时间，整个猴群的作息时间也由猛可来规划。猛可逐渐建立起威望，当上了猴王。做了猴王的猛可认为是手表给自己带来了好运，于是它每天在森林里寻找，希望能够拾到更多的表。功夫不负有心人，猛可又拥有了第二块、第三块表。但出乎猛可的意料，得到了三块手表后它有了新的麻烦，因为每块手表的时间显示都不相同，猛可不能确定哪块手表上显示的时间是正确的。群猴也发现，每当有猴子来问时间时，猛可总是支支吾吾回答不上来。猛可的威望大降，整个猴群的作息时间也变得一塌糊涂。只有一块手表，可以知道时间；拥有两块或两块以上的手表并不能告诉一个人更准确的时间，反而会让看表的人失去对准确时间的掌握。这就是著名的手表定律。

【启示】 手表定律给我们的启示是：对于企业、组织、国家而言，一是不能同时采用两种管理方法，否则将阻碍自己的发展；二是做任何事，不能设立两个或两个以上不同的目标，否则会使自己陷入无所适从的境地。对于个人而言：一是不能同时选择两种不同的价值观，否则，自己的行为将陷入混乱；二是一个人不能由两个以上的人来指挥，否则将使这个人无所适从。

### 9. 墨菲定律

【原理概述】 墨菲定律是由爱德华·墨菲（Edward A. Murphy）提出的一种心理学效应。爱德华·墨菲是美国爱德华兹空军基地的上尉工程师。1949 年，他和他的上司斯塔普少校参加美国空军进行的 MX981 火箭减速超重实验。这个实验的目的是测定人类对加速度的承受极限。其中有一个实验项目是将 16 个火箭加速度计悬空装置在受试者上方，当时有两种方法可以将加速度计固定在支架上，不可思议的是，竟然有人将 16 个加速度计全部装在错误的位置。于是墨菲做出了著名的论断：如果做某项工作有多种方法，而其中有一种方法将导致事故，那么一定有人会按这种方法去做。

【启示】 墨菲定律给我们的启示很多：任何事都没有表面看起来那么简单；所有的事都会比你预计的时间长；会出错的事总会出错；如果你担心某种情况发生，那么它就更有可能发生。从中我们可以引申出一个常用的观点，即容易犯错误是人类与生俱来的弱点，不论科技多么发达，事故都会发生。而且我们解决问题的手段越高明，面临的麻烦就越严重。所以，我们在事前应该尽可能想得周到、全面一些，如果真的发生不幸或者损失，就笑着应对，关键在于总结所犯的错误，而不是企图掩盖它。归根到底，错误与我们一样，都是这个世界的一部分，狂妄自大只会使我们自讨苦吃，我们必须学会接受错误，并不断从中学习成功的经验。

### 10. 跳蚤效应

【原理概述】 生物学家曾经将跳蚤随意向地上一抛，它能从地面上跳起一米多高。如果在一米高的地方放个盖子，开始时跳蚤跳起来后不断撞到盖子，过一段时间后拿掉盖子就会发现，虽然跳蚤继续在跳，但已经不能跳到一米以上了，直至它结束生命都是如此。这就是著名的跳蚤效应。

【启示】 跳蚤效应给我们的启示是：第一，我们要勇敢地突破自我限制。"自我设限"是一件悲哀的事情，跳蚤变成了"爬蚤"并非自身已失去跳跃能力，而是由于次次受挫后学乖了、习惯了、麻木了。我们面对失败，要勇于分析问题，要有勇气超越自我。第二，敢于追求成功。很多人不敢追求成功不是追不到成功，而是因为他们的心理已经默认了一个"高度"，这个"高度"常常暗示自己：成功是别人的，自己没办法得到。不要被自己的思想束缚，只有这样才能获得所希望的成功。第三，有什么样的目标就有什么样的人生。我们周围有许多人都明白自己在人生中应该做些什么，可就是迟迟拿不出行动来。根本原因乃是他们欠缺一些能吸引他们的未来目标。

### 11. 刺猬法则

【原理概述】 生物学家为了研究刺猬在寒冷冬天的生活习性，做了一个实验：把十几只刺猬放到户外的空地上，这些刺猬被冻得浑身发抖，为了取暖，它们只好紧紧地靠在一起；而相互靠拢后，又因为忍受不了彼此身上的长刺，很快就各自分开。可天气实在太冷了，它们又靠在一起取暖。然而，靠在一起时的刺痛使它们不得不再度分开。就这样反反复复地分了又聚、聚了又分，不断地在受冻与受刺之间挣扎，最后，刺猬们终于找到了一个适中的距离，既可以相互取暖，又不至于被彼此刺伤。这就是刺猬法则。

【启示】 刺猬法则主要是指人际交往中的心理距离效应。运用到现实生活中，就是我们在工作中要与领导、同事保持亲密关系，但这是"亲密有间"的关系，是一种不远不近的恰当合作关系。作为领导，与下属保持心理距离，可以避免下属的防备和紧张，可以减少下属对自己的恭维奉承、送礼、行贿等行为，可以防止与下属称兄道弟、吃喝不分。作为下属，保持一定的距离是尊重领导、赢得同事信任的必要方式。这样做既可以获得他人的尊重与信任，又能保证在工作中不丧失原则。

### 12. 布朗定律

【原理概述】 有时候，我们乐意与某些人沟通，却发生了困难。对方仿佛与任何人都格格不入。他的思想显得怪僻，情绪非常不好，拒绝与外界交流，暂时处于"绝缘"状态，任何信息的输入都被阻挡；他呆若木鸡、视而不见、充耳不闻，任何人都无法访问他的心灵世界，不知他在想些什么。这时不应当轻言放弃、草率了事。只要看到你与他之间的许多共同点，就具备了沟通的条件。这种沟通的暂时性障碍是常见的，要坚持和努力，并且把握一定的技巧。只要你走进他的心灵，找到了开启他心锁的那把钥匙，很多疙瘩都会迎刃而解。这就是由美国职业培训专家史蒂文·布朗提出的布朗定律，其原话为："一旦找到了打开某人心锁的钥匙，往往可以反复用这把钥匙去打开他的某些心锁。"布朗定律成为当代企业管理学的经典定律。

【启示】 布朗定律给我们的启示是：找到心锁就是沟通的良好开端，知道别人最在意什么，别人的意愿就会在你的把握之中。因此，在与人交往和沟通的过程中，要善于站在对方的立场想问题，事先了解别人的兴趣爱好、所思所想，在沟通中对他人予以尊重和体谅，用真诚打动对方。

### 13. 磨合效应

【原理概述】 在群体心理学中，人们把新组成的群体相互之间经过一段时间磨合而产生更加协调契合的现象称为磨合效应。这一效应来自新装机器通过一定时期的使用，把摩擦面上的加工痕迹磨光而变得更加密合的现象。这一现象在新的自行车、汽车使用上都会发生。

【启示】 磨合效应对于实际生活的启示：第一，一个人到了新环境（年轻人参加工作，到新单位），就必须通过一定时间适应新环境，通过磨合使自己的工作作风、处事方式及性格达到新环境（新单位）的要求；第二，工作单位来了新领导或新同事也需要磨合；第三，朋友、恋人、夫妇之间要和谐相处，更需要磨合，要做出必要的割舍。

### 14. 帕金森定律

【原理概述】 1958年，英国历史学家、政治学家西里尔·诺斯古德·帕金森通过长期调查研究，出版了《帕金森定律》（*Parkinson's Law*）一书。帕金森经过多年调查研究，发现一个人做一件事所耗费的时间差别如此之大：他可以在10分钟内看完一份报纸，也可以看半天；一个忙碌的人20分钟可以寄出一叠明信片，但一个无所事事的老太太为了给远方的外甥女寄张明信片，可以花足足一整天，找明信片一个小时，寻眼镜一个小时，查地址半个小时，写问候的话一个小时一刻钟……特别是在工作中，工作会自动地膨胀，占满一个人所有可用的时间，如果时间充裕，他就会放慢工作节奏或是增添其他项目以便用掉所有的时间。由此得出结论：在行政管理中，行政机构会像金字塔一样不断增多，行政人员会不断膨胀，每个人都很忙，但组织效率越来越低下。这条定律又被称为"金字塔上升现象"。

【启示】 第一，不称职的行政首长一旦占据领导岗位，庞杂的机构和过多的冗员便不可避免，庸人占据高位的现象也不可避免，整个行政管理系统就会形成恶性膨胀，陷入难以自拔的泥潭。第二，人做一件事情，耗费的时间越长，就会感觉越累。工作会自动占满你的时间，如果你给了自己充足的时间去完成某项工作，一定会不自觉地放慢节奏至最后的时间期限才集中精力去完成这项工作，所以，你会因为时间的拖沓和最后的紧迫感而感到劳累，筋疲力尽。第三，为了避免无事忙，制订工作计划时，必须设定工作完成的最后期限，这个期限越近，工作效率越明显。

### 15. 多米诺效应

【原理概述】 宋宣宗二年（公元1120年），民间出现了一种名叫骨牌的游戏。1849年8月16日，一位名叫多米诺的意大利传教士把这种骨牌带回了米兰。作为最珍贵的礼物，他把骨牌送给了小女儿。多米诺为了让更多的人玩上骨牌，制作了大量的木制牌，并发明了各种玩法。不久，木制牌就迅速在意大利及整个欧洲传播，骨牌游戏成了欧洲人的一项高雅运动。后来，人们为了感谢多米诺给他们带来这么好的一项运动，就把这种骨牌游戏命名为"多米诺"。最原始的多米诺玩法仅仅是单线，玩时将骨牌按一定间距排列成行，轻轻碰倒第一枚骨牌，其余的骨牌就会产生连锁反应，依次倒下，比谁推倒得更多、更远。随后多米诺骨牌从单线向平面发展，人们开始利用多米诺骨牌组成一些文字和图案。再往后，多米诺骨牌进一步向着立体层次发展，并且应用高科技成果，配以声、光、电的效果，使多米诺骨牌动力的传递具有了多种形式，同时，它的艺术性也增强了。从此以后，多米诺成为一种流行用语。在一个相互联系的系统里，一个很小的初始能量就可能产生一连串的连锁反应，人们称之为多米诺骨牌效应或多米诺效应。

【启示】 一个最小的力量起初能够引起的或许只是察觉不到的渐变，但是最终却可能引起翻天覆地的变化。因此，人们不能忽视量的变化，要防微杜渐，以免出现严重后果。

### 16. 懒蚂蚁效应

【原理概述】 日本北海道大学进化生物研究小组对3个分别由30只蚂蚁组成的黑蚁群的活动进行了观察。结果发现，大部分蚂蚁都很勤快地寻找、搬运食物，少数蚂蚁却整日无所事事、东张西望，人们把这些少数蚂蚁称为懒蚂蚁。有趣的是，当生物学家在这些懒蚂蚁身上做上标记，并且断绝蚁群的食物来源时，那些平时工作很勤快的蚂蚁却表现得一筹莫展，而懒蚂蚁们则挺身而出，带领众蚂蚁向它们早已侦察到的新的食物源转移。原来懒蚂蚁们把大部分时间都花在了"侦察"和"研究"上了。它们能观察到组织的薄弱之处，同时保持对新的食物的探索状态，从而保证群体不断得到新的食物来源。此现象被称为懒蚂蚁效应。

【启示】 在人才的运用和配置中，需要分清人才的类型和特点，加以合理运用，把各类人才放置在恰当的位置，整合和优化人力资源。对于不能成为懒蚂蚁的勤劳蚂蚁，要尊重他们的工作价值，根据其能力和特点分配工作，使他们正确定位，不断认识和提高自我，注重扬长避短，充分发挥能力，和懒蚂蚁相互支持、相互依托、和谐共处，使其贡献最大智慧和能量。

### 17. 冰激凌哲学

**【原理概述】** 卖冰激凌必须从冬天开始，因为冬天顾客少，会逼迫你降低成本、改善服务。如果能在冬天的逆境中生存，就再也不会害怕夏天的竞争。

1945年，王永庆投资塑料业时，台湾地区对聚乙烯化合物树脂的需求量少，台塑首期年产100吨，而台湾地区年需求量只有20吨，更何况台湾地区还有几个加工厂获得了日本人供应的更廉价的聚乙烯化合物树脂。台塑受到很大打击，几乎倒闭。面对这一现实，王永庆经过反复分析研究，最后决定继续扩大生产。他认为与其守株待兔，不如勇敢创造市场。只有大量生产，才能降低成本、压低售价，从而使产品不受地区限制、吸引更多的顾客。一个企业要想做大做强，就必须学会把握经济不景气时的机会。经济萧条时，大多数人都偃旗息鼓了，这反而是探索机会的理想时机。当经济再度复苏时，敢于把握冷门机遇的企业将能获取比以往更多的机会。

**【启示】** 冰激凌哲学强调顺境和逆境的关系。人生在世，不可能凡事都一帆风顺，难免要经历逆境与顺境。人生就是一个不断挑战的过程，不论处于何种境遇，都应该正视现实。要珍惜顺境，但每个人都不可能时时与环境相宜，都会有遇到逆境的时候。当你无力改变环境时，就应该设法改变自己，使自己尽可能去适应环境。"大事难事有担当，逆境顺境向前看，临喜临怒看涵养，群行群止看眼光"，不因顺境而故步自封和狂妄自满，不因逆境而一蹶不振或灰心丧气。境由心造，乐观的心态是战胜逆境的精神动力，积极的行动是走出逆境的有效途径。

### 18. 垃圾桶理论

**【原理概述】** 荷兰有一个城市为解决垃圾问题而购置了垃圾桶，但由于人们不愿意使用垃圾桶，所以乱扔垃圾现象仍十分严重。该市卫生机关为此提出了许多解决办法。第一种方法是把乱扔垃圾的罚金从25元提高到50元。实施后，收效甚微。第二种方法是增加街道巡逻人员，成效亦不显著。后来，有人出了个主意：设计了一个桶上装有感应器的电动垃圾桶，每当垃圾丢进桶内，感应器就有反应而启动录音机，播出一则故事或笑话，其内容每两周换一次。这个设计大受欢迎，结果所有的人不论距离远近，都把垃圾丢进垃圾桶里，城市因此变得清洁起来。

**【启示】** 用一种柔性引导的方式，让人们在遵守规范、维护秩序的行为中获得心理的满足和愉悦效果远比惩罚手段好得多，也不会引起大家对管理的抵触。在人力资源管理中应用这种方式的关键，在于疏堵结合，要解决员工在工作期间偷懒的问题，用监管和处罚的手段很难奏效，不如加强沟通，多从员工的角度思考问题，设计"垃圾桶"，吸引他们主动丢弃诸如此类的行为"垃圾"。给员工多些理解关心和体谅，激发员工的工作积极性和创造力，才是管理者应该做的。

### 19. 韦特莱法则

**【原理概述】** 韦特莱是美国管理学家，每当有人向韦特莱咨询成功的秘诀时，他总会对人讲一则贫苦家庭的孩子通过奋斗而成为美国总统的故事：林肯小时候，父亲买了一座遍布石砾的农场，在母亲的极力主张下，全家人一起挖走了地里的石头，使之成为一片开阔平坦、适合耕种和放牧的土地。而原来的农场主当时以较低价格将农场卖给林肯家，就是因为他将那些石头视为一座座小山头，感觉无法清除。正是这个经历，让林肯在以后的人生道路上受益匪浅，不管遇到什么事，他都会勇敢尝试，认真完成别人不在意、不愿去想、不愿去做的事情。因此，韦特莱总结出这样一个法则：成功者所从事的工作，是绝大多数的人不愿意去做的。这就是韦特莱法则。

【启示】 第一，要先有超人之想，后有惊人之举，能不落俗套，可不同凡响；第二，创新就在身边，成功仅离我们一步之遥，关键在于我们能否留心观察、留心发现，并能用我们的信心、勇气和恒心迅速付诸行动。

### 20. 酒与污水定律

【原理概述】 管理学上一个有趣的定律叫"酒与污水定律"，意思是把一匙酒倒进一桶污水得到的是一桶污水，把一匙污水倒进一桶酒里得到的还是一桶污水。显而易见，污水和酒的比例并不能决定这桶东西的性质，真正起决定作用的就是那一勺污水，只要有它，再多的酒都成了污水。酒与污水定律说明对于坏的组员或东西，要在其开始破坏之前及时处理掉。

【启示】 在一个组织中，难免会有污水，而污水又会给企业带来各种各样的矛盾和冲突，这就要求组织管理者掌握解决酒和污水的冲突的技巧。酒和污水在一个组织中也存在着相互博弈的过程。发现人才、善用人才、在人才大战中占得先机，是精明的管理者引领组织走向成功的重要砝码；而有效运用酒和污水定律，则是组织一个高效团队的最佳途径。现代企业管理的一项根本性的任务，就是对团体中的人才加以指引和筛选，剔除具有破坏力"污水"，使合格者的力量指向同一目标，这就是人才的运作。

### 21. 责任分散效应

【原理概述】 责任分散效应也称"旁观者效应"，是指对某一件事来说，如果是个体被要求单独完成任务，责任感就会很强，会做出积极的反应。但如果是要求一个群体共同完成任务，群体中的每个个体的责任感就会减弱，面对困难或遇到责任往往会退缩。因为前者独立承担责任，后者期望别人多承担点儿责任。责任分散的实质就是人多不负责、责任不明确。

【启示】 "人多力量大"是需要建立在大家都愿意站出来、贡献自己一份力的基础上。现实生活中，有责任需要承担的地方，就可能出现责任分散效应。大到近几年发生的各类重大安全事故，小到城市社区日常卫生难题。避免责任分散效应，关键在于明确责任主体，增强每个人的责任意识。推行官员问责制就是消除责任分散效应的尝试，一些单位强化员工责任意识的教育也是消弭责任分散效应的有效之举。

### 22. 华盛顿合作规律

【原理概述】 一个人敷衍了事，两个人互相推诿，三个人则永无事成之日。人与人的合作，不是人力的简单相加，而是比较复杂和微妙的。在这种合作中，假定每个人的能力都为1，那么，10个人合作的结果有时比10大得多，有时甚至比1还小。因为人不是静止物，而更像方向各异的能量，相互推动时自然事半功倍，相互抵触时则一事无成。

【启示】 华盛顿合作规律告诉我们团队合作的重要性，而组织管理的主要目的不是让每个人做到最好，而是避免内耗过多。为此，在组织管理中，一方面要明确成员分工，落实成员责任，注重素质结构，重视组织沟通，以减少组织内耗；另一方面要采用激励机制，实行目标管理，以避免产生社会惰化现象。

## 四、经典例题

**1.** 自然界有这样一种现象：当一株植物单独生长时，显得矮小、单调，而与众多同类植物一起生长时，则根深叶茂、生机盎然。人们把植物界中这种相互影响、相互促进的现象，称为"共生效应"。对此效应，谈谈你的看法。

【思路点拨】

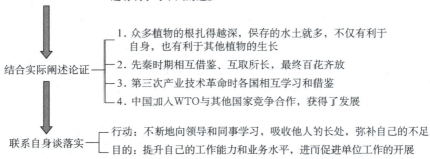

【参考答案】 造成自然界这种"共生效应"的原因是单独的植物在生长时，水分养料充足，没有竞争者，没有气长的压力；众多植物一起生长时，由于水分养料是固定的，因此每种植物都发挥了自身的潜能，充分地吸取水分和养料，才根深叶茂、生机盎然。另外，众多植物的根扎得越深，保存的水土就多，不仅有利于自身的生长，也有利于其他植物的生长。

人类社会也是如此，在一个团队中，成员彼此之间的竞争不仅有利于团队的进步，还有利于每个人的进步。

在先秦时期，诸子百家都想向人们展示自己的学术思想，都想让人们接受自己的学术思想，因而彼此之间展开了学术思想的争辩和讨论。在这一过程中，各家不但了解了诸家所长，而且通过学习、借鉴、吸收，丰富了自己的学术思想。最终的结果是百家争鸣、百花齐放，为后人留下了不尽的精神财富。在第三次产业技术革命时，每个国家都努力发展自己国家的科学技术，同时学习、借鉴别国先进的科学技术，最终促进了整个世界科学技术的进步和发展。中国加入世界贸易组织这个大家庭，不仅仅是综合国力提升的表现，更要在这个组织中，通过与其他国家的竞争合作，学习先进的思想技术，进而促进我国经济的进一步发展。

在以后的工作中，我要不断地向领导和同事学习，借鉴、吸收他人的长处，弥补自己的不足，通过良性的竞争与合作，提升自己的工作能力和业务水平，进而促进单位工作的开展。

**2.** 在水稻抽穗期，农民会排水晒田，晒得土地开裂，水稻白根外露，以促进其根系发育，提高抗倒伏能力，最终达到增产的目的。谈谈你从中获得的启示。

【思路点拨】

解释含义，阐明观点：一个人要想成功，必须经过艰难困苦的磨炼

↓

结合实际阐述论证
- 理论论证：人生道路漫长曲折，充满困难与险阻，这些都是我们成长必须经历的过程
- 举例论证：
  - 文王拘而演《周易》；仲尼厄而作《春秋》
  - 屈原放逐，乃赋《离骚》；左丘失明，厥有《国语》
  - 孙子膑脚，兵法修列；不韦迁蜀，世传《吕览》

↓

联系自身谈落实
- 行动：面对艰难困苦，我们需要充满斗志、积极面对，而非丧失信心、消极放弃。在困难中不断锻炼自己、不断完善自己。
- 目的：经历过艰难困苦的考验之后，我们终将成就一番事业，充分发挥自身的价值

【参考答案】 为了促进自身成长，水稻勇于面对土地开裂、白根外露的痛苦，最终避免倒伏，获得稻粒饱满。这给我的启示是：一个人要想成功，必须经过艰难困苦的磨炼，苦心志、劳筋骨，才能增益其所不能，最终达到成功的巅峰。

人生道路漫长曲折，充满荆棘与泥泞，充满困难与险阻，这些都是我们成长必须经历的过程。"宝剑锋从磨砺出，梅花香自苦寒来。"没有艰苦的磨砺，就没有锋利的宝剑；没有经历过严寒，就没有清香扑鼻的梅花。古今中外，历数豪杰伟人、风流人物，他们的成功都离不开苦难的历练。文王拘而演《周易》；仲尼厄而作《春秋》；屈原放逐，乃赋《离骚》；左丘失明，厥有《国语》；孙子膑脚，兵法修列；不韦迁蜀，世传《吕览》。这些人物所经受的艰难困苦，正是他们获得成功的基石。每一份磨难，都可以使他们的意志更加坚定，使他们学会坚强、忍耐、乐观；每一份磨难，在他们面前都会化为一份礼物、一种

人格上的成熟、一种对人生和生活的深刻认识。如果人生尽是一帆风顺、一马平川，那么人生就会少了很多精彩、少了很多感悟。

面对艰难困苦，我们需要充满斗志、积极面对，而非丧失信心、消极放弃。唯此，这些艰苦才能给我们带来享用不尽的宝贵财富，才会让我们成长，不断走向成功。作为一名年轻人，在遇到困难与挫折时，我们要摆正心态，把艰难困苦当作最好的老师，这样才能对我们成长、成熟发挥重要作用。因此，我们要有百折不挠的勇气和坚忍不拔的执着，在困难中不断锻炼自己、不断完善自己。我相信，在经历过艰难困苦的考验之后，我们终将成就一番事业，充分发挥自身的价值！

### 五、强化提升

**1.** 一间房子如果窗户破了，没有人去修补，隔不久，其他的窗户也会莫名其妙地被人打破；一个很干净的地方，人们不好意思丢垃圾，但是一旦地上有垃圾出现之后，人们就会毫不犹豫地丢垃圾，丝毫不觉羞愧。对此，你怎么看？

【你的思考】

**2.** 不同的事物在开水中会出现不同的现象，胡萝卜会变软，鸡蛋会变硬，茶叶会使开水变成香气四溢的茶水。对此，请谈谈你的理解。

【你的思考】

**3.** 90%×90%×90%×90%×90%=59%。对此,你怎么看?

【你的思考】

## 六、自测练习

**1.** 一只木桶能盛多少水,并不取决于最长的那块木板,而是取决于最短的那块木板。对此,你怎么看?

【你的思考】

**2.** 跳蚤能从地面上跳起一米多高,但是如果在一米高的地方放个盖子,这时跳蚤跳起来后不断撞到盖子,过一段时间后,拿掉盖子就会发现,虽然跳蚤继续在跳,但已经不能跳到一米以上了,直至它结束生命。这就是著名的跳蚤效应。对此,你怎么看?

【你的思考】

**3.** 1 的 365 次方等于 1,1.01 的 365 次方等于 37.8。请谈谈你对这个公式的理解。

【你的思考】

# 第七节 "辩证深刻"——解读鲜明观点

## 一、题型详解

观点类题型和之前所有综合分析题型不同，前面都是从题目内容入手进行了分类，而观点类题型主要是从题目的形式来进行分类。观点类题型在题干中指出针对一个事物有两种不同的观点并配有简单的论述，然后询问考生对这两种观点的看法以及自己的观点。

近几年面试过程当中，观点类题型主要考查方式是：以时政类的问题为背景，加入部分网友的观点，比如有人支持，有人反对。对此怎么看？在这类题中出现的观点，要么两者都正确，要么两者皆有不足之处。这类题目可以借鉴哲理故事类题目的答题思路。

## 二、解题思路

(1) 在表明立场的部分，可以认同题干中的任意一个观点，也可以同时反对两个观点；若同时反对，则需要提出自己的全新观点。如果对题干中两个观点同时表示认同，则需要确定题干中的两个观点不是完全相反或对立的，否则会变成没有核心的观点。

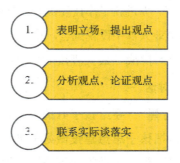

(2) 分析论证的部分要注意，如果是对题干中的观点进行反驳，则需要先论述题干中的观点存在的问题，然后再对自己的观点进行论证；若是对题干中的问题进行认同，则可以合并。

(3) 联系实际要从工作、生活谈起，落到实处，最好是用具体的做法来阐述。

## 三、经典例题

**1.** 2019 年，国家发布了 13 个新职业信息，比如人工智能工程技术人员、物联网工程技术人员、数字化管理师、电子竞技员、无人机驾驶员……引发社会广泛关注。有人说这是一种机遇，有人说这是一种挑战，对此，你怎么看？

【思路点拨】

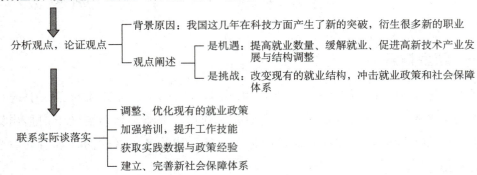

【参考答案】 发布13个新职业信息说明我国这几年在科技方面产生了新的突破，衍生出很多新的职业。我觉得，这对于社会既是一种机遇，也是一种挑战。

机遇在于，这些职业提高了我国的就业数量，能够有效缓解当前的就业压力，促进社会的和谐与稳定。同时，这些新的职业还能促进高新技术产业发展，促使高新技术产业结构调整，有助于培育我国经济新的增长点，带来社会建设的新机遇。

与此同时，这也是一种挑战，这些新的职业很有可能改变我国现有的就业结构，对政府原来的就业政策和社会保障体系造成一定的冲击。这些职位未来的发展应适应我国国情。

面对新职业给我国社会带来的冲击，我觉得我们应该提前研究其未来的发展前景，调整、优化现有就业政策，加大培训力度，促进新工作技能提升与迁移，帮助劳动者顺利转换就业形态。然后在特定领域与特定地区就业人群中设置试点，获取实践数据与政策经验，建立完善新社会保障体系，这样才能及时应对挑战，最大程度利用这些新职业给我们带来的机遇。

**2. 下面是一对夫妻家长的对话。**

母亲说，"近朱者赤，近墨者黑"，要给孩子好的教育环境，就得对孩子的朋友进行把关。父亲说，"出淤泥而不染"，把孩子思想建设做好就能出淤泥而不染。

对于"近朱者赤，近墨者黑"和"出淤泥而不染"，这两个看似矛盾的观点你怎么看？

【思路点拨】

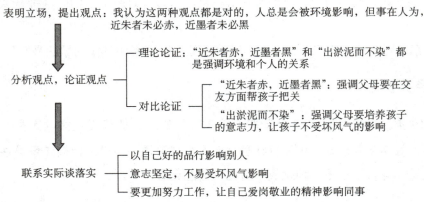

【参考答案】 我认为这两种观点都是对的,人总是会被环境影响。但是当你自身品行高洁、性情高尚、信念坚定时,周遭的恶劣环境就只是让你走向更高的磨砺;当你意志不定时,则很容易受环境的影响。事在人为,近朱者未必赤,近墨者未必黑。

"近朱者赤,近墨者黑"和"出淤泥而不染"都是强调环境和个人的关系。前一种偏向于环境对人的影响,后一种侧重于自身品格和修养的作用。母亲认为"近朱者赤,近墨者黑",要给孩子好的教育环境,就得在交友方面帮孩子把关。父亲认为"出淤泥而不染",把孩子思想建设做好就能出淤泥而不染。这两方面都是有必要的,青少年的人生观或者价值观还不成熟,易受别人的影响,这就需要父母帮孩子在交友方面把关,但是需要注意的是,父母不能面面俱到,在教育孩子时也应该多多培养孩子的意志力,努力让孩子不受坏风气的影响。

而作为成年人的我们为什么不去做一个能够以自己好的品行影响别人,而且意志坚定、不易受坏风气影响的人呢?比如,在平时的工作当中,如果同事工作懒散,自己不应该受他们的影响,而是要更加努力工作,让自己爱岗敬业的精神影响同事。这正是同事们"近朱者赤,近墨者黑",而我凭借自己的意志力做到了"出淤泥而不染"。

## 四、强化提升

**1.** 有人说,作为一名公务员,激情更重要;也有人说,稳重更重要。对此你怎么看?

【你的思考】

**2.** 有人说,现代人需要愚公移山的精神;但也有人说,搬家比移山更好。对此你怎么看?

【你的思考】

**3.** 有人说,"一个篱笆三个桩,一个好汉三个帮";也有人说,"一个和尚挑水喝,两个和尚抬水喝,三个和尚没水喝"。对此谈谈你的看法。

【你的思考】

### 五、自测练习

**1.** 有人说,人比人气死人;有人说,有比较才会有动力。在你的成长过程中,你是怎么看待比较的?

【你的思考】

**2.** 现在有些景区规定,对于使用国产手机的游客实施免门票制度。对此,有人认为是歧视其他品牌的表现,是不好的;也有人认为这是支持国货的行为,是一种爱国的体现。你怎么看?

【你的思考】

**3.** 有人说,基层干部既要把自己当干部,又要不把自己当干部。请结合实际,谈谈你的看法。

【你的思考】

# 第八节 "鲜明透彻"——定向反驳观点

## 一、题型详解

反驳题在考试中不常出现，但作为一种比较特殊的题型，考生仍需了解并掌握。反驳题在题干中会给考生提供几个互相关联的观点以及相关论据，要求考生对这些观点进行反驳（多为三个观点）。反驳题重点考查的是考生的综合分析能力，能否针对特定观点找出逻辑漏洞，从而针锋相对地提出有理有据的论据。反驳题的核心话题和时政热点类问题类似，具体包括社会现象和公共政策两种。

## 二、解题思路

（1）即使考生知道这是一道需要反驳的题目，但是在开篇的时候也还是需要表明观点。表明观点的说法可以多样，不必拘泥。比如可以谈一下题干中所涉及的问题的重要性（一句话），然后对题干做法/观点的不妥之处进行反驳，这样开头会更有灵魂，也更加顺畅。

（2）论证的过程希望考生能够条理清晰地论证每一条观点的不妥之处，不要混为一谈。有一就说一，有二就说二，逐条讲清楚即可。

（3）最后的总结提升可以结合前面开头的观点，深入谈一下，做到前后一致、有头有尾。切忌反驳完就完了，一定要有收尾升华的部分，最起码需要给自己的答案做个总结。

## 三、经典例题

**1.** 某市推行 24 小时地铁运营，并给出三个理由，请你反驳这三个理由。

理由一，生活节奏越来越紧张，晚归的人越来越多，晚回家的人可以有车坐；

理由二，延长地铁运行时间可以增加就业岗位；

理由三，晚上坐地铁比坐出租车、网约车安全。

【思路点拨】

提出观点，表态反对：该市推行24小时地铁运营的政策举措及给出的三个理由，我不太认同

论证观点，逐一反驳：
- 24小时地铁运营虽然可以保证晚回家的人有车坐，但容易造成公共资源浪费
- 24小时地铁运营虽然能在一定程度上增加就业岗位，但增量极为有限
- 任何交通工具都有安全隐患，地铁也并非绝对安全

总结提升，前后呼应：地铁运营属于一项典型的公共政策举措，应依法依规、公平公正地寻求各方利益的"最大公约数"，并倡导节约公共资源、绿色环保的理念

【参考答案】 该市推行24小时地铁运营的政策举措及给出的三个理由，我不太认同，理由如下。

其一，24小时地铁运营虽然可以保证晚回家的人有车坐，但是毕竟晚回家的人是少数，而地铁属于公共交通工具，运营成本较高，不能因保障少数人的权利而损害作为纳税人的广大人民群众的公共利益，否则容易造成公共资源浪费。即使没有24小时地铁，晚回家的少数人群还可以选择骑行共享单车或乘坐夜班公交车、出租车等多种便捷交通工具。

其二，地铁在夜间运行的时候乘坐的人少，需要的工人也比较少，24小时地铁运营虽然能在一定程度上增加就业岗位，但增量极为有限。其结果是增加了清洁、检车、检轨等工作人员的劳动时间，给从事这些工作的人员带来负面影响，同时导致出租车或滴滴司机等群体收入减少，甚至失业。

其三，任何交通工具都有安全隐患，地铁的事故率可能低于出租车，但也并非绝对安全，尤其是在夜间，工作人员可能会因为疲惫或缺乏监督导致操作失误，从而造成安全事故。比如，北京地铁就曾经发生过追尾事故和车门夹人事故，造成了人员伤亡和财产损失。

总之，推行24小时地铁运营属于一项典型的公共政策举措，而任何公共政策举措的出台，都应"坚持以人民为中心"，都应在维护最广大人民群众根本利益的前提下统筹兼顾各方利益，依法依规、公平公正地寻求各方利益的"最大公约数"，并倡导节约公共资源、绿色环保的理念。

**2.** 现在很多年轻人不认同"老黄牛"精神，认为"老黄牛"精神已经过时。

理由一，现在有些网红一夜成名，不用付出很多就可以获得丰厚报酬，名利双收，成为很多年轻人模仿学习的"榜样"；

理由二，现在很多人认为"老黄牛"精神就是顺从、蛮干、傻瓜，不值得学习；

理由三，现在很多年轻人都是"温室里的花朵"，从小娇生惯养，不能吃苦耐劳，经不起风吹雨打和磨炼。

【思路点拨】

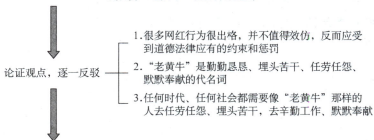

【参考答案】 我不太赞同题中所述很多年轻人对"老黄牛"精神的观点，我非常认同"老黄牛"精神，认为"老黄牛"精神并未过时。具体理由如下。

第一，如今很多网红的确一夜成名，人气高涨、报酬丰厚、名利双收，但有的网红靠剑走偏锋获得粉丝、赚得打赏，为了搏出位、违背公序良俗、狂秀下限，甚至逾越道德底线和法律红线，这样的网红行为并不值得效仿，反而应受到道德和法律应有的约束与惩罚。而有的网红一夜成名的背后，是"台上一分钟，台下十年功"的日积月累与刻苦磨炼，这恰恰就是"老黄牛"精神的体现。

第二，"老黄牛"是勤勤恳恳、埋头苦干、任劳任怨、默默奉献的代名词。有些年轻人认为"老黄牛"精神就是顺从、蛮干、傻瓜，这是严重的误解。"老黄牛"精神实际指的是对所从事的事业具有孜孜以求的热情与执着，在工作中踏实肯干、真抓实干、埋头苦干、专心一意、任劳任怨、兢兢业业。我认为，"老黄牛"永远是人类社会的脊梁，"老黄牛"精神永远值得尊崇和学习。

第三，"艰难困苦，玉汝于成"。不经历风雨就无法欣赏到彩虹的绚丽。很多从小娇生惯养，没有经历过风吹雨打、艰苦磨炼的年轻人更应学习并践行"老黄牛"精神。任何时代、任何社会都需要像"老黄牛"那样的人去任劳任怨、埋头苦干，去辛勤工作、默默奉献。只说不干、投机取巧，于事业无益，于社会无功。

总之，任何时代，勤劳、敬业、奉献的"老黄牛"精神都是永恒的价值追求，也是事业成功、社会和谐之根本。作为一名即将踏入公务员队伍的人员来说，像"老黄牛"一样在工作中默默耕耘、埋头苦干，才能增见识、长本领、学经验，才能发挥自己的智慧，勇于创新，不断开拓进取，勇攀事业高峰。

## 四、强化提升

**1.** 有人认为智能健身房将逐步取代传统健身房,理由有三个:

理由一,传统健身房一般以会员卡服务和课程为内容,智能健身房能够让用户更自由自在地享受健身;

理由二,智能健身房能提供更高科技的设备和健身服务;

理由三,智能健身房场所灵活,使健身更便捷。

【你的思考】

**2.** 人工智能的出现极大地改变了我们的生活,也引发了人们的热议。请你分别对以下观点进行反驳。

观点一,人工智能更适合操作性、重复性强的岗位;

观点二,人工智能学习能力强,可以代替人类;

观点三,人工智能具有运算快等优势,表现得比人类更出色。

【你的思考】

## 五、自测练习

**1.** 针对学者明星化的好处,有三条支持意见:

观点一,有助于拉近学者与社会大众的距离,扩大学术传播范围;

观点二,有助于提升社会大众对学术的探究兴趣;

观点三,有助于提升学者的社会关注度、收入水平、社会地位,从而推动学术发展。

请你针对以上三条逐一反驳。

【你的思考】

**2.** 纸质图书的优点多于电子书,且前景更好。以下为两个理由,请你反驳这两个理由。

理由一,纸质书籍好做笔记,备注方便;

理由二,可以避开使用电子屏幕,保护眼睛。

【你的思考】

## 答案解析

### 第二节 "全面辩证"——剖析社会现象

四、强化提升

**1.** 现在利用手机上的微信公众号以及资讯 App 进行阅读的人越来越多,很多人喜欢这种碎片化阅读方式,但是也有人认为碎片化阅读会产生一些问题。对此,你怎么看?

【思路点拨】

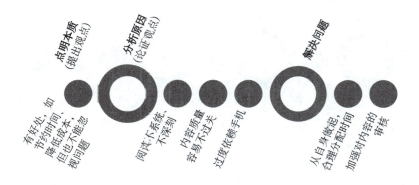

**【参考答案】** 随着科技的进步和微信的普及，人们的阅读方式也发生了很多改变，利用闲余时间进行碎片化阅读已然成为当下的热门。我们不能否认，碎片化阅读对于一部分人来说不仅可以节约时间、降低阅读成本，也让许多曾经不太读书的人重新开始阅读，同时碎片化阅读的内容出品较快，能够及时传递社会信息，让人们时刻了解社会发展，但是这其中潜藏的一些问题也是不容忽视的。

首先，碎片化阅读本身的内容缺乏系统性和深刻性，人们如果只接收碎片化的文字，必然会影响到对更为专业、深刻的文字内容的理解，从而降低阅读能力；其次，碎片化的内容本身产出的平台通常是互联网，审核的门槛较低，内容就会呈现良莠不齐、泥沙俱下的情况，而作为读者，尤其是一些青少年和老人缺乏分辨的能力，就会受到这些内容的影响，严重的可能会造成生命财产的损失；再次，碎片化阅读本身容易让我们过度依赖手机，无形中对于我们的社交和身体造成影响。作为一把双刃剑，如何最大限度地发挥碎片化阅读的优势，而规避其存在的问题是我们现在急需解决的问题。

我认为首先我们还是要从自身做起，明白碎片化阅读也是一种阅读方式，应该善加利用，但在碎片化阅读的同时，应该合理分配时间，有意识地利用纸质书籍进行深度阅读，锻炼自己的阅读能力；从社会角度来说，我们的政府应该联合群众加强对碎片化内容的审核，让碎片化的内容也成为对人们有益的精品，剔除可能毒害我们的糟粕。我相信，只要我们全社会一起努力，碎片化阅读一定能够帮助我们不断提升自己，成为社会发展的一股新动力。

**2.** 每到毕业季，大学毕业生们纷纷以毕业聚餐、旅行、写真等活动来表达情感，留住校园里的美好记忆。有的花费6 000元，有的甚至花费超过10 000元。对此，你怎么看？

【思路点拨】

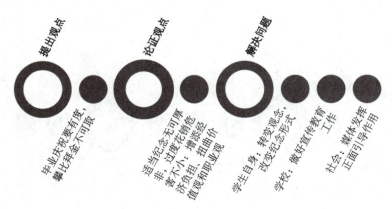

**【参考答案】**如今，随着纪念活动形式的多样化，每到毕业季，大学毕业生们就竞相以各种各样的形式来为毕业留念。的确，大学是人生中很重要的一段旅程，毕业生也确实需要在离开校园之际好好纪念下自己过往的美好时光。但为此花费过多金钱，不但难解毕业期的离愁别绪，还为自己增添了不少经济负担。特别是对于家庭条件不好的同学来说，参加这样的毕业活动无疑会给自己和家里带来过重的经济负担，而不参加又会显得自己脱离组织，实在让人为难。为毕业活动花费过多钱财，也会让大学生产生攀比心理，甚至是拜金心理，对其走入社会、树立正确的价值观和职业观都会产生消极影响。

因此，我们应该提倡积极理性的毕业纪念活动方式，使学生们既实现纪念的目的，也不给自己增添过多的经济负担。而要实现这样的意图，需要学生、学校及社会的共同努力。

就学生自身来说，要转变观念、改变纪念形式。本着不花钱或是少花钱的目的，发挥大学生的创造性思维，努力想出一些别具一格的活动形式，如为母校做最后一次清洁活动，让母校因为自己增添一份美丽；或是借用学校食堂，自制一些简单菜品，在共同参与制作中体会不一样的同学情；等等。

从学校方面来说，要做好宣传教育工作。学生会、学校宣传部门等在毕业季应发出积极倡议，引导毕业生采取绿色、节俭又具有创意的纪念活动。这样既可以给毕业生出谋划策，也可以对学生独具创意的毕业形式给予鼓励与支持，引导毕业生自觉改变活动形式。

从社会方面来说，媒体发挥正面引导作用。少报道一些学生为庆祝毕业而进行的高消费新闻，多报道一些别出心裁又无须花费过多金钱的新颖活动形式，为广大毕业生营造一个崇尚节俭的社会氛围。

**3.** "白天是上班族，晚上是小摊主或者淘宝业主，工作日是白领，节假日也做起了兼职。"对于一个人身兼数职的现象，你是如何看待的？

**【思路点拨】**

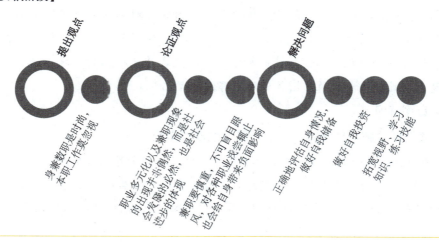

【参考答案】对于许多年轻人来说，身兼数职是一种时尚，可以提高自己的核心竞争力，能够在更广阔的领域发挥更大的价值，增加收入。但在这一过程中也应注意分清主次矛盾，不要忘记本职工作。

职业多元化以及兼职现象的出现并非偶然，而是社会发展的必然，也是社会进步的体现。当前，在"大众创业、万众创新"的时代，服务业尤其是互联网产业的快速发展为职业多元化的诞生和成长提供了土壤。同时，职业多元化的发展也有其自身存在的价值。首先，职业多元化为青年提供了更大的发展空间，使得年轻人可以从事自己喜欢的工作，从而更好地实现人生理想。其次，在高校毕业生数量年年攀升、就业形势严峻的情况下，多渠道、多形式就业，一定程度上有利于缓解就业压力，增加就业机会。再次，"互联网+"让大量从事教育、文化、艺术、旅游等服务行业的年轻人，不再拘泥于传统行业而去尝试更多的可能性，让他们丰富的创意得到充分释放，有利于激发社会活力。最后，同时从事多份职业，意味着收到多份工资报酬，在很大程度上可以增加收入，为自己带来更优质的生活。

虽然当今社会为个人从事多种职业提供了宽松、包容的外部环境，但毕竟一个人的精力是有限的，如果盲目跟风，对各种职业浅尝辄止，也会给自身带来负面影响：一方面，如果个人将有限的精力分配到几份职业中，一旦没有足够的把握和能力胜任，很容易出现每份工作都做不到位的现象；另一方面，对各项工作浅尝辄止、工作浮于表面，不能深入理解和研究，容易造成处处懂一点、处处不精通的尴尬局面，不利于自身的长远发展。

为此，青年人在从事多种行业前应正确地评估自己的实际情况和实际能力，做好自我储备，使自己真正拥有多个行业间平行切换并获得价值的能力。第一，做好自我投资。随着新时代的来临，整个社会对知识的渴望和崇拜将极度高涨，这将给知识型人才带来巨大机会。只有拥有扎实的知识功底、才华或技能，才可能拥有多重职业和身份。第二，先做好一个领域。第二领域开辟的前提是现有的第一领域足够出色，这样才能保证有足够的时间、金钱和精力去拓宽视野、学习知识、练习技能。在一个领域做得越精深，就会收获越多的技能和才干，也更容易迁移到新领域。只有这样，才能把兼职对自己能力和收益的增值效用发挥到最大化。

### 五、自测练习

**1. 谈谈新冠肺炎疫情对"一带一路"建设的影响。**

【参考答案】随着新冠疫情在世界范围内的蔓延，对世界经济发展和人民群众的生命和健康带来了严重威胁。同时，疫情对我国主导的"一带一路"建设的影响也成为公众关注的焦点之一。我们唯有加强与"一带一路"沿线国家的密切联系，团结一致，共克时艰，共建"一带一路"，共抗新冠肺炎疫情，才能为世界经济的繁荣发展和保障沿线各国人民的生命和身体提供强有力的保障。

短期看，新冠肺炎疫情难免会对"一带一路"建设带来消极负面影响。首先，我国和"一带一路"沿线国家采取封闭隔离式抗疫措施，暂停相关项目建设，因此，相关合作项目如期完成的难度会增加，从而影响"一带一路"沿线国家的经济发展。

其次，疫情影响相关国家的生产和运输，全球相关的产业链和供应链受到冲击，从而波及全球经济的稳定发展。

最后，新冠肺炎疫情尚未研发出有效的疫苗，因此，对"一带一路"沿线国家人民群众的身体健康和生命安全带来了严重的威胁。

但办法总比困难多，疫情之下的"一带一路"合作彰显出韧性，让沿线国家联系更加密切、合作更加广泛，对维护区域经济稳定和促进国际合作的意义更趋显著。新冠肺炎疫情再次体现了"一带一路"沿线各国相互依存、休戚与共的现实。我们唯有按照习近平总书记的嘱托，坚持以人民为中心的发展理念，深化国际合作，建设人类命运共同体，与"一带一路"沿线国家相互尊重、充分协商、加大合作力度、构建公共卫生信息分享和应急管理网络，才能让"健康之路"惠及沿线国家，共同打赢这场疫情防控阻击战。

**2.** 目前个人网上募捐的行为越来越盛行，但屡现骗局。请你谈谈如何有效加强网络监管，发挥网络募捐的作用。

【参考答案】社会诚信缺失，网络募捐亟待强化监管。我认为网络募捐活动中，应多方合力寻求规范操作。

当前，网络募捐问题重重，相关法律制度亟待完善。个人劝募行为不受法律禁止，极易被滥用和徇私违法。没登记的公益慈善机构利用网络开展募款项目，以及个人利用公共媒体进行募捐的不规范，可能会导致很多问题的出现，比如善款过度集中到一个人身上。

随着网络技术的发展，微募捐、众筹成为个人依靠社会力量寻求帮助的重要渠道，我们不能"一刀切"地阻止社会大众在遇到困境时试图寻找自救的途径，但政府要更有力地加强监管，让每一分钱都用在刀刃上。对于个人发起的网络募捐活动，应多方合力寻求规范操作。第一，政府应该加快推出关于网络募捐的立法细则，让网络募捐有法可依。第二，呼吁公众监管，比如要求募捐者披露捐款细节、建立自律准则。第三，第三方机构应加强对网络募捐的监督，并让募捐和使用善款的全过程都公开透明。比如通过慈善组织代理捐款，由第三方机构进行公证并公布每一分善款的去向。

**3.** 美国新能源汽车特斯拉在上海成立了子公司，促使我国新兴汽车企业和传统汽车企业都在积极发展新能源汽车产业。有人认为特斯拉的入驻挤压了我国传统的汽车市场，也有人认为这可以在国内汽车产业形成"鲶鱼效应"。对此，请谈谈你的看法。

【参考答案】我认为，特斯拉的入驻在给国内汽车行业带来压力的同时，也会激发其创新热情，使中国新能源汽车走向更高层次的竞争。

虽然我们必须承认特斯拉的入驻在一定程度上挤占了我国传统的汽车市场。但是，从长远来看，特斯拉可以在国内汽车产业形成"鲶鱼效应"。

一是可以倒逼国内汽车产业加快创新步伐、提升品牌竞争力。

二是可以采用国际合作研发的方式，攻克技术难题，推动新的汽车革命。除此之外，特斯拉给消费者提供了更加多元化的选择，进一步满足了消费者的需求，也带来了更多的就业岗位，还有利于推进环境友好型、资源节约型社会的建设。

不过特斯拉的入驻，对我国来说既是机遇也是挑战，我们可从以下三个方面着手开展工作：

一是国内汽车行业应加快自主创新的步伐，在产品研发、基础设施建设、商业发展模式等多方面进行革新；

二是加强国际合作，推进协同发展；

三是落实最新调整的财政补贴政策，在补贴上做减法，减少汽车企业的依赖，在服务上做加法，给予更多的技术指导和政策支持。

## 第三节　"理解落实"——加强政策理解

### 四、【强化提升】

**1.** 某地为了缓解交通拥堵，准备收取交通拥堵费。有人赞成，认为收取交通拥堵费有利于缓解拥堵；有人反对，认为这不能从根本上解决问题。对此，你怎么看？

【思路点拨】

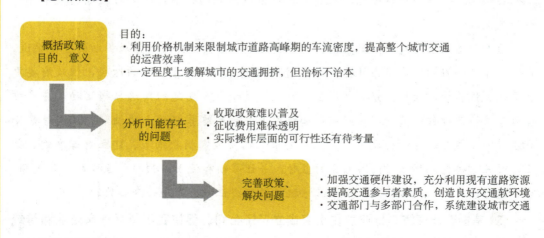

【参考答案】在交通拥挤时段对部分区域的道路使用者收取一定的费用，本质上是

一种交通需求管理的经济手段，目的是利用价格机制来限制城市道路高峰期的车流密度，提高整个城市交通的运营效率。它确实能在一定程度上缓解城市的交通拥挤，但治标不治本，且存在费用收取政策能否普及、征收的费用是否透明等问题，因而在实际操作层面的可行性还有待考量。

我们应该找到造成交通拥堵的主要原因，对症下药，只有这样，才能从根本上解决问题。造成交通拥堵的主要原因有：低速的交通系统难以适应现代汽车交通的需要，阻碍汽车化在城市的实现；我国大城市中交通控制管理和交通安全管理的现代化设施普遍较少，交通管理技术水平低下；缺乏整体的交通发展战略；道路使用者存在许多不文明行为。

面对城市交通拥堵的难题，一方面，应加大城市交通环境的硬件建设，加强城市交通道路建设，建立立体大交通，加强道路的远期规划，加强停车场建设，改进管理手段，充分利用有限的道路资源；另一方面，提高广大交通参与者的素质，创造良好的交通软环境。只有采取"软硬兼施"的方法，才能真正有效解决交通拥堵。

当然，城市交通建设是一项系统工程，因此单凭交通部门的力量是远远不够的，还需多部门合作。交巡警部门应积极会同建设部门对交通拥挤路口进行渠化改造，拓宽交叉口，增加进口车道数，合理设置道路车行道，打通分支小路，促进城市道路"微循环"；会同城管、工商部门清理整治"马路市场""马路停车场"，加强路面执法，对各种严重交通违法行为和不文明行车行为依法严管，形成强大震慑力。

**2.** 如今，公交、景区、娱乐场所对于儿童票的收费依据大多是孩子身高，但有人认为当前以身高作为衡量标准不符合现实情况，应以年龄作为统一标准。对此，你怎么看？

【思路点拨】

【参考答案】儿童票是社会对儿童参与社会生活的福利待遇。目前实施的以身高标准作为衡量儿童票的依据已经过时，不符合现今儿童身高发育的特点，已将"儿童票"的基本定义曲解。因此，将年龄作为衡量儿童票的统一标准，十分必要。

此举能够兼顾到最广泛意义上的儿童权利，让儿童票回归儿童专属的福利，也体现了我们政府职能部门的精细化管理。但以年龄作为判定标准也可能出现问题，比如，会有年龄造假行为；部分景区按身高是基于利益考虑，一旦改为按年龄可能会在政策落实方面遭遇阻力，或导致景区服务大打折扣。

对此，我们应该结合国情和当前各地实践的经验，渐进式推进，综合考虑年龄、身高等多方面因素制定儿童票价制度。一方面，提高优惠票价的身高标准；另一方面，年龄和身高综合考量，如6岁以下儿童全免、1.4米以下全免等。同时，也应该加大对各地提供儿童票单位的政策扶持力度，让他们在政策指引下，积极践行以年龄为衡量儿童票的统一标准，使证件年龄作为儿童福利享受权利的唯一认定标准，最终达成制度共识。除此之外，政府部门也应该出台相关配套设施，包括在购买儿童票时应准备相关证件（如户口本或是公安机关开的相关证明）实名购买，严厉打击年龄造假行为，违者将记入诚信缺失档案。

**3.** 新冠肺炎疫情发生之后，2020年2月24日下午，十三届全国人大常委会第十六次会议表决通过了关于全面禁止非法交易野生动物、革除滥食野生动物陋习、切实保障人民群众生命健康安全的决定。对此，你怎么看？

【思路点拨】

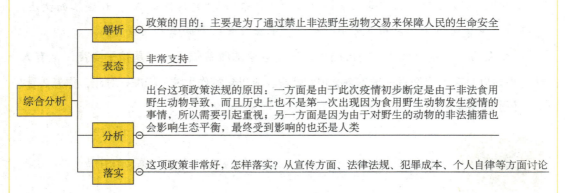

【参考答案】对于人大通过的这项决定，我拍手称赞。自2003年由于非法食用野生果子狸造成SARS疫情以来，人们已经多次从野生动物身上发现了人类难以解决的病毒，此次新冠肺炎的病毒源头也是野生动物，所以，决定全面禁止非法交易野生动物正是从源头上掐断了食用的恶习。

其实非法交易和食用野生动物，不仅仅会带来可怕的病毒，给人类造成毁灭性的打击，而且过度捕猎野生动物很有可能造成生态不平衡，最终只能我们人类自己咽下苦果。所以应该全民抵制非法捕猎、交易野生动物的行为。

当然，这项决定不能仅仅只停留在表面，我们必须要让它切切实实地落实下去。首先，国家和地方政府应该根据当地的具体情况制定相关的法律法规，对于违法捕猎交易者予以严惩，通过加大犯罪成本震慑犯罪分子；其次，我们的政府和大众媒体应该做好宣传，没有买卖就没有杀害，如果我们不购买野生动物，就不会给犯罪分子犯罪的机会，所以应当做好相关宣传活动，让每个人心中都能明白这一点；最后，我们更要自律，不以尝鲜为荣，真正杜绝此类事件的发生，只有全社会共同努力，才能让这项决定真正造福人民。

### 五、自测练习

**1.** 某市准备将宠物扰邻问题与拖欠水费、频繁跳槽等问题纳入公共征信系统。有人认为，将宠物扰邻纳入征信很有必要，但也有人认为小题大做。对此，你怎么看？

【参考答案】宠物扰民，以及由此引发的邻里冲突、社区矛盾日趋增多，成了城市管理的难点，也是社会舆论及市民较为关注的不文明行为的焦点之一。将宠物扰邻纳入公共征信系统，与道德诚信体系建设结合起来，进行一定的风险提示，对实现"宠物不扰邻，生活共安宁"确有益处。

宠物扰民，从道德上讲，是宠物主人缺乏社会责任感，违背社会公序良俗；从法律上来看，涉嫌违反国家有关法律规定。但是值得注意的是，将宠物扰邻纳入公共征信系统，在实施过程中必须把握好度。

一方面，职能部门要加强监管。对于违法违规的养宠行为，只要接到市民的举报，就必须依法严惩，该罚款的要罚款，该没收宠物的要没收，对屡教不改者，纳入公共征信系统，从而真正提高不文明饲养宠物的成本。

另一方面，要加强有关法律法规的普及以及文明饲养宠物生活理念的宣传教育。让文明饲养宠物的生活理念深入每个家庭、每个人的心中，形成文明养宠、邻里和睦的社会氛围。

**2.** 某地高速路口收费站要求收费员微笑服务，但现在出现收费员当面微笑、背后吐槽的情况，"职业假笑"走红网络。对此，你怎么看？

【参考答案】从收费员角度看，"职业假笑"走红网络势必会给该收费员带来不良影响，网友无意中拍摄的照片，不仅侵犯收费员的肖像权，还影响了收费员正常的生活和工作，对收费员造成了额外的心理负担，令微笑服务遭遇指责，伤害辛勤努力的基层服务人员。

从群众角度看，"职业假笑"恰恰是服务人员缺乏服务意识和责任意识的表现。

服务人员要树立全心全意为人民服务的意识，要立足岗位、主动服务，运用换位思考，将心比心，急群众所急，想群众所想，发自内心为群众提供帮助。

服务人员要热爱自己所从事的工作，尊重每一位来办业务的群众，同时，群众也应该有礼貌地对待服务人员，服务人员获得良好的回馈，能够为群众带来更好的服务。

**3.** 一些干部在下基层时，不是把心思放在群众工作上，而是忙着合影、拍照、写汇报材料，从而假装完成规定的下基层任务。对此，你怎么看？

【参考答案】不少干部在下基层过程中做样子、搞假把式，是典型的虚假政绩观的体现，本质上是形式主义、官僚主义的反复，也是虚假主义、欺骗主义思想的体现，浪费人力、物力、财力，必须及时予以遏制，群众工作不能只做表面文章。

之所以出现过度留痕的现象，一是因为一些干部在思想认识上出现偏差，在错误政绩观的影响下，把心思和精力都放在了留痕上，试图通过留痕争取成绩，导致留痕变形走味。二是因为一些检查组对工作的验收考核不注重实效，浮于表面，进村考核主要看有没有工作痕迹。为了应对检查，导致一些干部只做表面文章，工作只重留痕。

首先，干部要树立正确的政绩观，不断增强事业心、责任感，正视"痕迹管理"，本着实事求是、有利于工作、有利于群众的原则，不要事事留痕、过度留痕。

其次，在工作检查过程中，上级和考核部门不能将痕迹作为标准，只看材料，要注重过程、实绩和实效。同时要仔细甄别，不能让弄虚作假者得逞。

再次，各级政府要建立科学合理的考核验收机制，要坚持通过现场看、群众评、随时问、多渠道听等多种手段了解掌握工作实情，让干部把精力更多地放在脚踏实地抓工作上。

最后，纪检监察机关要加大监督查处力度，及时纠正工作过程中的形式主义，给那些只留痕不做实事以及造成不良后果的干部以惩戒和问责。

## 第四节 "科学解读"——领悟哲理故事

### 四、强化提升

**1.** 海里的鱼都有鱼鳔，而鲨鱼没有，没有鱼鳔的鱼在水中就会下沉。鲨鱼为了不下沉，只得不停游动，从而练就了强健的体魄。对此，你怎么看？

【思路点拨】

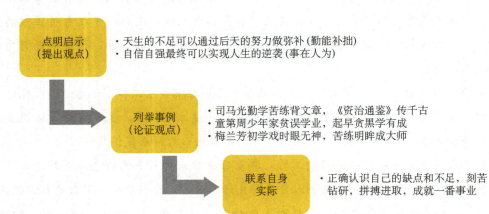

**【参考答案】**俗话说"勤能补拙。"鲨鱼面对没有鱼鳔的致命缺陷，通过不停游动，不仅克服了这一缺陷，还让自己拥有了强健的体魄，成了水中霸者。鲨鱼的故事告诉我们：每个人都有自己的不足，是就此随流下沉、自暴自弃，还是逆流而上、奋勇追击，关键在于我们对待不足的态度。

司马光小时候记忆力很差，别人背一篇文章，读三四遍就可以了，可他每次都要读几十遍才行。为了背文章，司马光看书常常看到深夜，但是因为白天也在看书，所以一到晚上他就困得睁不开眼睛，有时竟会迷迷糊糊地躺在那儿睡着了。后来，他拿了一段圆木头来当枕头。半夜，他一翻身，圆木头就滚走了，头部跌下来就马上会清醒，又可以起来继续看书了。司马光经过不懈的努力最终成为大文学家，并且主持编写了《资治通鉴》。

童第周小时候因为家里穷，他只能帮家里做农活，一边跟父亲念点儿书。他17岁才进中学，第一学期期末考试，平均成绩才45分。校长要他退学，经他再三请求，才同意让他跟班试读一个学期。第二学期，童第周更加发愤学习，每天天没亮，就悄悄起床，在校园的路灯下读外语。夜里同学们都睡了，他又到路灯下去看书。值班老师发现了，关上路灯，叫他进屋睡觉。他趁老师不注意，又溜到厕所外的路灯下学习。经过半年的努力，他终于赶上来了，各科成绩都不错，数学还考了100分。童第周看着成绩单，心想："一定要争气。我并不比别人笨。别人能办到的事，我经过努力，一定也能办到。"

艺术大师梅兰芳年轻的时候去拜师学戏，师傅说他长着一双死鱼眼睛，灰暗、呆滞，根本不是学戏的料，不肯收留他。然而，天资欠缺不但没有让梅兰芳灰心、气馁，反而促使他变得更加勤奋。他喂鸽子，每天仰望着天空，双眼紧跟着飞翔的鸽子，穷追不舍；他养金鱼，每天俯视水底，双眼紧跟着遨游的金鱼，寻踪觅影。经过多年的不懈努力，梅兰芳的眼睛终于变得如一汪清澈的秋水，含情脉脉。对眼神缺陷的加倍弥补，练就了他表演中一颦一笑的风姿绰约，使他成为一代宗师。

在这个世界上没有什么事物是十全十美的，每个事物都有自己的不足，我们只有正确面对，努力解决，才能化阻力为动力、变腐朽为神奇。在今后的工作生活中，我会不断地发现自己在业务、知识、技能等方面的不足，像奋力向前游动的鲨鱼一样，不断努力学习、刻苦钻研，弥补自己的短板，化短为长，促进自我的成长和发展，成为社会有用人才。

**2.** 一只小鸟学飞，向鸟妈妈埋怨说："如果不是空气阻碍了我，我将飞得更高，飞得更远。""如果没有空气，我们都将飞不起来。"鸟妈妈对小鸟说。"为什么呢？"小鸟眨着眼睛问。鸟妈妈解释道："因为是空气载起了我们的飞行，是空气给了我们飞行的动力。"谈谈你对这段对话的理解。

【思路点拨】

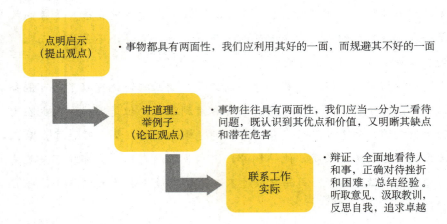

**【参考答案】** 鸟在天空飞翔，空气是它的阻力，鸟能飞翔也是因为空气给予的动力。这则故事告诉我们，事物都具有两面性，我们应利用其好的一面，而规避其不好的一面。

世界上，任何事物都没有单纯的好与坏，其有好的一面，也有不好的一面。因此，我们需要用辩证的眼光来看问题，用辩证的思维指导自己做事。比如核能，既可以用于制作杀伤力极大的核武器，也能够用于核能发电，造福全人类。再如网络，我们不能因为某些人利用网络进行犯罪，或者沉迷网络就认为网络害人害己，我们也要看到网络给人们的生产生活带来的便利之处。因此，面对世界上的万事万物，我们都要从其两面性出发，找出其中好的一面加以利用，对其不好的一面加以限制，以便更好地改造世界。同样，对于我们经历的艰难困苦，我们也应看到有利的一面，而非被其不利的一面吓到、打倒。"宝剑锋从磨砺出，梅花香自苦寒来。"古往今来，成大事者，无一不经过艰难困苦的磨难。春秋吴越争霸之初，越王勾践战败失利不得不屈膝投降、忍辱负重、亲事吴王。可以说，亲事吴王这件事对勾践来说是耻辱，但也磨炼了他的意志，使其最终能够击败吴国，赢得霸主之位。

在今后的工作中，我们也会碰到各种新鲜事物，经历各种磨难，有时可能会主观臆断只看到事物的一面，有时可能会被磨难击垮。但我们要学会用辩证的眼光看问题，认识到事物的两面性，从而能够更好地利用好的一面。这需要我们在工作中多向领导和同事学习，借鉴他们的经验，提高自己的判断能力，以便更好地克服困难，更好地利用事物好的一面。

**3.** 一群小羊向老羊请教处事经验。老羊拿出一瓶水说："你们闻闻是什么味道？"一只小羊闻了以后说是海水的味道，老羊说："你仔细闻一下。"小羊依旧说是海水的味道。其他小羊们闻了以后都说是海水，只有一只小羊没说话。最后这只小羊看大家都说是海水，它想了想也说这是海水。老羊又问了一遍，大家还是异口同声说是海水。

最后老羊笑一笑，告诉它们这其实是淡水，要尝过才知道。请结合工作谈谈这则寓言给你的启示。

【思路点拨】

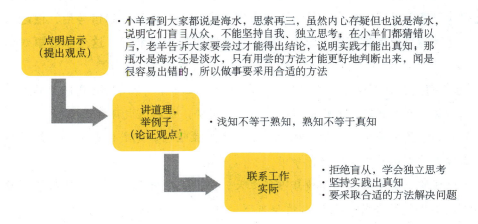

【参考答案】从这则寓言故事中，我得出以下几个道理。

第一，面对老羊拿出来的水，一只小羊说是海水，其他小羊都说是海水。最后那只小羊看到大家都说是海水，思索再三，虽然内心存疑但也说是海水，说明它盲目从众，不能坚持自我、独立思考。

第二，在小羊们都猜错以后，老羊告诉大家要尝过才能得出结论，说明实践才能出真知。

第三，那瓶水是海水还是淡水，只有用尝的方法才能更好地判断出来，闻是很容易出错的，所以做事要采用合适的方法。

若将这些道理运用到实际工作中，可以帮助我们更好地开展工作。

第一，拒绝盲从，学会独立思考。在工作中，往往会有许多诱惑、质疑等压力迫使我们放弃真理，此时我们就应做到：不盲目服从大多数人的意见，敢于表达自己的声音，及时与他人交流自己的想法，避免团队工作出现失误；通过学习政治理论知识，积累日常工作经验，提升自身辨识力，对周遭的不良风气、错误的工作方法及时说不。

第二，坚持实践出真知。要将平日学习的政策理论用在具体工作中，在操作的过程中检验理论、发现问题、总结经验，进一步提升工作能力。

第三，要采取合适的方式方法解决问题。基层群众的问题是繁复多样的，不可能采取一套方法解决所有问题，所以，要全面深入地了解问题本质。比如面对群众的需求，我们应该耐心地倾听，通过交流发现群众的核心诉求；同时还要对症下药，根据不同的情况给予不同的解决方法。比如扶贫工作开展过程中，针对不同的致贫原因，要采取不同的扶贫政策。

### 五、自测练习

**1.** 导蜜鸟和蜜獾是一对好帮手。导蜜鸟能够发现筑在树上的野蜂巢，却没有能力弄破蜂巢。蜜獾牙齿锋利，前爪粗硬有力，适合爬树、捣碎蜂巢，却不易找到蜂巢。因此每次导蜜鸟发现蜂巢后，便马上向蜜獾发出信号，蜜獾得到信号后，便赶来捣碎蜂巢，待蜜獾享用完蜂蜜后，导蜜鸟便可享受蜂房里的蜂蜡了。这个小故事对你有何启示？

【参考答案】只有合作才能实现共赢，对于个人而言，只有具备团队协作能力，发挥合作精神，互补互助，才能发挥团队的最大优势，最终达成目标。

随着科学技术的飞速进步，现代社会分工日益明确，完成任务需要团队合作。可结合日常工作或是具体案例进行分析。

可以列举一些事例，比如神舟飞船上天、全面小康社会的建设以及扶贫攻坚战的胜利实现都离不开合作。也可以结合当下的热点，比如垃圾分类的政府主导和全民参与。

阐明在未来的工作中，如何把个人的发展融入团队的发展中。要以团队的整体利益为最高利益，围绕共同的目标奋斗，工作中不仅要做到爱岗敬业、团结同事、协调配合，还要不断地学习，鞭策自己不断进步，不断完善自己，以便更好地配合团队开展工作。

**2.** 有一只乌鸦找到了半杯水，却喝不到水，于是在杯中放入一块块石头，最终喝到了水。这个故事对你将来的工作有什么启示？

【参考答案】做事情要有灵活的头脑，遇到困难时，要善于思考、勤于动脑、灵活应对、随机应变、有创新意识和能力，这样即使有困难也都会迎刃而解。

万事万物都在不断地变化和发展，要与时俱进，不能用老办法解决新问题。

可以列举一些事例，比如改革开放与市场经济、供给侧改革以及"一带一路"、港珠澳大桥的创新、大兴国际机场的现代化技术应用与中国传统文化的结合。

在未来的工作中，如接到没有接触过的工作任务、遭遇突发意外情况或工作停滞无进展等情况时，一方面，我会勤于动脑，努力做到随机应变、灵活变通；另一方面，我会勤于思考，树立创新意识，培养创新能力，不断提高自身的政务服务水平，更好地服务人民。

**3.** 蜂房的蜜流出来了，吸引了很多苍蝇来吃。因为蜂蜜太香了，它们都舍不得离开。不久这些贪吃的苍蝇都因脚被蜂蜜黏住而飞不走了。请谈谈你的看法。

【参考答案】做人不能太过于贪心，要禁得住眼前利益的诱惑，考虑长远发展，不要因为一时的贪婪而毁掉一生。

贪心往往是造成不良后果的重要根源。例如，在吃的方面过于贪心，会因过度饮食导致所吃食物超出身体承受能力，造成肠胃不适，长年累月，甚至会累积成病，危害身体健康；在金钱上过于贪心，会为取得某种诱人的利益而不择手段，不顾及他人的利益，做出损人利己、违背道德、触犯法规等错误行为，最终会受到道德的谴责和法律的制裁；在地位上过于贪心，易造成利用他人、踩在他人的肩膀上向上爬等情况，从而被人们所厌恶和唾弃，被群体力量攻击，很难实现长远的发展。

作为社会中的一员，作为建设祖国的一分子，我们应该始终坚持正确的人生观、价值观，树立正确的人生理想，并远离诱惑，避免贪心，保持积极向上、持之以恒的精神，为实现自身价值而努力。作为一名国家公务员，更要以全心全意为人民服务为宗旨，不贪婪、不骄奢，做一名为民办事、为民谋福利的行政人员，为实现自身价值而奋斗终生。

## 第五节　"揭示内涵"——咀嚼名言警句

### 四、强化提升

**1.** 谈谈你对"用放大镜看自己，用望远镜看别人"的理解。

【思路点拨】

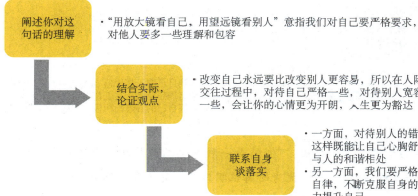

【参考答案】"用放大镜看自己，用望远镜看别人"意指我们对自己要严格要求，对他人要多一些理解和包容。有人说，如果用放大镜去看一位美女，结果会让人大失所望。远处那座光秃秃的山丘，若是用望远镜来看，却是山清水秀、绿意葱茏。很多时候，心态定终身。改变自己永远要比改变别人更容易，所以在人际交往过程中，对待自己严格一些，对待别人宽容一些，会让你的心情更为开朗，人生更为豁达。

用放大镜看自己，才能更加严格地要求自己；用望远镜看别人，才能看到别人更多的优点。自律是一种自强，宽容是一种美德，若能两者兼而有之，必然会多一些快乐，少一些烦忧。

一方面，我们要学会用望远镜看别人，喜欢打篮球的人在球场上可能会经常碰到这样的队友，每当他看到一个小错误，就会毫无顾忌地批评人。在球场上，他会经常边跑边抱怨别人，说谁没有站好位，又说谁丢了不该丢的球。下场后，他还去找人家算账，从头到尾把犯错的人数落一番，每一个失误都重提一次，可是，对于自己的失误，他却从来都是闭口不提。久而久之，大家肯定都不愿意和这样的人一起打球了。这个很生活化的例子让我们明白，对待别人的错误要多一分宽容，这样既能让自己心胸舒坦又能促进与人相处，何乐而不为？另一方面，我们要学会用放大镜看自己，对于自己哪怕一小点不好的习惯，犯的一个很小的错误都要深刻自省，严格要求自己，加强自律，不断克服自身的缺点和不足，努力提升自己，只有这样才能够取得生活和工作上的成功。

**2.** 习近平总书记指出："激情是一种可贵的工作状态和工作品质，往往能最大限度地发挥创造潜能。"请你结合自身，谈一谈你对这句话的看法。

【思路点拨】

【参考答案】习近平总书记指出："激情是一种可贵的工作状态和工作品质，往往能最大限度地发挥创造潜能。"一个优秀的岗位职工，一定是在工作中始终保持激情的人，不但在工作上干劲十足，而且对自己的职业前途也满怀憧憬。

对工作的激情来自责任和担当，如果没有责任和担当，工作就不会有激情，做事就会敷衍塞责、推诿扯皮、效率低下。作为青年党员的我，如何拥有责任与担当，从而保持对工作的激情，是充分展现自身能力的关键。

首先，拥有责任与担当，就要明确自己的工作价值。面对需要帮助的群众，我会以全心全意为人民服务为宗旨，树立正确的世界观和人生观，正确行使手中权力，对工作待办事务不推诿，不行以权谋私之事；面对工作上的困难，我会敢于抓住问题的主要矛盾，善于解决矛盾，脚踏实地迈向既定目标，始终保持蓬勃朝气和昂扬锐气，不被一时的困难吓倒，不因一时的挫折而垂头丧气。

其次，拥有责任和担当，就要坚定理想信念，在工作中树立起使命感。简单而言，我会在日常工作中遵守规章制度、学习工作业务、坚守工作岗位，做到一切以工作为重，拥有承担责任的使命感。就算日复一日地重复相同的琐碎工作，并且得不到上级的表扬，我也不会情绪低落。遇到问题我也不会绕道走，而是做到有恒心和毅力，加强科学文化知识的学习，关心集体利益，纠正自己的错误，完善自己的不足。

最后，我还要调整好自己的心态，积极主动发挥自己的能力，承担起自己所在工作岗位的责任。这样工作就由被动转为积极主动，我就能取得良好的成绩，享受工作的乐趣。

**3.** "良田千顷不过一日三餐，广厦万间只睡卧榻三尺。"请问你对公务员廉洁作风有什么看法？

【思路点拨】

【参考答案】"良田千顷不过一日三餐，广厦万间只睡卧榻三尺。"这句古语意在劝诫人们不要花费过多的精力去追求物质财富，而应该将精力放在帮助别人、服务社会上。俗话说"公生明，廉生威"，只有廉洁才能使人敬服，为官做事才会得到老百姓的拥护和支持。古有杨震的"三知堂"、于谦的两袖清风，今有模范干部孔繁森、焦裕禄，他们都是清正廉洁的典型。

现今，我国公务员选拔讲求"德才兼备，以德为先"，可见德行对于一个公务员是非常重要的，而廉洁正是德行的重要组成部分。唯廉生威，唯廉民顺。为官做事只有廉洁才能使人敬服，才能得到老百姓的拥护和支持。在建设中国特色社会主义的今天，大部分公务员都能做到廉洁奉公，但是仍然有少数人员不能坚持原则，陷入贪污腐败的旋涡，其中不乏省部级高官落马，不仅给群众造成重大损失，也损害了公务员队伍的整体形象，对我国的现代化建设、和谐社会的建设造成了极坏的影响。因此，加强公务员的廉洁作风建设十分必要。当然，少数干部不能坚守廉政阵地，除了自身的道德修养不足，更重要的是我们关于廉政建设的相关制度不完善，使这些人有空子可钻。

在新的历史时期，要加强公务员的廉政作风建设，政府要认真贯彻党提出的"标本兼治、综合治理、惩防并举、注重预防"的十六字方针，加强廉政制度建设。党员干部个人要时刻绷紧廉洁自律这根弦，强化自我修养，常修为政之德，常思贪欲之害，常怀律己之心，自觉养成坚强的意志品质、高尚的道德情操，始终保持一身正气、两袖清风。如果我能走上公务员岗位，一定要以廉为宝，真正做到公正廉洁，并不断提升自身的综合素质，踏踏实实做事，干干净净做人。

## 五、自测练习

**1.** "差之毫厘，谬以千里。"请谈谈你对这句话的认识和理解。

【参考答案】这句话是指细微的失误可能导致巨大的差错。

我们做事时，一定要认真严谨、注重细节，否则就会与预期结果相去甚远，也必然很难成功。所以在工作中，我们一定要养成注重细节、认真严谨的好习惯。

首先，要养成关注细节和重视每一件"小事"的习惯，养成认真严谨的工作习惯。"天下大事，必作于细"，公务员的工作有时是琐碎的、繁杂的，但是这些细节往往决定着工作的质量和品质，所以亟须在细节上多下功夫。因此，只有养成注重细节的习惯，才能做好每一件关乎群众利益的"小事"，取得群众的信任。

其次，要通过学习，不断扩充我的知识，提高业务水平，只有这样，才能提高把控细节、做好小事的能力。公务员是政府与民众之间的传声筒和纽带，只有运用自己的储备知识把工作中的各个不起眼的小事想深、想细、想透，对负责的工作做到思路清、情况清、细节清，才能高标准、高质量、高效率地完成各项任务。

最后，还需要对全局有所把控，找准问题的关键点和切入点。工作中，会面对很多群众需要解决的问题，群众利益无小事，面对复杂的问题，只有找准问题的关键，找对解决的切入点，才能做到从大处着眼、小处入手，使每个环节都不出现疏漏。

**2.** 有人说，老实人吃亏。你如何反驳这个观点。

【参考答案】在我看来，做老实人不吃亏，耍小聪明占小便宜才会吃大亏。

习近平总书记告诫我们："要做老实人不要做老好人。"说老实话、办老实事、做老实人是我们党一贯倡导的好作风。比如焦裕禄就是这样一位"老实人"，他也是人民的好公仆、领导干部的好榜样。他在担任兰考县委书记期间，带领人民奋力改变贫困面貌，用自己的实际行动，铸就了亲民爱民、艰苦奋斗、科学求实、迎难而上、无私奉献的"焦裕禄精神"。

我们在今后的工作中要努力做一个"老实人"，严以律己，切实规范自己的各种行为。践行"三严三实"，做老实人、说老实话、干老实事，并且及时调整心理状态，以满腔的热情、积极向上的心态认认真真地做好领导交代的每一项工作。

**3. 习近平总书记在党的十九大报告中提到要"以人民为中心",你怎么看?**

【参考答案】党的十九大报告坚持"以人民为中心",这既是习近平总书记新时代中国特色社会主义思想的重要内容,也是新时代坚持和发展中国特色社会主义的基本方略。

人民群众之所以重要,是因为人民是历史的创造者,是决定党和国家前途命运的根本力量。所以,新时代坚持和发展中国特色社会主义,就必须坚持人民的主体地位,坚持立党为公、执政为民,践行全心全意为人民服务的根本宗旨。此外,我国进入新时代后,社会主要矛盾发生了变化,人民美好生活需要更加广泛,要求也更高,只有坚持以人民为中心,通过更加平衡、更为充分的发展才能不断满足人民在新时代的新需求。

要将"以人民为中心"这项艰巨的任务做好,就要时刻将党的群众路线贯穿到治国理政的全部活动之中,把人民对美好生活的向往作为奋斗目标,依靠人民创造历史伟业。要多在改善民生方面下功夫、做功课,要抓住人民最关心的问题去解决,通过实施一系列惠民政策,提升人民群众在脱贫、就业、收入、基本保障、医疗等方面的体验水平,着力保障和改善民生,让群众幼有所育、学有所教、劳有所获、病有所医,全心全意为人民谋福利。

## 第六节 "洞察本质"——知晓原理效应

### 五、强化提升

**1.** 一间房子如果窗户破了,没有人去修补,隔不久,其他的窗户也会莫名其妙地被人打破;一个很干净的地方,人们不好意思丢垃圾,但是一旦地上有垃圾出现之后,人们就会毫不犹豫地丢垃圾,丝毫不觉羞愧。对此,你怎么看?

【思路点拨】

【参考答案】破窗原理是犯罪学的一个理论,这个理论认为环境中的不良现象如果

被放任存在，会诱使人们仿效，甚至变本加厉。

从破窗原理中，我们可以得到这样一个道理：任何一种不良现象的存在，都在传递着一种信息，这种信息会导致不良现象的无限扩展，同时必须高度警惕那些看起来偶然的、个别的、轻微的"过错"，如果对那些"过错"不闻不问、熟视无睹、反应迟钝或纠正不力，就会纵容更多的人"去打烂更多的窗户玻璃"，极有可能演变成"千里之堤，溃于蚁穴"的恶果。

就如刘备那句话所说："勿以善小而不为，勿以恶小而为之。"比如粮食安全问题，我们必须保证百姓舌尖上的安全，对食品问题"零"容忍，一旦发现个别商家或企业有违法行为，必须予以惩罚、纠正，否则就会造成更多商家出现违法行为。

作为公职人员，我们不仅不能做第N次打破窗户的人，还要努力做修复"第一扇窗户"的人。在今后的工作中，我也会铭记并践行此理念，真诚服务群众。

**2.** 不同的事物在开水中会出现不同的现象，胡萝卜会变软，鸡蛋会变硬，茶叶会使开水变成香气四溢的茶水。对此，请谈谈你的理解。

【思路点拨】

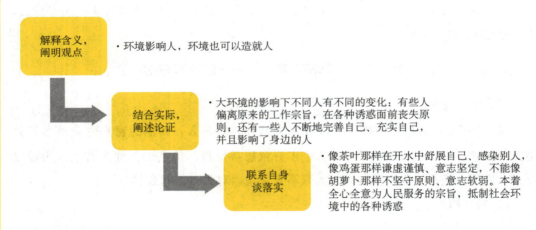

【参考答案】环境影响人，环境也可以造就人。

胡萝卜放入开水中，慢慢被环境影响，之后变得柔软。鸡蛋与胡萝卜不同，除了原本就坚硬的壳之外，在沸水中更是让自己的心变得坚硬起来，它成功地保护了自己。鸡蛋看似脆弱，实则谦虚谨慎，能在逆境中由弱变强，鸡蛋的这种变化告诉我们应该时刻保持谦虚谨慎的态度。像茶叶一样的人即使在滚烫的沸水中亦能做真实的自己，尽情舒展，淡然地看透沉浮，就连水也悄然间染上了它的芳香。这告诉我们，提升自身内涵非常重要，只有内涵深厚，才能像茶叶那样在开水中舒展自己、感染别人，看似普通，实则力量惊人。

我认为题目中的胡萝卜、鸡蛋、茶叶可以代表三类人：胡萝卜代表不能坚守原则、意志软弱的人，鸡蛋代表谦虚谨慎、意志坚定的人，茶叶代表具有内涵、能够影响到别人的人。

从鸡蛋、胡萝卜、茶叶放入开水中产生的不同效果,让我联想到公务员在社会这个大环境的影响下所产生的变化:有些人偏离原来的工作宗旨,在各种诱惑面前丧失原则,经不起诱惑,正如胡萝卜在水中加热就会变软一般;有些人本着兢兢业业的态度和为人民服务的宗旨,在工作上不断提高职业素质并完善自我,正如鸡蛋在水中加热会变得更加坚硬一样;还有一些人则始终牢记公务员"权为民所用,利为民所谋,情为民所系"的职责,不断地完善自己、充实自己、以身作则,时刻以自己的一身正气影响身边的人。

因此,生活中的我们,特别是立志成为公务员的我们,应该努力做像茶叶一般的人,努力学习,不断提升自己应对危机的能力、沟通协调能力和心理调适能力,本着全心全意为人民服务的宗旨,任何时候都要站在人民利益的一边,抵制社会环境中的各种诱惑。

**3.** 90%×90%×90%×90%×90%=59%。对此,你怎么看?

【思路点拨】

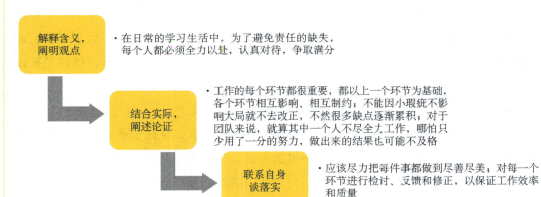

【参考答案】5个90%相乘,积约为59%。这其中隐含着"责任稀释原理",也就是说,人越多,越没有人承担责任。在现实生活中,这种情况不胜枚举。比如,当很多人共同面对一起事故时,每个人责任感都会降低,都认定其他人会帮忙、责任是别人的,结果却是没有人担负起责任来。

这启示我们,在日常的学习生活中,为了避免责任的缺失,每个人都必须全力以赴,认真对待,争取满分,而不仅仅满足于90分的成绩。这是因为:第一,工作的全过程是由许多环节串联而成的,一环扣一环,每个环节都以上一个环节为基础,各个环节相互影响、相互制约。在整个过程结束后,5个90%相乘最终得到的是59%,也就是不及格,但是5个100%相乘还是100%。所以,做事越接近成功越困难,越要认真对待,执行任务的时候对每一个环节都不能打折。第二,正所谓"平庸者浅尝辄止,成功者精益求精"。对于个人来讲，我们不能因小瑕疵不影响大局就不去改正，认为做到90%已经很好。天天这样，很多缺点逐渐累积，最终会如大山一样阻碍我们前进的脚步。对于团队来说，就算其中一个人不尽全力工作，哪怕只少用了一分的努力，做出来的结果也可能不及格。

作为公务员，我们不能用一般的标准要求自己，而应该尽力把每件事都做到尽善尽美，把90%换成100%。我们每个人要用100%的精力，按照100%的标准，100%地执行，这样才能达到100%的目标。在每一个环节进行检讨、反馈和修正，以求更好地提高和保证政府工作效率和质量。

### 五、自测练习

**1.** 一只木桶能盛多少水，并不取决于最长的那块木板，而是取决于最短的那块木板。对此，你怎么看？

【参考答案】这句话说的是美国管理学家提出的木桶原理。在任何一个团队中，我们都会面临一个共同的问题，那就是团队里存在性格特征不同、优劣势不同的人，而团队成员里存在的劣势却决定着整个团队的水平和整体的竞争力。

水桶可以象征多个要素，它既可以象征一个整体性的单位，也可以象征一个独立的个人，而水桶所能具有的最大容量则体现着整体实力和实际竞争力，它告诉我们这样的一个道理：劣势决定着最终可以走多远，决定你能否成功实现目标，强调了短板对于整体的影响。同时可以举例论证：赤壁之战，曹操大败；诸葛亮火烧司马懿，天降大雨功亏一篑；美国航天飞机因为数据错误，发射失败。

细节决定成败。很多时候，一件看起来不起眼的小事，决定了我们最终的努力是否白费，要重视缺点和不足；对于一个团队来说，要有优秀的领导者，更要所有的人都能团结和配合。

**2.** 跳蚤能从地面上跳起一米多高，但是如果在一米高的地方放个盖子，这时跳蚤跳起来后不断撞到盖子，过一段时间后，拿掉盖子就会发现，虽然跳蚤继续在跳，但已经不能跳到一米以上了，直至它结束生命。这就是著名的跳蚤效应。对此，你怎么看？

【参考答案】从这里我得到的启示是：人要勇敢地突破自我限制、敢于追求成功。

跳蚤变成"爬蚤"并非自身已失去跳跃能力，而是由于一次次受挫后学乖了、习惯了、麻木了；跳蚤的心理已经默认了一个"高度"，这个高度常常暗示自己，成功是别人的，自己没办法得到。

有什么样的心态，就有什么样的人生。我们周围有许多人都明白自己在人生中应该做些什么，可就是迟迟拿不出行动来。根本原因乃是他们欠缺一些能吸引他们的未来目标，缺乏突破自我的积极心态。我们要勇敢地突破自我限制，"自我设限"是一件悲哀的事情。面对失败，我们要善于分析问题，有勇气超越自我，敢于追求成功，不被自己的思想束缚，只有这样才能获得所希望的成功。

**3.** 1的365次方等于1，1.01的365次方等于37.8。请谈谈你对这个公式的理解。

【参考答案】每天多做一点点，积少成多，聚沙成塔，就会带来巨大的飞跃。

1.01的365次方，就像每天进步一点点，虽然看起来并不起眼，但日积月累便形成了质的飞跃；学习需要积少成多，成就事业也需要日积月累，无论做什么事，想要成功都需要不懈地努力奋斗。

积累是一种毅力，是由量变到质变的必由过程，是由平凡到伟大的必经之路，是由平庸走向成功的必要前提。革命导师马克思为写《资本论》，阅读了1 500多本书，在书中引用了十几个学科、数百个作者的观点，留下了一百多本读书笔记；列宁在《列宁全集》中引用自己看过的书竟达16 000多册，在研究帝国主义专题时，他曾阅读148本书、49种期刊中的232篇文章，写下60多万字的札记。

"不积跬步，无以至千里；不积小流，无以成江海。"我们作为当代的青年，更加需要争分夺秒，通过不断地学习与积累来提升自己，丰富自身的内涵，并且真正做到内化于心、外化于行，通过实际行动来创造属于自己的精彩人生。

### 第七节 "辩证深刻"——解读鲜明观点

#### 四、强化提升

**1.** 有人说，作为一名公务员，激情更重要；也有人说，稳重更重要。对此你怎么看？

【思路点拨】

- 我认为激情和稳重在公务员的工作中同等重要、缺一不可
- 公务员的工作烦琐、复杂，因此需要一个人时刻保持充足的工作激情；但公务员的工作涉及老百姓的切身利益，同时公务员在社会上起到的是表率的作用，因此要有稳重的工作态度、稳重的公务形象
- 结合实际，谈自己以后在工作中如何做到既充满激情又保持稳重

【参考答案】我认为作为一名公务员具有激情和稳重并不冲突，这只是从不同的角度对公务员的工作进行理解。公务员的工作可能是日复一日地重复，但又都是关乎群

众利益的事情，既需要激情，也需要稳重。

公务员的工作烦琐、复杂，而且充满了挑战性，可能经常会遇到一些挫折或是阻碍，比如工作中遭遇群众的不理解和不支持。这时就需要公务员怀着一颗火热的心，认真负责地对待每项工作，把心思用在工作上，不被困难所压倒，不被逆境所屈服，不为名利所累，始终保持蓬勃朝气、昂扬锐气和浩然正气。如果说公务员对工作缺乏激情，可能会整天满腹牢骚、事事抱怨，结果大事干不了，小事又不想干，最终可能一件事也干不成。只有靠着不服输的工作干劲、不言败的工作激情，公务员才能保持积极的工作状态，积极解决问题，切实为人民服务。

稳重也是公务员工作中需要的一种工作态度。稳重的工作态度才能让公务员沉下心来，踏踏实实解决人民群众的问题，也只有稳重的工作态度才能赢得党和人民的信任。公务员的工作涉及人民群众的利益，涉及社会事业的发展，这需要踏实、一丝不苟的工作态度。而且公务员是国家领导机构的象征，公务员的形象在群众和社会上起到了一个表率的作用，因此稳重的工作态度、稳重的公务形象都是很重要的。

总之，公务员的工作是为人民服务，在为人民服务的工作中，既需要充满激情，以饱满的精神为人民服务，也需要稳重踏实，实实在在地把这种服务做好，让人民群众满意。在进入公务员队伍之后，我会继续保持自己对工作的激情，但是在完成工作的同时，我也必须保持稳重的工作态度，争取做到工作准确无误。

**2.** 有人说，现代人需要愚公移山的精神；也有人说，搬家比移山更好。对此你怎么看？

【思路点拨】

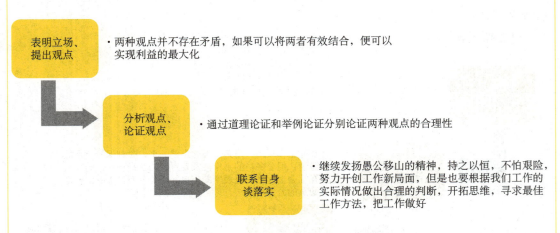

【参考答案】我认为愚公移山是一种执着、认真、对目标坚定不移的追求精神，是一种思想理念的传承，而题目中提到的搬家比移山更好，其实强调的是做事的方式方法。两种观点并不存在矛盾，如果可以将两者有效结合，便可以实现利益的最大化。

现代人需要继承愚公移山的精神，需要一种对理想、信念执着追求的态度。愚公移山精神的关键就是对理想信念的坚守。我们要克服自己不敢想、不敢干、认为很多事情是不可能实现的这种局限思维，同时要主动出击，直面现实，不等不靠不逃避，坚持不懈、持之以恒地去努力奋斗，去争取，相信我们的付出一定可以换来理想的实现。就如同改革开放刚开始进行的时候一样，同样会遇到艰难险阻，但是我们党坚定不移地解放思想、实事求是，为实现全民富裕、国家富强的梦想，敢想敢干，最终走出了一条中国特色社会主义伟大道路。

当然，学习愚公移山精神不是鼓励蛮干，我们同样需要创新精神，就像有些人面对高山会选择搬家一样，其实质是讲究做事的方式，按照客观规律办事，寻找最佳做法。我们在以后的工作中面对复杂情况，就需要创新思维，多管齐下，采用多种有效的办法来解决问题。如同在中华人民共和国成立初期，为了提高人民生活水平，实现早日赶英超美的目标，我们错误地估计了国内实际情况，一味蛮干，开展"大跃进"，违背了经济发展规律，也造成了国民经济的重大损失。之后实行改革开放政策和市场经济，才最终使得中国的经济焕发出生机与活力。

在以后的生活、工作中，我们要继续发扬愚公移山的精神，持之以恒，不怕艰险，努力开创工作新局面，但是也要根据工作的实际情况做出合理的判断，开拓思维，寻求最佳工作方法，把工作做好。

**3.** 有人说，"一个篱笆三个桩，一个好汉三个帮"；也有人说，"一个和尚挑水喝，两个和尚抬水喝，三个和尚没水喝"。对此谈谈你的看法。

【思路点拨】

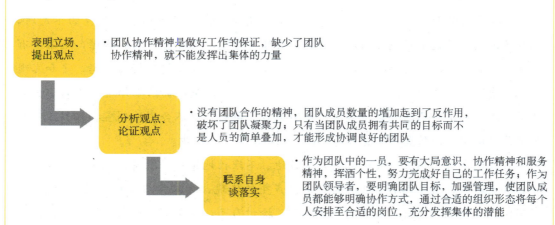

【参考答案】团队协作精神是做好工作的保证。"一个篱笆三个桩，一个好汉三个帮"从正面说明一个人再强，素质再高，也需要团队其他成员的配合和帮助，否则也成不了"好汉"。"三个和尚没水吃"则从反面说明缺少了团队协作精神，就不能发挥出集体的力量。

两者之所以形成鲜明的对比，是因为前者所形成的团队互相扶持、众志成城，产生了"1+1＞2"的效果；而后者随着团队成员数量增加起到了反作用，破坏了团队凝聚力，根源是没有团队合作的精神。所以，只有当团队成员拥有共同的目标并愿意为实现这个目标发挥各自的个体优势时，才能形成协调良好的团队，而不是人员的简单叠加。

《西游记》中，师徒四人作为一个团队，每个人都逐渐形成了各自在团队中独特的角色，互相取长补短，发挥了强大的团队力量，历尽千辛万苦，取得了真经。在这个团队制胜的年代，没有人能仅仅依靠一人之力获得某项事业的成功，唯有依靠团队的力量，依靠集体的智慧，才能使自己立于不败之地。

所以，在今后的工作中，我们作为团队中的一员，要有大局意识、协作精神和服务意识，挥洒个性，努力完成好自己的工作任务，促进共同目标的完成。而作为团队领导者，要明确团队目标，加强管理，使团队成员都能够明确协作方式，通过合适的组织形态将每个人安排至合适的岗位，充分发挥集体的潜能。只有这样，我们才能走得越来越远。

### 五、自测练习

**1.** 有人说，人比人气死人；有人说，有比较才会有动力。在你的成长过程中，你是怎么看待比较的？

【参考答案】题目体现的是两种不同的人面对比较的不同的心态。生活中处处都会有比较，人与人之间存在差距是很正常的。有一种人面对差距心态是消极气馁的，最终使自己不思进取、郁郁寡欢；另一种人将差距看作一种动力，在挫折和失败中不断成长和进步。

因此，有差距不重要，重要的是我们如何看待差距。当我们看到自身的不足时，正视优缺点实际就是正视自己，这需要有足够的勇气，需要有开阔的胸襟，还需要有乐观向上的精神，不因富贵而优越、不因平凡而自卑，要保持良好的心态，平和客观地看待自己与别人的差距。当然，没有比较也就没有进步，就很难知道自己的优势与劣势，很难知道自己的机会与威胁，就不会扬长避短，更不会因地制宜。人们只有比较才能了解自己的位置而不盲目自大，才能不断地要求进步。

在我的成长过程中，我通常避免盲目地、不理性地攀比，衣着、成绩、房屋、车子，甚至权力，这些都不是自己的财富、声望的体现，我认为应该珍惜已经拥有的，但同时又不能安于现状，要不断审视自己、检讨自己，把缺点一点点改掉，督促自己不要懈怠；审视自身的优势，然后发扬自己的优势。只有这样才能促使自己不断成长、不断实现自己的社会价值，给单位和社会带来更大的意义。

**2.** 现在有些景区规定，对于使用国产手机的游客实施免门票制度。对此，有人认为是歧视其他品牌的表现，是不好的；也有人认为这是支持国货的行为，是一种爱国的体现。你怎么看？

**【参考答案】** 免除使用国产手机的游客的门票，这种做法契合了现今日益高涨的民族主义情绪，体现出一种朴素真诚的爱国热情。景区出台这一政策的初衷虽然是好的，但是不应该鼓励。

第一，给手机按照"国货""非国货"进行分类，不仅没有可靠的事实依据，而且有违全球化趋势，对促进经济贸易全球化有害无利。

第二，景区这一规定有违公正原则。仅仅因为手机品牌的不同，就对前来游玩的客人区别对待，这实际上不仅是对非国产品牌的歧视，更是对游客的不公正。

第三，这一做法十分容易引发矛盾，甚至引发不必要的冲突。使用非国产手机的游客可能会觉得受到了区别待遇，对景区的规定产生不满，或者对使用国产手机的游客心存芥蒂，这使得游客和景区之间、不同游客之间容易产生不必要的纠纷。

景区可以减免门票的群体应当是学生、老人、儿童、身心障碍人士等弱势群体，或军人等对社会有特殊贡献的群体。而不能因为手机品牌的不同，就对前来游玩的客人区别对待。我认为景区应尽早取消这种不合时宜的"优惠"，用更理性的方式体现自己的爱国情怀。

**3.** 有人说，基层干部既要把自己当干部，又要不把自己当干部。请结合实际，谈谈你的看法。

**【参考答案】** 这句话体现了基层干部应该具备的两个素质：一是要有责任担当；二是要有服务群众的意识，经常到群众中去。

基层干部要把自己当干部，就是要发挥好排头兵、领头羊的模范作用。所谓干部，"干"字当先，先干一步，以身作则，冲锋在前。干部要牢记使命，切实把基层稳定发展的责任担在肩上，把自己当成干部，从德、才两方面发挥带头模范作用，为民谋利，解民之忧。

同时，基层干部要牢记为人民服务的宗旨，深入群众，不把自己当干部。习总书记说："基层干部要接地气。"干部本就是群众中的一员，要多接地气，多了解社情民意，多为群众排忧解难；同时干部要严格律己，不搞派头，不讲特权，自觉地抵制官僚主义、形式主义。在任何时候、干任何事情都要站在群众的立场去考虑问题，密切联系群众，做到从群众中来，到群众中去。

总之，基层干部既要做好一个管理者，又要做好一个服务者。基层干部干事时要把自己当干部，吃苦在先，享乐在后，和群众在一起时不能把自己当干部，要坚持贯彻群众路线，善于和群众打成一片。

## 第八节 "鲜明透彻"——定向反驳观点

### 四、强化提升

**1.** 有人认为智能健身房将逐步取代传统健身房，理由有三个：

理由一，传统健身房一般以会员卡服务和课程为内容，智能健身房能够让用户更自由自在地享受健身；

理由二，智能健身房能提供更高科技的设备和健身服务；

理由三，智能健身房场所灵活，使健身更便捷。

【思路点拨】

提出观点，表态反对
· 智能健身房将逐步取代传统健身房的这一观点，我并不认同

论证观点，逐一反驳
· 传统健身房一般以会员卡服务和课程为内容，但并不说明传统健身房没有自由选择的空间
· 在设备和服务方面，智能健身房并不明显优于传统健身房
· 大部分人去健身，都想得到高质量的健身体验，进行多项运动，所以往往不会青睐智能健身房

总结提升，前后呼应
· 认为智能健身房将逐步取代传统健身房不论是从锻炼内容还是设备和服务以及场所的灵活性来说，都是站不住脚的

【参考答案】智能健身房将逐步取代传统健身房的这一观点，我并不认同，理由有三个。

第一，传统健身房一般以会员卡服务和课程为内容，但并不说明传统健身房没有自由选择的空间。现在很多传统健身房会推出多元化的服务，并让顾客自己选择想要参加的课程；会员卡也有月卡、季卡、年卡之分，甚至还有一周体验卡，让顾客自己决定是否续费。

第二，在设备和服务方面，智能健身房并不明显优于传统健身房。传统健身房的设备也在与时俱进，大多安装了相应的智能硬件，能实时监控顾客的身体状况、运动状态，记录顾客的健身习惯；传统健身房的服务更为周到细致，健身教练会提供最为人性化的指导，真正做到以人为本。

第三，智能健身房的场地灵活的特征，是建立在其缩水的配套设施的基础上的。智能健身房的工作人员少、占地面积小，一般只提供基本的健身器材，有些甚至还取消了游泳和淋浴设备，大部分人去健身，都想得到高质量的健身体验，进行多项运动，所以往往不会青睐智能健身房。

所以说，认为智能健身房将逐步取代传统健身房不论是从锻炼内容还是从设备和服务以及场所的灵活性来说，都是站不住脚的。

2. 人工智能的出现极大地改变了我们的生活，也引发了人们的热议。请你分别对以下观点进行反驳。

观点一，人工智能更适合操作性、重复性强的岗位；

观点二，人工智能学习能力强，可以代替人类；

观点三，人工智能具有运算快等优势，表现得比人类更出色。

【思路点拨】

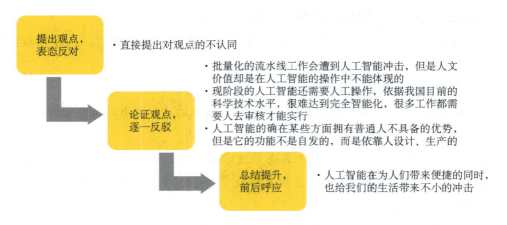

【参考答案】针对题目中所列的几个主要论点，我的反驳如下。

首先，操作性、重复性强的岗位需要大量劳动力的支撑，这种行业势必会遭到人工智能冲击。但是这只针对批量化的流水线工作，而像一些传统的手工制品，比如木板年画、寺观壁画、蜡染、剪纸等，它们同样具有操作性、重复性强的特点，但是人文价值却是在人工智能的操作中不能体现的。

其次，有人认为人工智能学习能力强，可以取代人类。对于这个观点，我是不同意的。近日，由于语法编码的疏忽，两名脸书（Facebook）聊天机器人在用人类无法辨认的语言相互交流后被关闭。现阶段的人工智能还需要人工操作，依据我国目前的科学技术水平，很难达到完全智能，很多工作都需要人去审核才能实行。机器并非全能，当出现坏掉或者休息的状况时，还需要人去完成工作。人工智能本质上不过是人类的一次技术革新，它同样会催生出大量新的人力需求，最终不会取代人类。

最后，有人认为人工智能具有运算快等优势，表现得比人类更出色。人工智能的确在某些方面拥有普通人不具备的优势，但是它的功能不是自发的，而是依靠人设计、生产的。比如，拉斯维加斯的自动驾驶巴士在第一天就与一辆运货卡车相撞；虽然卡车不必对事故负责，但是如果自动驾驶巴士足够"聪明"，就可以避免相撞。人永远会走在人工智能的前面，会比人工智能更出色，因为人类具有主动性，而人工智能是人类思维的产物，它的进步是建立在人类科技进步的基础上的，不可能超越人类的科技。

总的来说，人工智能在为人们带来便捷的同时，也给我们的生活带来了不小的冲击，我们需要理性看待并合理使用，让人工智能真正地服务于民。

**五、自测练习**

**1.** 针对学者明星化的好处，有三条支持意见：

观点一，有助于拉近学者与社会大众的距离，扩大学术传播范围；

观点二，有助于提升社会大众对学术的探究兴趣；

观点三，有助于提升学者的社会关注度、收入水平、社会地位，从而推动学术发展。

请你针对以上三条逐一反驳。

【参考答案】对于题目中所列出的支持学者明星化的三个理由，我不太认同，理由如下：

其一，从长远来看，学者明星化容易导致学者淡忘学术初心，最终影响其学术的严谨性、科学性，并会在一定程度上脱离群众、误导公众，进而缩减其学术生命力，削弱其学术传播广度；

其二，对社会大众而言，如果不潜心钻研经典书籍，只热衷于快餐式的学术文化，则不利于大众对科学、严谨的学术产生兴趣并深入探究；

其三，明星化的学者社交应酬频繁，会使其用于学术研究的时间和精力锐减，久而久之不利于其学术研究的开拓创新与持续发展。

总之，学者明星通过商业手段和媒体的宣传包装虽然增加了曝光率、提升了知名度，但是也会有诸多负面影响。

**2.** 纸质图书的优点多于电子书，且前景更好。以下为两个理由，请你反驳这两个理由。

理由一，纸质书籍好做笔记，备注方便；

理由二，可以避开使用电子屏幕，保护眼睛。

【参考答案】对于纸质图书的优点多于电子书，且前景更好这一观点及给出的这两个理由，我不太认同，原因如下。

题干中提到的理由一是"纸质书籍好做笔记，备注方便"，殊不知现在新出的一些电子阅读器也有让读者做笔记的功能，并且在电子书上做笔记比在纸质书上做笔记更为方便；题干中提到的理由二也不成立，相对于纸质图书单纯文字加图片的信息传递方式，电子书能以更加多元和富有互动性的方式传递信息，这更加迎合了现代人的需求。

# 第三章 计划组织与协调方式如何"周密有序"

## 第一节 分类答题的三种方式

计划组织协调类题目几乎是公职考试面试的必考题型。

该题型主要考查考生的实际工作能力即计划能力、组织能力以及协调能力。

这类问题的命题形式主要会创设一种情景，要求考生在这种情景之下负责组织一项活动，设问的方式一般从整体、某个环节来进行把握。

计划组织类题型答题思路通常有三种。

考情解码

### 一、阶段性答题法

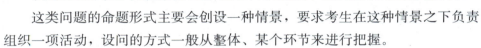

### 二、要素式答题法

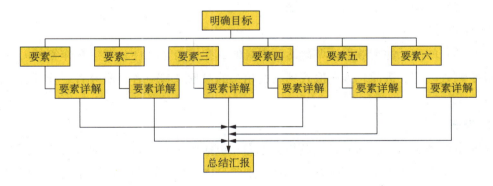

### 三、综合性答题法

根据机关日常组织的活动类型的不同，组织管理活动类别也分为不同的种类，目前我们常考的题目有以下几种类型：调研、宣传、会议接待、培训和其他类。

后面章节，我们将针对每个类型的题目进行详细讲解。

# 第二节　调　研

## 一、题型详解

调研是调查研究的简称，指通过各种调查方式，如现场访问、电话调查、拦截访问、网上调查、邮寄问卷等形式得到受访者的态度和意见，进行统计分析，研究事物的总的特征。在面试中，日常调研工作被情境化，考查学生是否具备计划组织协调能力。

## 二、解题思路

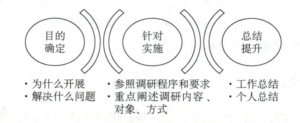

### 1. 调研的目的

一般在题干会提到，比如了解、分析或者解决某些问题。若题目中没有明确提到，我们应该怎样确定调研目的？答案是通过思考活动的核心目的确定，即为什么开展这项活动？开展这项活动是为了解决什么问题？

### 2. 调研对象

调研对象的广泛性能够保证调研活动本身的真实性与客观性。考生在作答的时候应该快速确定调查内容，进而思维发散找到利益相关的对象（参与者、研究者、管理者）进行调研。

### 3. 调研主体

调研主体是指调研活动的组织者和实施者，包括专业人员和非专业人员，也可以是党政机关、单位和团体组织的调研群体。在个别题目中会出现调研主体数量不足的情况，这就需要借助其他力量，如大学生志愿者、社工等。

### 4. 调研的内容

调研内容即调研工作所要获取的基本信息，可以简单地理解为解决某个问题所需要调研获得的具体信息，可以围绕调研目的发散得到。

### 5. 调研的方法

调研方式多样化能保证调研的信度和效度。调研工作是基于数据寻找解决方案，必须保证调研本身的信度和效度。信度是指结果的准确性，不存在疏漏；效度是指能否反映客观事实，是否对问题的解决具有针对性。调研方式可以结合信息获取的渠道、检索工具、技能使用来确定，一般有如下几种：

| 调研方法 | 优点 | 缺点 | 具体运用 |
| --- | --- | --- | --- |
| 文献法 | 客观性强<br>效率高<br>花费少 | 缺乏直观性<br>可靠性较低<br>滞后于现实 | 辅助方法<br>常在调研初期使用，为后续调研提供基础、指明方向 |
| 问卷法 | 操作简单<br>客观性强<br>效率高<br>成本低<br>具有较好的匿名性 | 回收率无法保证<br>真实性低<br>对调查对象有读写能力要求 | 主要方法<br>普遍适用于各种调查，注重对数据的统计、分析的及时性 |
| 访谈法 | 信息广泛、全面<br>效率高<br>成本低 | 主观性强<br>有团队压力<br>初期接触难 | 主要方法<br>普遍适用于各种调查，敏感性、隐私性问题不宜使用 |
| 观察法 | 参与度高<br>信息丰富 | 效率低<br>成本高<br>主观感情色彩强 | 辅助方法<br>适用于正在发生的现象或调查对象有表达困难、难于配合的情况，不适宜做大规模的调研活动 |
| 试点法 | 持续深入<br>有时效性<br>节省时间资源<br>以实践检验方案 | 对组员要求高<br>对象选取标准不明确<br>不适合大范围推广 | 适用于调查任务量比较大或者调查对象相对单一，具备化零为整的可能性 |

### 6. 调研的时间和期限

调研的时间和期限题目中一般会要求，若题目没有要求，则根据实际情况，紧急的则时间短，复杂的则适当放宽期限。

### 7. 调研的结果

调研的结果一般包括：对所需要解决的问题有清晰的认知和结论；同时能够提出相应的解决方案；最后能够形成完整、专业的调研报告，作为资料留存及后续使用。所以，我们在答题的时候也需要呈现这三方面的内容：形成结论、提出方案、形成报告。

## 三、经典例题

为了更好地帮助群众处理事情，政府采用网络帮办的方式。现在领导要你去调查网络帮办的情况，请问你会怎么做？

【思路点拨】

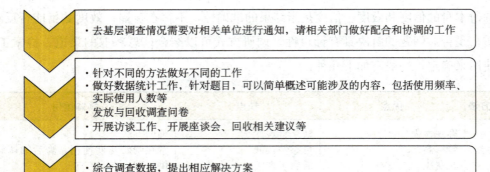

- 去基层调查情况需要对相关单位进行通知，请相关部门做好配合和协调的工作
- 针对不同的方法做好不同的工作
- 做好数据统计工作，针对题目，可以简单概述可能涉及的内容，包括使用频率、实际使用人数等
- 发放与回收调查问卷
- 开展访谈工作、开展座谈会、回收相关建议等
- 综合调查数据，提出相应解决方案

【参考答案】 网络帮办旨在帮助群众更好更快地处理工作，也能够减轻政府部门的办事压力，所以我一定要做好相关工作，帮助网络帮办的落实。

第一，我会做好通知工作。请领导协调，通知街道办、网络帮办的运维公司、涉及市民服务的其他机关协助做好此项工作。

第二，做好数据统计工作。请运维公司协助调阅网络帮办平台的后台统计数据，了解网络帮办平台的实际使用频率，包括累计有多少人使用过网络帮办、使用网络帮办的用户人数、实际办理的业务数量，以及哪些是僵尸业务。

第三，做好问卷发放工作。请街道办联系居委会发放调查问卷，并在政府公众号上投放电子问卷。调查市民是否了解这项业务、是否使用过网络帮办、对网络帮办的总体评价，认为其实际效果如何，还有哪些问题和需要改进的地方。

第四，做好服务访谈工作。与民政局、公安局、人社局等负责网络帮办的同志召开座谈会，请他们反馈在网上提供服务的意见和建议，关于网络帮办还有什么需要整改的地方。

第五，做好整改工作。综合各方调查数据，协同帮办运维开发公司，对系统进行优化整改，为市民提供更优质的网络帮办服务。

【小结】 除了按照事前—事中—事后的时间逻辑，也可以按照不同对象的逻辑进行答题。比如没有特定对象的宣传类题目，可以分成老、中、青三类群体宣传。

## 四、强化提升

**1.** 国家对酒驾处罚力度加大，催生了代驾行业，领导让你对代驾行业展开调查，请问你如何开展？

【你的思考】

**2.** 对于目前城市张贴"牛皮癣"广告的现象,城管部门打算出台相关文件进行治理,领导要你前期收集情况,你怎么做?

【你的思考】

## 五、自测练习

**1.** 现在各机关办事大厅有很多现代化的设备,能够辅助处理很多业务,领导让你就设备使用满意度做一个调查,你准备怎么做?

【你的思考】

**2.** 我市打算出台高层次人才创业的资金帮扶政策,计划给予高层次人才低息贷款。如果让你负责调查,你如何保证数据全面有效?

【你的思考】

**3.** 人社局开设了网上办理社保业务通道,但是老年人还是去社保大厅办理。请问你如何改善这种情况?

【你的思考】

# 第三节 宣 传

## 一、题型详解

宣传就是信息的传递,传播者通过信息的传播希望受众接受并且支持自己的观点,以达到自己的目的。在机关工作中,对政策文件或理念的上传下达是所有工作的重要组成部分,机关工作人员必须要做一些相关专业政策文件的普及工作,通过宣传让群众了解更多的机关工作理念和便民措施。

## 二、解题思路

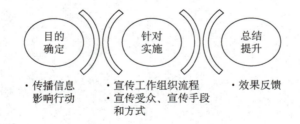

### 1. 宣传目的

宣传目的即发起宣传者期望给社会和人们带来的某种变化。宣传具有激励、鼓舞、劝服、引导、批判等多种功能,其基本功能是劝服。宣传目的的设置总是与宣传所依附的领域内容密切结合。政府对方针政策、先进的科普知识及思想的宣传,是人们获得知识的一种渠道。考生要从题干中找到所要宣传的方针政策、知识、思想,确定宣传目的。

### 2. 宣传者

发起宣传的政府、政党、集团、企业等,可以从题干中得到,注意身份定位。

### 3. 宣传内容

宣传内容的选择通常贯彻现实性和关联性原则，给受众以科学、现实的思想和理论以及具体、生动的事实材料，否则难以达到宣传目的。同时，所选择的思想、理论和事实材料必须和受众的利益、经验及接受能力相关。

### 4. 宣传对象

任何宣传都必须确定相应范围的对象，考生可以依据宣传内容确定对象。

### 5. 宣传方式

宣传方式的选择取决于宣传内容和宣传对象，同时要求鲜明性和多样性。鲜明性表现在准确、生动地表达思想观点，多样性则可通过各种新鲜形式重复思想观点，以加深受众的印象与记忆。

宣传方式有三种：媒介宣传、实物宣传、活动宣传。

| 宣传方式 | 具体方式 |
| --- | --- |
| 媒介宣传 | 网络、电视、广播、报纸、短信 |
| 实物宣传 | 标语、传单、海报、展板、条幅、宣传手册 |
| 活动宣传 | 文体活动、劳动实践、讲座、研讨、经验交流会、辩论、演讲、知识竞答、竞赛、展览、摄影展 |

### 6. 宣传结果

宣传者需要了解和评估宣传的效果，征集宣传对象的意见和建议，同时形成一些影像、文字资料，并做好二次宣传及形成长效机制。

## 三、经典例题

你所在的县地处偏僻，但是自然风光独特，之前的旅游景点由于交通不便，游客很少，现在刚好附近开发了一条高速公路，希望借此宣传。你们县把这项宣传的工作交给你，请问你怎么宣传？

【思路点拨】

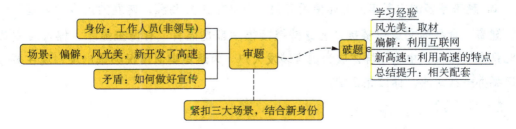

【参考答案】 第一，做好调查工作。学习全省范围内或全国范围内地远而景美的景点如何宣传，形成初步材料上报领导。

第二,做好取材工作。在全县范围内开展摄影比赛,拍摄景点风景照和摄影短片,将优秀的作品作为宣传的素材。

第三,做好媒体宣传工作。开展"转发集赞送票"活动,围绕本地的名优景点制作专门的宣传链接,以微信、QQ、微博为传播媒介,鼓励网友转发,连续转发一周或集赞满100个,就可以获得免费游览本地景点的机会。通过这种方式扩大宣传范围。

第四,做好高速公路宣传工作。在休息区等地放置宣传照片,播放宣传视频。

第五,做好景点内硬件保障工作。排查物价、消防、应急医疗、安保等方面问题,为游客提供良好的旅游环境。

【小结】 硬件保证要有,花最少的钱办最多的事就得发挥群众的积极性。

## 四、强化提升

**1.** 为了帮助青年员工认识和学习传统文化,单位计划开展一次宣传活动,领导让你负责此次活动,你会怎么办?

【你的思考】

**2.** 你们乡某个养殖基地做得很好,政府想要在其他地方推广这种养殖模式,你负责这件事,应该怎么组织?

【你的思考】

**3.** 越来越多的中老年人开始使用微信,且热情十分高涨,转发的内容大多是关于养生、健康、食品的文章或链接,但这些链接很多都是谣言。有调查显示,谣言转发者近80%是中老年人,中老年群体成为谣言转发大户。为避免类似情况频繁出现,现在要你在社区举办一次讲座,你该怎么做?

【你的思考】

## 五、自测练习

**1.** 越来越多的工作人员重视基层公益活动，然后单位让你组织"诚信做事，诚实做人"为主题的宣传活动，你怎么策划和组织？

【你的思考】

**2.** 某地中小学校园欺凌事件在当地十分轰动，市教育局准备联合各部门对此开一场媒体发布会，如果由你负责此事，会如何筹备？

【你的思考】

**3.** 某市档案馆要组织一个历史价值物品征集活动，你认为重点是什么？

【你的思考】

# 第四节　会议接待

## 一、题型详解

会议是人们围绕一个共同的主题，聚集在一起进行讨论和交流的活动，主要内容是与会者之间进行思想、信息的交流。在面试中，对会议类问题的考查，侧重于对会议的整个组织流程以及各个流程中细节的考查。

## 二、解题思路

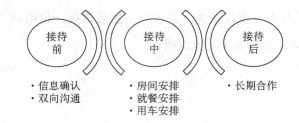

- 信息确认
- 双向沟通
- 房间安排
- 就餐安排
- 用车安排
- 长期合作

（一）接待

**1. 公务接待程序**

（1）下达任务。任务通常都是通过传真、电话、领导批示或口头安排等形式下达。

（2）制订接待方案。接待方案一般由以下部分组成：

① 迎接；

② 参观考察；

③ 送行；

④ 确定来宾单位、姓名、职务，安排吃住、乘车；

⑤ 确定上级陪同领导及随员姓名、职务，安排住房、就餐、乘车；

⑥ 确定陪同领导及工作人员姓名、职务，安排住房、就餐、乘车。

（3）落实任务。将方案报送领导，提前通知相关的参与单位、景点、考察点、宾馆，将任务落到实处。

（4）制作手册。重要接待任务，要在接待方案的基础上综合有关食宿、景点、考察点、县情简介等内容，制作接待手册。

（5）迎接。应准确了解来宾所乘交通工具、路线及抵达时间，做好迎接工作。

（6）安排会议室。提前安排适当的会议室、会见室，准备相应的有关资料等。

（7）进行宴请安排。

① 确定宴会时间、地点、形式、参加领导、出席人员、桌次安排，提前给参加宴请的领导发短信。

② 确定宴会程序、布置会场。

③ 准备菜单、餐具、酒水，摆放座签，安排引领人员。

④ 注意民族习惯、生活习惯、饮食禁忌、特殊需要。

⑤ 记录工作人员姓名、职务、电话，进行工作人员就餐安排。

（8）安排来宾住宿。

① 在客人到达下榻酒店前 10~20 分钟，提前组织、通知有关人员到门口迎候。

② 提前 20 分钟督促楼层服务员到位，并开启房门。

③ 对水、电、暖等进行检查。

④ 及时通知、提醒人员到位、上车和参加活动。

⑤ 尽量满足来宾的文体生活要求。

⑥ 做好来宾在会议期间的食品安全、医务保障。

（9）参观考察。

① 提前5～10分钟通知随行人员到位，并提醒司机把车辆调整到位，做好准备工作。

② 提前通知各考察点预留停车位，重要接待提前通知保安或交警部门对考察点周边进行清理、疏通，保障车辆停放有序，领导和客人外出时车辆提前到位，出入畅通。

③ 做好主要考察人员活动安排的同时，注意提醒有关人员陪同好随行人员（包括活动和就餐）。

④ 被考察点的领导、讲解人员提前到位迎候。

⑤ 安排照相、留影（包括领导与工作人员合影）。

⑥ 随车需准备物品（雨具、矿泉水、毛巾等）。

（10）送行。客人离开，应根据需要安排认真、热情的送行，防止来时热情、走时冷淡。

（11）总结。一批任务结束后，要认真进行总结，并将有关资料收集归档。

（二）会议各阶段重点

**1. 计划和筹备**

一般在组织会议类的时候，需要先做好计划，包括制订会议计划、成立会务小组、发布会议通知、准备会议文件（参会证件）、选定并布置会场、准备好会议需要的设备等（投影、麦克风、电脑等，有的会议在筹备期间还需要考虑联系相应的参观地点、征文稿件的通知等）。

**2. 会议管理**

一般会议需要做好会议签到和引导工作，同时要维持好会场的秩序，并安排人员做好相关的会议记录。这个阶段的内容均可安排相关人员进行，同时，会场外的安保工作也需要考虑。不过这个内容一般适用于大型、重要的会议。

**3. 会议吃、住、行**

会议前、中、后都需要注意与会人员的餐饮、住宿及交通等问题。其中，餐饮需要考虑到相关人员的饮食习惯等。

**4. 会议后续收尾**

会议中达成的目标需要进行宣传和学习，会议相关记录需要整理和编写存档等。

（三）会议要素

会议要素包括主题、内容、时间、地点、与会人员、会议议程等。

## （四）会议类型

在面试的过程中，除了一般的会议之外还可能会考查到新闻发布会、座谈会、研讨会、听证会、展销会、茶话会等。

### 1. 新闻发布会

新闻发布会是一个组织直接向新闻界、有关民众发布相关消息、解释重大事件而举办的会议，不仅是建设服务型政府、阳光型政府的重要内容，更是保障民众知情权、参与权、表达权的必不可少的环节。

组织新闻发布会时，我们需要注意：（1）新闻发布会的与会人员。新闻发布会需要有主持人、新闻发言人代表（不限于一人）、相关的媒体及相关民众。（2）新闻发布会的准备内容比较固定，有发言稿、新闻通稿、记者提问提纲（提问提纲可以在答题时不提）。三是新闻发布会的议程。新闻发布会上，通常是参与人员签到、主持人开场、发言人发言、回答记者提问。其中，回答记者提问是新闻发布会的重要环节（如果有民众，也可以安排民众提问）。在发布会后，会出新闻通稿，也就是相关媒体报道。

### 2. 座谈会

座谈会是一种圆桌讨论会议，通常是由参会人员聚到一起，在主持人的引导下对某一主题进行深入讨论。座谈会的特点就在于会议氛围相对轻松，相互间能够打破隔阂，就会议主题进行畅所欲言。作为小组座谈会的核心，主持人的作用特别重要，因此，在组织座谈会的时候一定要注意选择合适的主持人。一般来说，座谈会主持人要具有互动的亲和力，能够控制会议过程，具有提问和倾听的能力。

### 3. 研讨会

研讨会是专门针对某一行业领域或某一具体讨论主题在集中场地进行研究、讨论交流的会议，一般在主持人的主持下进行。由于是针对行业领域或独特的主题，通常专业性较强，并非大众都能了解和参与的，因此研讨会通常由行业或专业人士参加，针对面较窄，参加会议人员数量不多，一般都是少于50人的小规模会议。所以在组织研讨会的过程中，最主要的是与会人员的确定和会场的选择。与会人员除了会务工作者、主持人外，还有相关领域的专业人士，应提前对他们发出邀请，协商确定研讨会的时间等具体事项；而会场选择基于人数的限制不宜过大，但一定要选专业的会议室，会场应提供投影仪、音响、话筒、白板等演讲所需的设施，超过3个小时以上的研讨会，还需要安排会间休息。

### 4. 听证会

听证会是一种把司法审判的模式引入行政和立法程序的制度。听证会模拟司法审判，由意见相反的双方互相辩论，其结果通常对最后的处理有约束力。其实就是通过确保其程序的公平正义，使听证会的结果能体现各方代表的利益诉求。

组织听证会的过程中，要注意以下几个方面：一是听证会的与会人员，包括听证主持人、听证记录人员、听证人以及听证陈述人（听取意见的人是听证人，被听取意见的人是听证陈述人），此外可能还有旁听人员。二是听证会与其他会议的最大区别在于其公开性。听证陈述人是从报名的公众中产生的，而不是由会议的举办者在小范围内邀请的，会议的举行也是公开的，允许公众旁听，允许记者采访和报道。因此，在组织听证会的过程中要及时发出听证公告，在规定的时间内，根据报名情况来确定听证会的陈述人等。

**5. 展销会**

展销会是为了展示产品和技术拓展渠道、促进销售、传播品牌而进行的一种活动，其最主要的作用是宣传。展销会的参会者包括生产者、销售者、商贩、民众、媒体等。举办商品展销会时要按照规定的程序来申办。工商行政管理机关是商品展销会的主管机关，主管商品展销会的登记，监督举办者的组织管理活动和参展者经营行为的合法性，保护企业和消费者的合法权益。

**6. 茶话会**

茶话会，顾名思义是饮茶谈话之会，由茶会和茶宴演变而来。茶话会也是近代世界上一种时髦的集会。它是以清茶或茶点（包括水果、糕点等）招待客人的集会，有时也用于外交场合。

茶话会的形式因内容、人员的不同而有所区别。如与会人员仅几人，用一张圆桌即可；如参会者有几十人乃至几百人，则采用多桌，每桌 10 人左右，或用方桌拼成长方形以及其他形式；几百人、上千人的大型茶话会，多用圆桌，团团围坐。在较大的茶话会上，可以配轻音乐或小型的文艺节目如小品、相声等曲艺节目以增添欢乐气氛。

## 三、经典例题

你是教委的一名工作人员，现在要组织辖区内中学生到高新企业园区参观人工智能3D 打印技术，你要怎么安排？

【思路点拨】

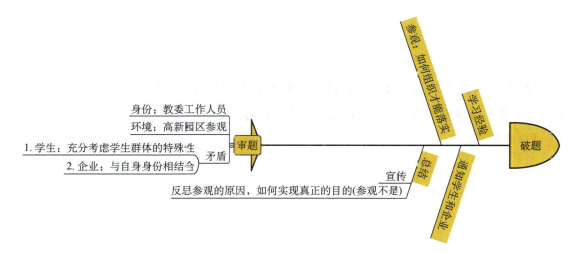

【参考答案】 如果让我安排，我将做好以下几项工作。

第一，做好调查工作。查阅辖区内类似参观活动的组织形式、人数、注意事项，做到心中有数。

第二，做好协调工作。将参观的时间、大致人数、参观意向知会高新企业园区管委会并请求反馈，请其协调辖区内的高新企业做好准备。

第三，做好通知工作。通知中学本次参观活动的时间、地点、内容、注意事项。

第四，做好参观工作。参观当日组织现场观摩，请企业负责人员带领参观的学生观摩3D打印技术的现场演示、内容讲解，请专业的讲解人员为大家讲述人工智能与3D打印技术的发展历史、基本原理和实践应用等知识，讲解内容应与中学科学知识联系在一起，以激发学生的兴趣。

第五，做好宣传工作。将相关通讯稿挂在园区、学校和教委网站上，条件允许的话，可以事先联系本市电视台做一期新闻短讯，也可以组织园区与学校双向交流，以扩大活动效应、激发学生爱科学的兴趣。

【小结】 组织参观是为了激发中学生爱科学的兴趣，要看到最后的目的；企业不是自己负责，要请兄弟单位协助；两个通知顺序不能错。

## 四、强化提升

**1.** 某公益组织准备举办一次会演，有30名聋哑儿童表演节目。如果你是学校的工作人员，由你负责接待和安排工作，你将怎么做？

【你的思考】

**2.** 你市邀请了20多位中外专业摄影师去进行文化采风，为期两周。你是文化局的一名工作人员，领导安排你负责相关的接待工作，你将如何做？

【你的思考】

## 五、自测练习

**1.** 为了让单位人员有担当，领导邀请"人民满意的公务员"代表进行一场报告会，你该怎么组织？

【你的思考】

**2.** 村里要建设一个垃圾焚烧场，组织村民去其他已经建好的垃圾场参观，你该怎么组织？

【你的思考】

**3.** 领导让你组织红色教育基地参观学习，为了避免流于形式，你会怎么制订方案？

【你的思考】

# 第五节　培　　训

## 一、题型详解

培训是一种有组织的知识传递、技能传递、标准传递、信息传递、信念传递、管理训诚行为。培训一般是由政府、社会机构组织等为达到社会进步和福利改善而展开的各类符合社会实际需要的学习活动。

## 二、解题思路

**1. 培训目的**

培训通常分为机关内部培训和外部培训。机关内部培训旨在提升机关工作人员的素养,提升工作能力,规范工作行为,提高行政服务水平;而外部培训则是面向社会的一种普惠制培训。

**2. 培训内容**

应当充分结合受训者的认知水平以及社会和岗位工作的实际需求进行设计,要有针对性和实用性。

**3. 培训方式**

讲授法、演示法、研讨法、视听法、角色扮演法、案例分析法、模拟与游戏法等。各种教育培训的方法具有各自的优缺点,为了提高培训质量,往往需要将多种方法配合运用。

(1) 按培训对象的不同分类。

对一般的员工的培训方法有演讲法、会议讨论法、学徒法、角色扮演法、案例分析法、工作实践法、专题研讨法等。

对管理人员的培训方法有工作轮换法、会议讨论法、岗位竞争法、案例分析法、角色扮演法、模拟实验法、团体讨论法、头脑风暴法等。

(2) 按培训方式的不同分类。

在职培训的方法有上级指导法、工作分析法、问题分析法、工作轮换法、工作实习法等。

脱产培训的方法有讲授法、会议讨论法、案例分析法、角色扮演法等。

（3）按培训内容的不同分类。

技能培训采用工作实习法、改变员工态度培训使用员工参与法。

知识培训采取讲授法。

**4. 培训考核**

依据培训内容以及培训方式，一般可以分为考试和考核两大类。考试包括笔试、面试和实际操作，考核可以撰写培训感悟、心得，总结培训收获以及论文的形式进行。对于培训主体、培训对象、培训时间、培训地点等要素，考生需要灵活选择加入培训活动的答题过程中，既要重点突出又要内容全面，逻辑层次可以通过培训前、培训中、培训后进行呈现。

**5. 培训总结**

培训的总结和提升就是要求在培训结束之后对全部培训工作和自己参与的经验感想进行总结、提炼，以此指引自己的下一步行动，让自己在实践中成长，同时要求跟进培训效果的检验，及时补救不理想的状况。

### 三、经典例题

市劳动和社会保障局要对零就业家庭及残疾失业人员进行就业培训，作为负责人，你会怎么做？你认为难点是什么？

【思路点拨】

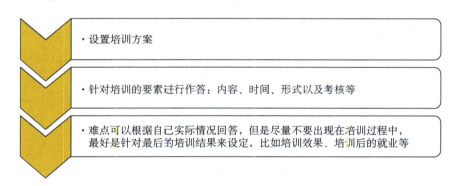

- 设置培训方案
- 针对培训的要素进行作答：内容、时间、形式以及考核等
- 难点可以根据自己实际情况回答，但是尽量不要出现在培训过程中，最好是针对最后的培训结果来设定，比如培训效果、培训后的就业等

【参考答案】　为零就业家庭及残疾失业人员提供就业培训有助于提高失业人员的就业能力，拓宽他们的就业领域，为他们搭建再就业新平台。这也体现了政府部门以人为本、建设服务型政府的理念。因此，我会认真做好此次就业培训。

由于被培训者对培训的要求不尽相同，我在制订培训方案、实施培训计划的过程中会做到具体问题具体对待，确保取得良好的实际效果。

第一，专业设置多样化。面对不同人员开展不同种类的培训班，比如，零就业家庭可以学习家政服务等，成为"月嫂"或"小时工"；而残疾人针对他们的残疾情况可以学习推拿、扎花、折叠说明书、裁缝等技能。

第二，培训课时弹性化。针对不同的需求，就业培训班在办学形式上实行弹性化教学，采取课堂教学与实际操作相结合，全日制、半日制与业余弹性时间培训相结合的教学方式。

第三，培训内容科学化。在培训时，要少讲空话、废话，多讲实践知识。比如，年龄偏大、家庭条件差的学员就业愿望比较迫切，而对理论知识的接受能力又差，就对其采取短平快的培训方式，在教学中突出技能培训，强化动手能力的训练，使其能够凭借实用技术尽快实现就业；而对年龄小、刚失业的培训者则开展理论与实践相结合的传统模式技能教育，注重知识的综合性、全体性，为其日后上岗成才提供知识及技能保证。同时，注意心理上的疏导，做好思想工作，鼓励其自立自强，培训课程中穿插一些心理拓展活动，帮助他们打开心结，树立走上社会的信心。

我觉得此次工作的难点在于培训之后的就业安排。因此我会联系相关部门，培训结束后通过考核的学员将获得由劳动和社会保障局就业培训技术指导中心颁发的"就业培训合格证书"，并且通过人力部门的搭桥，与用人单位联手，开办小型招聘会，使掌握一技之长的学员能够快速走上就业之路。

### 四、强化提升

组织一次新人培训会，现场有很多人低头闲聊、玩手机，影响会场秩序，你作为组织人员怎么应对这种情况？

【你的思考】

# 第六节 其 他

### 一、题型详解

在面试中，除了上述四类题型，还有一些新题型，主要有关爱帮扶、专项整治、活动组织等，虽然大体上都属于计划组织类，大致的答题思路依然延续计划组织类的答题思路，但是不同分类的重点也各有不同，下面就针对不同的类型进行详细解读。

## 二、解题思路

### （一）关爱帮扶

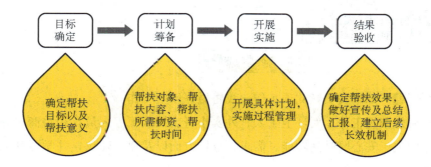

### （二）专项整治

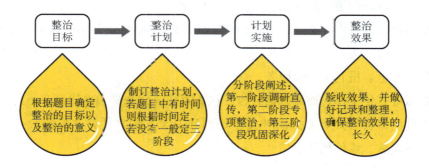

### （三）活动组织

## 三、经典例题

**1.** 街道准备在辖区内为环卫工人和外卖小哥建立一个爱心驿站，供这些人员在工作之余能够进行休息，让他们感受到城市的温暖。假如你是辖区街道办的工作人员，请问你会怎么开展？

【思路点拨】

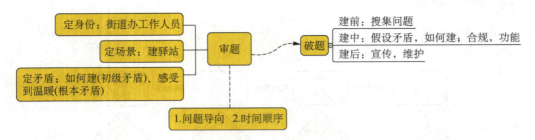

【参考答案】 如果我负责此项工作，我将做好以下工作。

第一步做好调查工作。对环卫工人、外卖小哥、社区服务人员、相关商户分别进行访谈，了解他们关于安心驿站的功能、需求、选址方面以及建设建议，并学习其他辖区爱心驿站建设的做法。

第二步做好选址工作。我会通过查阅地图与实地走访，选择一些外卖小哥和环卫工人经常出现、人数较多的地方作为爱心驿站的建设地点。

第三步做好建设工作。通过政府采购程序选择施工队伍、采购相关的材料设备，购买一些沙发、饮水机、暖水炉、微波炉、书架等设施，为外卖小哥和环卫工人提供饮水、食物加热、手机充电、报刊书籍等服务。

第四步做好宣传工作。通过张贴公告、在街道社区公众号中推送消息、通过社区工作人员和环卫部门口头告知等方式向外卖小哥和环卫工人们宣传，并提醒大家爱护公共财物、爱护驿站设施、维护场所卫生。

第五步做好维护工作。驿站建成并投入使用后，还应当派驻专门人员维护，负责打扫卫生、设备检修、送水供电等方面的工作，对于破坏爱心驿站的行为要及时制止，对于已经损坏的设施设备要及时维修。同时问询这些外卖小哥和社区工作人员还有什么生活上的困难，街道给予及时帮助，以让他们感受到更多温暖。

**2.** 现在有很多针对大学生的补贴政策，但大学生对很多补贴政策的方式和条件不清楚。假如你是指导中心负责人，你会怎么解决？

【思路点拨】

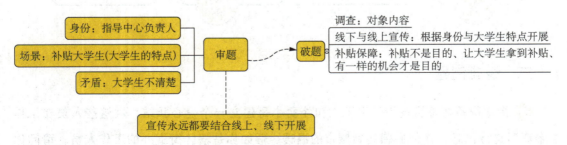

【参考答案】 （1）做好调查工作。与高校负责大学生补贴的老师取得联系，调查他

们宣传的方法，抽样调查大学生，搜集他们对补贴政策的了解程度、对补贴政策的建议和对宣传方式的改进建议，学习其他省市在落实此项工作的具体做法。

(2) 做好线下宣传工作。与辖区高校的相关负责人以及各学院负责学生工作和就业工作的老师取得联系，向他们宣传本地对大学生的福利补贴政策、申请条件、申请流程等信息，希望他们回去之后向所在学校、学院的学生广泛宣传。定制一批关于本地大学生补贴政策的宣传服务手册，写明大学生补贴方式、申请补贴条件，在图书馆、各高校的学生服务中心以及各个学院供学生取阅。

(3) 做好线上宣传工作。在当地教育部门的官方网站上专门开设"高校学生补贴"一栏，方便学生们查阅补贴政策、完成在线申请；也可以联系就业指导中心的微信公众号上推广专门的介绍高校学生补贴的文章。为了方便学生查阅，只要在微信公众号上回复"补贴"二字即可实时获取关于高校学生补贴政策的所有内容。为了在短时间内将高校学生补贴广而告之，我还会安排专人撰写一篇题为《发钱啦！我市大学生可申领如下补贴》的微信朋友圈文章，以通过各种途径扩大影响。

(4) 做好补贴保障工作。制度制定是第一步，剩下的九十九步在落实。开设监督电话，供学生举报违规发放补贴或克扣补贴的行为，同时在就业指导中心提供兼职机会，培养学生自强自立的品格品质。

【小结】(1) 调查的范围一定要全，安排每个人分头调查。

(2) 大学生常会去图书馆、教室，校方、院方是连接政府和大学生的桥梁，线下宣传一定要注意；线上宣传无非就是"两微一端"、公众号、写推文、知乎（记住一次，所有题适用）。

(3) 补贴不是目的，给贫困大学生机会才是目的，所以稍微延伸一点怎么给贫困大学生机会。

**3.** 你作为社区的工作人员，为本社区 65 岁以上的老年人组织了一次体检，体检之后发现老年人的身体状况并不乐观，对于一些常见病也不够重视。对自己身体也不重视，你作为社区的工作人员，请问怎么去更好地为他们服务？

【思路点拨】

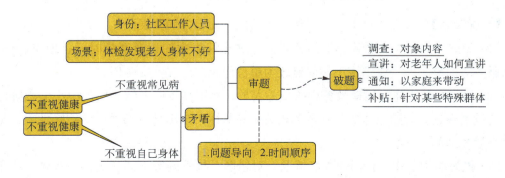

【参考答案】 （1）做好调查工作。调查社区老年人的家庭子女情况、退休收入情况，以及本市标准的体检费用，调查本社区之前宣传方式的短板，排查社区老年人不重视身体健康的原因。

（2）做好宣讲工作。开展一个针对老年朋友的健康知识讲座，请专家来跟社区的老年朋友们讲一些疾病预防、健康养生方面的知识。可以针对老年人的特点以赠送礼品的方式吸引他们，参加讲座的老年朋友在结束的时候都可以领取一些生活用品比如鸡蛋或者洗衣粉等，在社区公告栏上张贴一些预防老年疾病、关注身体健康主题的海报。制作一批介绍健康知识、疾病预防、分级医疗、医保报销等内容的宣传册，放置在社区宣传栏中供人取阅。

（3）做好通知工作。对于身体情况不乐观的老人的家人，告知老人的情况及相关诊疗意见，并请他们多关注老人的日常生活，注意老人的饮食、睡眠，提醒老人多运动，以家庭温暖带动老人关注健康。

（4）做好补贴工作。对某些家庭异常困难、看不起病的老人，要送去社区的温暖，帮助老人申请各种贫困补助，提高他们生活质量。

【小结】 （1）层层假设老人不关注健康的原因是这个题的亮点所在：受限于经济条件且缺乏健康知识。

（2）结合老人的一些特点设计活动，由于老人节俭，赠送生活用品可以提高吸引力。

（3）以家庭温暖为突破口是回答很多题的思路之一。

**4.** 针对2022年冬奥会，区教育局计划组织某小学的学生们开展知识竞赛活动，如果你是该教育局的工作人员，领导让你来负责这项工作，你会怎么组织？

【思路点拨】

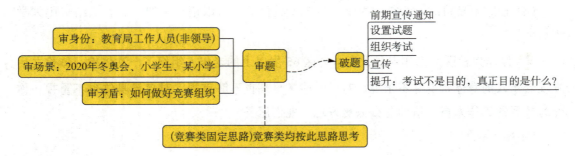

【参考答案】 如果我负责此项工作，将从以下几个方面开展。

（1）做好通知工作。联系小学的负责人，确定好本次知识竞赛的时间、地点、评委、会场服务等前期工作，要求该小学以班级为单位组织若干支参赛队伍。

（2）做好命题工作。邀请教育局的相关人员、本地高校或者辖区内的中小学教师编撰题库、设置赛题。命题应体现与冬奥会相关的专业性、与小学生相适应的趣味性、尽量回避该小学教师的公正性。

（3）做好组织工作。计划设置必答题、对错题、抢答题等不同环节，必答题答错不扣分，对错题和抢答题答对加分，答错扣分，不同的环节可以设置不同的分数权重。此外，鉴于参赛队伍数量可能比较多，故此我们可以将知识竞赛分为初赛、复赛、决赛等几个阶段，并按名次颁奖。

（4）做好宣传工作。把本次知识竞赛活动的一些照片和文字形成通讯，在教育局和小学官网或辖区媒体上进行宣传，达到以知识竞赛为抓手，培养小学生热爱运动的好习惯。

【小结】 本题需要的是以某一活动为抓手培养学生某一特长。

**5. 你辖区内某产业园区的基础设施已经完善完毕，现在需要组织企业搬迁进园区，假如你是负责人，请问你能提供哪些服务？**

【思路点拨】

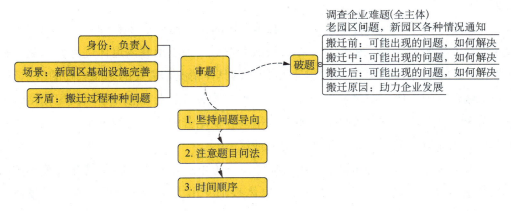

【参考答案】 在我调查过旧园区存在的问题、企业的需要、新园区的建设进度后，我可以提供以下服务。

（1）在搬迁之前，做好信息协调工作。将企业的诉求和旧园区的问题积极反馈给新园区的建设部门并协调解决，将新园区建设进度、物业情况、周边配套设施情况及时对企业进行反馈，协助有需要的企业通过招投标的方式选取优质的施工队伍进行装潢。

（2）在搬迁的过程中，做好交通保障工作。联系专业的运输公司和搬家公司帮助企业完成各种设备设施的搬迁工作，协调公交公司增加新老园区临时摆渡车，保障两园区同时办公。联系环保部门处理新厂房施工和旧厂房搬迁所产生的建筑垃圾。

（3）在搬迁之后，做好后勤保障工作。协调工商、税务部门，上门办理企业相关信息的变更业务，帮助符合条件的企业申报各类名优企业称号和高新技术项目。鉴于搬迁可能会扩大生产规模，需要招聘一些员工；一些员工也可能因为新的工作地点离家较远而选择离职，故此可能出现一定程度的用工缺口，我会联系人力资源和社会保障部门、人才市场，通过政府人力资源平台协助企业进行招聘。

【小结】 （1）逻辑思路最重要；（2）层层假设，解决矛盾。

**6. 有一些离退休的优秀教师志愿者去乡村支教一年，你作为教育局的工作人员，怎**

么组织这些考核优秀的退休教师的招募活动？

【思路点拨】

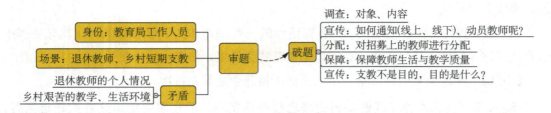

【参考答案】（1）做好调查工作。调查教育部门和需要对口援助的乡镇，了解当地的支教需求，每个地方大致需要多少名老师，需要哪些科目的老师，当地生活条件和工作条件如何。

（2）做好宣传工作。请各学校负责离退休工作的人员通知退休教师，感兴趣的可以参加宣讲会。在教育局网站、公众号、相关报纸上发布《关于招募离退休优秀教师赴乡村志愿支教活动的通知》，详细说明需要支教的地区的具体情况，需要的志愿教师的基本条件。

（3）做好分配工作。按照就近分配、尊重地方需求、个人意愿和组织调配相结合的原则进行分配，优先将一些教学经验丰富、水平高、能吃苦耐劳的支教教师派驻到一些教育基础落后、教师缺口较大、支教需求迫切的地区。

（4）做好保障工作。定期组织退休教师体检，防止意外发生。在条件允许范围内改善教师的住宿环境，提供免费食堂，不能让退休教师又出力又出钱。做好教学质量考核工作，确保为乡村提供最优质的教学。

（5）做好宣传工作。宣传报道离退休教师的奉献精神，鼓励大学生去乡村支教，营造一种人人讲奉献、以教育破贫穷的良好风尚。

【小结】（1）宣传要结合线上线下；

（2）离退休教师的特点之一就是年龄大，有自己的家，所以要体检，就近分配；

（3）在离退休教师支教组织工作结束后，注意对此工作进行二次宣传。对这次活动的内核进行提升总结。

## 四、强化提升

**1.** 你是山区的第一书记，你们村引进了新品种柑橘，马上就要丰收了，但是山路偏远，你会怎么做？

【你的思考】

**2.** 大学生创业园基础设施不完善，创业者反映水、电、网经常会出现问题，还很难找到相关人员反馈设施问题。作为园区管理人员，你认为该如何解决？

【你的思考】

**3.** 现在大学生热衷于各种网贷，你是大学里的一位工作人员，你打算怎么处理？

【你的思考】

### 五、自测练习

**1.** 小区外面很多人摆摊设点，政府进行了整改，禁止摆摊，导致附近社区居民不便，十分不满。你作为社区工作人员应该怎么做？

【你的思考】

**2.** 以下四件事，如果让你来处理，怎么安排先后顺序？说明理由。

第一件事：你跟一个群众约好了，处理一个信访。
第二件事：有一个重要材料，领导让你写，明天就要交。
第三件事：领导让你去参加一个紧急会议。
第四件事：你的家人生病了，需要你去办理住院手续。

【你的思考】

**3.** 你们单位每周五都要开例会,但同事们参与热情不高,总找各种理由请假,领导问你有什么建议?

【你的思考】

**4.** 你是网络管理人员,现在有低俗的视频发布,你要约谈视频网站负责人,请现场模拟。

【你的思考】

**5.** 社会资本下乡,实际是为了助推我们农村从传统转向现代,本应具有一定的积极作用,但是在实施的过程中,非法占地、非法经营,损害了农民的合法权益,怎样去引导和规范社会资本下乡?

【你的思考】

**6.** 现在市场上有一些餐馆实行网上点餐，不下载 App 或者不关注公众号不能看菜单，很多老年人不会操作。领导让你调研一下情况，你该怎么做？

【你的思考】

真题解析

# 答案解析

## 第二节 调 研

### 四、强化提升

**1.** 国家对酒驾处罚力度加大，催生了代驾行业，领导让你对代驾行业展开调查，请问你如何开展？

【思路点拨】

- 根据题目的调查内容判定是否需要成立小组，一般这种涉及面广、范围广的，需要成立相应的小组，并提前设计好调查的方案

- 确定需要调查的范围和对象，可以自己根据题目进行设想，用以填充答案的内容，如酒店、饭店、租赁公司、交通部门等

- 确定方式和具体的内容，如调查问卷、实地走访等，不同的方式对应的不同内容可以直接在方式后展现。比如问卷用以了解代驾行业中人们的想法和意见，走访可以通过汽车租赁公司或者是相关政府单位了解代驾人的资质和权利等

- 调查结果的汇总整理，并提出一些建议

【参考答案】作为一个新兴事物，代驾行业存在很多不规范的地方。对代驾行业展开调查，可了解当前我国代驾业的现状，并有针对性地提出解决办法，有效促进代驾行业的规范运营及产业良性发展。我作为此次调查的负责人，本着求真务实的态度，从以下几个方面做好有关工作。

（1）成立专门的调查小组，并召开小组会议，就此次调查活动集思广益，制订调查计划和调查安排，设计调查问卷等。

（2）确定调查的范围和对象，主要包括市区的酒店、饭店，经营代驾业务的汽车租赁公司及从事代驾的司机、私人代驾从业者、工商管理部门、交通管理部门、有过代驾消费的群众等。

（3）确定调查的方式和内容，主要有：①可以采用网络问卷调查的方式，了解群众对代驾行业的态度、代驾消费中出现的问题、对代驾行业规范发展的意见和建议等；也可以在饭店、酒店等处随机采访从事代驾的司机、代驾消费者，了解代驾行业的服务质量、醉酒者人身安全如何保障等方面内容。②可以通过直接走访、开座谈会的方式，向经营代驾业务的汽车租赁公司、工商管理部门、交通管理部门、发改委，了解代驾公司的注册、收费标准、管理、监管现状，了解代驾公司及代驾人的资质、代驾公司的权利与义务、发生纠纷后如何维权等现状。③可以通过走访保险公司，了解代驾行业投保情况，有无"代驾险"，维权纠纷、事故赔偿等方面是否健全等。

（4）针对上述调查内容进行汇总、筛选、整理，分析代驾行业的现状，并撰写调查报告，就有关问题提出自己针对性的意见和建议，供领导及上级有关部门参考。

**2.** 对于目前城市张贴"牛皮癣"广告的现象，城管部门打算出台相关文件进行治理，领导要你前期收集情况，你怎么做？

【思路点拨】

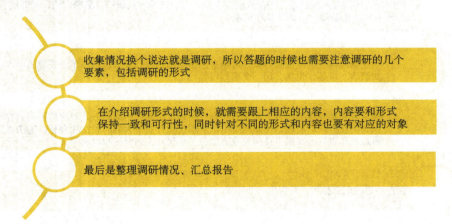

收集情况换个说法就是调研，所以答题的时候也需要注意调研的几个要素，包括调研的形式

在介绍调研形式的时候，就需要跟上相应的内容，内容要和形式保持一致和可行性，同时针对不同的形式和内容也要有对应的对象

最后是整理调研情况、汇总报告

【参考答案】（1）以访谈、发放问卷的形式，调查环卫工人，了解违法企业张贴"牛皮癣"广告的高峰时段、高峰地点；

（2）以暗访的形式，记录"牛皮癣"广告上违法商户的联系方式，作为日后执法的基础，同时以电话暗访的形式调查统计其对相关法律和违法行为的认识；

（3）以问卷的形式，向市民请教关于整治"牛皮癣"的建议；

（4）上门问询法检系统，并查阅外省市的先进做法，为文件的出台寻求依据；

（5）治理城市"牛皮癣"，堵不如疏，可以增设广告宣传栏，给有需要的商户合适的低成本的广告载体，这样配合治理可以事半功倍。

【小结】（1）此题从对象的分类进行调查，用××方式，对×××，调查了××××；

（2）调查不是重点，治理才是根本；

（3）想想违反商户为什么要用这种方式宣传，堵不如疏。

### 五、自测练习

**1.** 现在各机关办事大厅有很多现代化的设备，能够辅助处理很多业务，领导让你就设备使用满意度做一个调查，你准备怎么做？

【参考答案】（1）以电话访谈的形式，调查各机关办事大厅，统计其对设备质量、工作效率的满意度，在电子政务上的优点和不足，同时统计市民常用但尚未开通自助服务的其他业务。

（2）以办事大厅现场发放调查问卷的方式，调查市民群众，看看其对自助办事设备的意见和建议，以及对政务现代化的优化意见。

（3）以座谈会的方式，通知厂商，将搜集的问题进行整改，同时增加设备功能，扩大信息化市民自助办理业务的范围。

（4）将调查结果反馈和整改意见给领导。

【小结】（1）按照调研题型的流程走；（2）调查不是目的，目的是扩大市民自助办理业务的范围。

**2.** 我市打算出台高层次人才创业的资金帮扶政策，计划给予高层次人才低息贷款。如果让你负责调查，你如何保证数据全面有效？

【参考答案】（1）以发函的方式，向人社局统计我市有哪些登记在册的高层次人才。

（2）以致电、走访的方式，去银行、工商局、税务局、银保监会调研，调查现阶段高层次人才的创业情况、资金缺口、流量情况以及市场上的利率。

（3）以座谈会的方式，组织高层次人才代表，请他们谈一谈创业中的困难，希望得到的政策支持，关于低息贷款的监管、资金使用绩效考察的建议。

（4）将具体的调查情况和建议形成报告，向领导汇报。

【小结】（1）分对象进行调研；（2）考生要了解各部门的作用，这样答题时显得更专业。

**3.** 人社局开设了网上办理社保业务通道，但是老年人还是去社保大厅办理，请问你如何改善这种情况？

【参考答案】（1）做好调查工作。了解老年人不愿意使用网上办理社保业务的原因，遇到了什么困难；其次，组织员工和自己亲自对网上办理社保业务进行测试，找出可以改进的地方。

（2）做好软件改进工作。就老年人对软件的反馈，联系软件开发公司进行改进，如使用语音操作、使用大字体、优化使用流程等。

（3）做好宣教工作。安排志愿者和工作人员现场指导，组织开展定期培训班，吸收老年人做志愿者，开展网上办理社保业务学习传帮带活动。

（4）做好窗口优化工作。信息化是为人服务的，不能让政府服务被信息化局限住。可以定点开辟老年人专用潮汐窗口，为不会用软件的老年人提供优质服务。

**【小结】**（1）看到老年人和网上办事通道，很容易抓到矛盾点；（2）层层假设，对策以问题为导向，从不会用、不好用、不想用考虑。

## 第三节 宣 传

**四、强化提升**

**1.** 为了帮助青年员工认识和学习传统文化，单位计划开展一次宣传活动，领导让你负责此次活动，你会怎么办？

**【思路点拨】**

- 宣传活动之前需要先了解可能存在的问题或者了解清楚相关的内容
  - 比如目前青年员工喜欢的方式、感兴趣的内容等，然后形成初步的方案
- 宣传活动的实际设计
  - 包括宣传的内容、宣传的方式、宣传的时间等，需要详细展开论述
- 对宣传活动的补充
  - 比如线上宣传，也可以是进行宣传活动的后续收尾，如二次宣传、整理资料下发等

**【参考答案】**首先，做好调查工作。去网上和图书馆查阅资料，选取与单位文化精神和价值取向相符合的传统文化资料作为宣传素材；调查单位年轻人，了解现在年轻员工喜闻乐见的传播方式；学习其他单位此类活动的先进做法。将初步的方案报领导审阅。

其次，做好线下活动工作。将活动通知下发给各部门，鼓励青年员工积极参加，老同志自愿报名。活动分为书、墨、茶三个部分。开始时将读书活动告知各员工，让他们在三个月内读一本与活动相关的书，在三个月里，组织茶和墨活动。请老师介绍我国传统的茶文化以及治茶、品茶的相关知识。利用中午午休时间，组织品茶活动，自愿报名参加。联系当地党校或者书画院的专家做传统书法文化的专题讲座，介绍书

画知识。安排大家组织一次现场的体验活动,让大家来写一写毛笔字。活动结束时让大家把读书心得上交。

最后,做好线上宣传工作。将优秀的书画作品和读书心得定期推送,挂在单位内网,供大家学习。将活动的Vlog刻成光盘,发给每一位员工,增强单位的凝聚力和向心力。宣传工作要突出传统文化是我们文化自信源源不断的动力,要学会从中汲取力量,让拥抱传统文化的活动从一时一地变成随时随地。

【小结】(1)谈到文化要实时记得文化自信;(2)突出年轻人,利用Vlog、公众号;(3)想想宣传是为了什么,单位组织此类活动多是为了凝聚向心力。

**2.** 你们乡某个养殖业基地做得很好,政府想要在其他地方推广这种养殖模式,你负责这件事,你应该怎么组织?

【思路点拨】推广活动本质上就是宣传活动,所以内容和宣传活动应该保持一致。

- 首先,推广经验,要了解各地的具体情况
- 其次,根据不同的地方和特点进行推广和宣传,讲清楚推广的方式、内容以及对象
- 再次,就是对推广活动的补充
- 总结

【参考答案】养殖模式的推广不仅仅是技术的推广,更是脱贫扶贫的一项重要举措,所以必须要确保推广活动的落实。

首先,做好整合工作。整合我乡镇优秀的农户和农业公司,总结经验。调查乡镇特点,避免削足适履。请有关部门下发通知。

其次,做好线下宣传工作。召开一个关于本地养殖基地的经验推介会,通知其他乡镇从事养殖行业的农民、企业报名参会,并发放学习资料。组织部分参会人员和其他有学习意向的农户和养殖企业分批次来我乡镇观摩,通过现场的直接观察、询问和考察,让他们全面学习并提出对我乡镇养殖工作的建议,毕竟每个人都有值得学习的地方。

再次,做好线上宣传工作。在政府农业局网站上设立专栏,上传一些资料、视频、图片和系统性的教学文件,让那些无法参加推介会和现场观摩活动的养殖户能借助互联网媒介系统学习这种先进的养殖模式。条件和经费允许则联系当地或者上级电视台来该养殖基地做一期专题节目,供其他乡镇学习。

最后,做好总结工作。我乡镇不能满足现状,应在与其他乡镇交流中看到其他乡

镇的长处，扩展我乡镇的农业工作范畴。

【小结】农民的线上宣传要注意，不要用微博、微信，不接地气，电视和农业网站较符合实际。

**3.** 越来越多的中老年人开始使用微信，且热情十分高涨，转发的内容大多是关于养生、健康、食品的文章或链接，但这些链接很多都是谣言。有调查显示，谣言转发者近 **80%** 是中老年人，中老年群体成为谣言转发大户。为避免类似情况频繁出现，现在要你在社区举办一次讲座，你该怎么做？

【思路点拨】

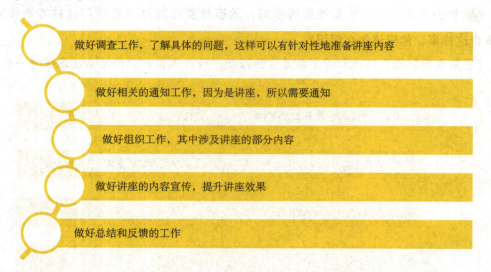

- 做好调查工作，了解具体的问题，这样可以有针对性地准备讲座内容
- 做好相关的通知工作，因为是讲座，所以需要通知
- 做好组织工作，其中涉及讲座的部分内容
- 做好讲座的内容宣传，提升讲座效果
- 做好总结和反馈的工作

【参考答案】（1）做好调查工作。调查老年人转发的主要内容、是否受骗、受骗形式，调查身边老年人因转发谣言而造成经济损失的案例。

（2）做好通知工作。通知社区内老年人参加讲座的时间、地点，并准备一些小礼物，发放给参加讲座的老年人。

（3）做好讲座组织工作。重点宣教因乱转谣言造成损失的案例，组织老年人表演不转发谣言小品、情景剧的方式，让老年人自发认识到转发谣言的危害，鼓励老年人在线举报谣言。

（4）做好宣传工作。将微信谣言的表现形式、危害做成漫画，张贴在社区宣传栏内，鼓励子女监督老人健康用网。

（5）做好反馈工作。建议公安机关开展净网活动，互联网也非法外之地，给老年人一个和谐的上网环境。

【小结】（1）讲座目的是提高老年人防范意识，再上升到净化互联网环境就更好了，从源头治理；

（2）以家庭为抓手开展工作；

（3）结合老年人的特点，不需要线上宣传。

### 五、自测练习

**1.** 越来越多的工作人员重视基层公益活动，然后单位让你组织"诚信做事，诚实做人"为主题的宣传活动，你怎么策划和组织？

【参考答案】（1）做好材料搜集工作。结合基层群众特点，搜集历史上和现代关于诚信的故事，去法院搜集不诚信造成损失的案例，供宣传使用。

（2）做好材料创作工作。根据不同的人群可以制作不同的宣传材料。对于少年儿童，可以将前期搜集的案例做成漫画，有利于他们学习；对于中青年，重点宣传因不诚信造成损失的案件；对于老年人，可以搜集制作关于诚信的戏剧、表演小视频。

（3）做好宣传工作。宣传工作应该线上线下相结合。线下宣传，我会在一些社区和公共场所张贴一些以诚信为主题的标语横幅，在学校、图书馆、市民活动中心、社区服务大厅等设置一些诚信小故事的宣传展板。在小学开设诚信教育课程，让全家签署承诺书，以孩子的教育带动社会诚信建设。线上宣传，可以在城市公众号和官微上发布制作的视频，鼓励转发。

（4）做好报道工作。联系当地的电视台做几期与诚信有关的专题报道，扩大诚信宣传活动的受众范围。

【小结】（1）根据年龄的不同划分受众群体进行扩充；（2）以小朋友或者家庭为抓手。

**2.** 某地中小学校园欺凌事件在当地十分轰动，市教育局准备联合各部门对此开一场媒体发布会，如果由你负责此事，会如何筹备？

【参考答案】（1）做好协调工作。通知公安局、校方、法院部门负责同志，成立工作小组。敲定媒体发布会具体的时间、地点，通知本地和外地媒体。

（2）做好梳理工作。全面梳理事实真相，供领导在回答记者问题时参考。同时讨论如何制定本地的法规，防止此类事件再次发生。

（3）做好通报工作。通报事实真相，并汇报本地区政府部门为防止校园欺凌事件再次发生的努力——校方加强安保、惩罚措施，公检法对校园暴力事件将从重宣判，教育局加强学生心理健康教育等——并回答记者提问。

（4）做好宣传工作。请外地媒体就本次发布会情况写一篇报道，以正视听。

【小结】阳光心态在此题中尤为重要：没有乱提问的媒体，只需要正大光明地做好面上工作即可。

**3.** 某市档案馆要组织一个历史价值物品征集活动，你认为重点是什么？

【参考答案】（1）做好通知工作：将活动的时间、地点通知市民，号召市民积极参与，并承诺我单位将做好登记备案，活动结束后物品将原封不动归还市民。

（2）做好梳理工作：梳理市民提供的物品，选出有见证历史发展和社会进步意义的参与展览。

（3）做好展览工作：设置不同展区，按照时代主线和故事主线串联起来，从而使参观人员对本次展览有直观感受；同时，在每个展区配备志愿者或物主做讲解员，讲述他和他心爱的物品背后的故事，从而使观众深入了解每件展品背后的历史意义。

（4）做好回退工作：按照登记备案的信息回退市民捐赠的物品。

（5）做好宣传工作：请新闻媒体报道宣传，在抖音等新媒体上宣传，达到"不忘初心、珍惜现在"的教育目的。

【小结】（1）虽然题目问的是"重点是什么"，但是实际上还是考察怎么做的问题，考生所有能想到的点都是重点，切不可真的挑选自以为是重点的几个点作答，而导致考虑不周全。本题依然可以按照事前、事中、事后的思路组织答案。

（2）本题和"鉴宝"活动类似，所以其实答案都来源于生活，考生一定要注意生活的积累。

## 第四节　会议接待

### 四、强化提升

**1.** 某公益组织准备举办一次会演，有30名聋哑儿童表演节目。如果你是学校的工作人员，由你负责接待和安排工作，你将怎么做？

【思路点拨】

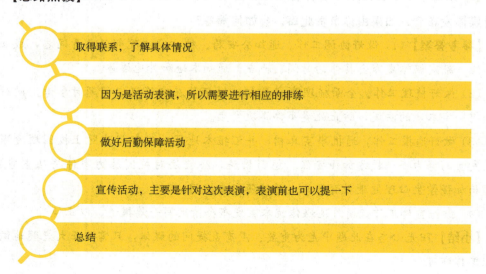

取得联系，了解具体情况

因为是活动表演，所以需要进行相应的排练

做好后勤保障活动

宣传活动，主要是针对这次表演，表演前也可以提一下

总结

【参考答案】（1）做好协调工作。与该公益组织即活动的主办方取得联系，大致了解本次文艺会演活动的主题、时间、地点、节目的类型和节目时长。通知学校各年级和班级的老师，以自愿和教师推荐相结合的方式，选拔本校聋哑学生组织表演队伍。

(2) 做好排练工作。安排专门的老师负责编排，并提前一个月左右开始训练，为了增加节目的艺术性和观赏性，还可以请一些专业人士前来指导。根据学生的身材购买演出服装和必要的道具。

(3) 做好保障工作。考虑到聋哑儿童在交流时存在一定程度的障碍，并且年龄又比较小，因此在具体的彩排和出发去外地的过程中，我还会安排多位会手语的教师专门带队，以分组的方式确定每人负责照顾几名聋哑儿童，预防他们在表演的过程中走失。安排好学生们的食宿事宜，表演过程中帮他们拍照、录像，记录美好的瞬间。

(4) 做好宣传工作。将学生们的表演录像共享给他们的父母，分享喜悦；将相关信息写成新闻稿，挂在学校网站二；与公益组织协调，号召社会关注聋哑儿童，给孩子们一个公平、有爱的成长空间。

【小结】(1) 聋哑儿童的特点。一是身体有缺陷，二是还是个孩子，各种保障要到位；(2) 与公益组织的合作绝不是单纯的表演那么简单，一定是为了某个价值目标。

**2.** 你市邀请了20多位中外专业摄影师去进行文化采风，为期两周。你是文化局的一名工作人员，领导安排你负责相关的接待工作，你将如何做？

【思路点拨】

- 接待工作首要就是进行沟通，了解需要接待的对象的大致情况
- 接待活动不仅仅是安排食宿，还有中间涉及的活动，比如见面的沟通、具体行程的安排、内容的设定等
- 注意接待过程中的细节，比如安全问题等
- 针对接待活动进行总结，包括具体的涉及接待内容的摄影作品、讲座的成果及其他宣传

【参考答案】开展文化采风活动，用摄影机记录并展现我市秀美的自然风光，介绍并传承我市悠久的历史文化，是文化局协调促进文化产业发展的重要手段。这次文化采风活动的参与人数众多、时限较长，我一定精心策划、合作联排，突出我市的文化特色，提升我市的文化形象。

首先，跟前期与摄影师联系的同事进行沟通，了解相关情况，包括摄像师的具体人数、男女比例、饮食习惯等以及各摄影师联系方式、专业角度、拍摄风格和特点等。根据了解的具体情况，我会确定摄影师的食宿安排，从单位内部选择6~7名同事作为接待人员，并组成工作小组，共同讨论确定此次采风活动的主要内容及流程。

其次，在所有摄影师到达单位之后，组织一次见面会，表达对各位摄影师的欢迎。① 让各位摄影师相互介绍和了解，并由我简单介绍此次采风的流程与注意事项。② 从第二天开始，安排以三天为一周期的自然风光拍摄，博物馆、纪念馆等历史文物古迹的拍摄以及风土人情的拍摄。陪同摄影师到我市的自然风景区进行拍摄。拍摄中，摄影师要注意抓取不同时间内、不同角度下的秀丽风景。③ 由于大部分时间身处户外，也要做好餐饮和药品的保证工作。各摄影师在进行历史文物古迹拍摄时，安排专业讲解员进行讲解，让摄影师能够通过了解实物背后的故事与传说，进一步在摄影作品中凸显我市的历史文化。陪同摄影师走进平民百姓家中和百姓常去的地方，拍摄百姓的家常生活，品味我市特色风土人情。在每个小周期之间，安排讨论会，对前几天的拍摄进行交流总结。在活动最后，组织总结会，邀请本事文化界的领军人物、我们部门领导与摄影师们共同探讨我市文化的特色并为我市今后文化的发展提出各自的意见。

最后，安排摄影师返程之后，将此次采风活动的照片、视频进行整理挑选，在征得领导和拍摄者同意的基础上通过当地媒体、网站、图片展的形式进行宣传，让更多人了解我市的文化精髓。将讨论会的内容进行总结，将每个人对于我市文化发展提出的意见进行整理，上交领导，以供领导参考。

### 五、自测练习

**1.** 为了让单位人员有担当，领导邀请"人民满意的公务员"代表进行一场报告会，你该怎么组织？

【参考答案】（1）做好协调通知工作：与来做讲座的公务员代表取得联系，询问对方的时间和讲座主题，有无特别的需求如PPT、视频音频展示等，与领导确定好报告会的时间、地点后，通过办公室OA系统和微信工作群下发通知，要求单位各部门都要派员参加，并事先反馈人数。注意提前测试话筒、投影仪等设备，确保报告万无一失。

（2）做好报告组织工作。报告前签到，并请单位领导为大家做一个简短的致辞；报告过程中，请这位代表为我们全面讲解如何做好一名人民满意的公务员，并通过现实案例、视频、照片为大家展示一些先进模范人物的事例，激励大家向先进人物学习；报告完成后安排一个专门的提问交流环节，同事们就自己感兴趣的3~5个问题分别与报告人员进行交流。

（3）做好宣传工作。为了巩固落实这次报告会的学习成果，我还会要求参会人员写一篇学习心得，将部分员工学习心得与培训材料挂在内网，让学习担当从一时一地变成随时随地。

【小结】这是很普通的组织管理类题目。按照事前—事中—事后的顺序即可，内容觉得不够充实可以把"事中"再按照事前、事中、事后展开。

**2.** 村里要建设一个垃圾焚烧场，组织村民去其他已经建好的垃圾场参观，你该怎么组织？

【参考答案】（1）做好调查工作。考察本地对建设垃圾焚烧场一事的意愿、认识，调查本村的环境状况、经济发展情况与已建好垃圾焚烧场的村庄的差距。

（2）做好通知工作。先对村民进行科普动员，统计愿意去参观的人数，根据人数安排车辆、餐饮等衣食住行。

（3）做好参观组织工作。在参观过程中，着重给村民普及垃圾场的先进科技、好处、环保等情况，提高村民对垃圾场的接受程度，打消排斥和抵触心理。同时组织村民参观该村的经济发展情况、环境保护状况，以增强村民修建垃圾焚烧场的意愿。

（4）做好宣传工作。参观结束后，召开全体村民座谈会，由参与参观的村民代表发表想法，针对村民的疑问和误解进行解释和回答，从而推进垃圾焚烧场建设的顺利开展。

【小结】（1）参观垃圾焚烧场是为了修建垃圾焚烧场，不要忽略这个背景；（2）阳光心态，我们修建垃圾焚烧场就是对的，参观效果就是好的，不要挖坑。

**3.** 领导让你组织红色教育基地参观学习，为了避免流于形式，你会怎么制订方案？

【参考答案】（1）做好调查工作。查阅资料，了解之前红色教育基地参观活动的局限，避免此类情况再次发生。以电子问卷形式汇集大家对参观地点、参观内容的偏好，做好路线规划。同时搜集大家在工作中存在的思想认识上的问题，以问题为导向制定此次参观学习活动方案供领导审阅。

（2）做好参观创新工作。日间安排专业的人员对参观地的历史事实进行讲解，确保本次参观活动的生动性。讲解内容以故事性和趣味性为主，从而增加参观人员的印象。晚间可以组织知识竞赛，对本次白天参观的内容进行回顾，优胜者可以获得奖品；还可以通过参观人员自发组织情景剧、小品的方式，让大家自发感受红色基地历史，寓教于乐，增加参观学习效果。

（3）做好总结工作。在参观结束后，组织大家围绕工作中的意识问题谈收获、谈体会，汇报本次参观心得体会，收集大家意见，提出改进措施。

【小结】（1）要通过具体的举措，回应题干中流于形式的背景；（2）本题中提到一个新的思想，问题导向，考生需要记住。

## 第五节 培 训

### 四、强化提升

组织一次新人培训会，现场有很多人低头闲聊、玩手机，影响会场秩序，你作为组织人员怎么应对这种情况？

【思路点拨】培训会的目的是培训知识或者技能，有人玩手机肯定是要先把纪律抓起来，否则这也属于组织人员的失职；其次应该反思，如果培训十分吸引人，或者大家能够意识到培训的重要性，就不会出现这种不认真的情况，然后找出原因，进行调整；最后，但凡涉及培训都需要检验培训的效果，所以需要安排一定的考核。

【参考答案】（1）做好纪律管理工作。提醒各位新人，直接批评他们打乱会场秩序的行为。比如我可以这么说："讲纪律、爱学习是机关公务员的必备素养，那几位低头闲聊的同志，我希望可以看到你们也有这种素质。如果你们对此次培训的内容和形式有何建议，可以会后找我反应。"

（2）做好调查访谈工作。以匿名问卷的方式，向新人和参与培训的老师，搜集培训会内容、形式上的建议，学习其他单位机关组织培训会的先进经验。

（3）做好整改工作。如果是培训会内容陈旧，应以单位重点工作为导向，结合工作实际，丰富培训内容，如具体业务知识、机关礼仪、公文写作常识等；如果是培训会形式单一，可以创新培训方式，增加趣味性和互动性，如以研讨的方式进行，新人可随时打断进行提问，增加互动；如果是与会人员缺乏纪律意识，则建议增加一些考核方面的内容，在课程考核中不及格的，原则上不能上岗、入编、落实待遇；如果在课堂上表现突出、考试成绩良好，可以在今后的入党推优和试用期考核中作为酌情加分的考虑因素。

【小结】这道题考查应急应变与组织管理的结合。题型只是辅导机构自己设计出来帮助学生思考的，没有什么固定的题型。这题就是最好的例子。

## 第六节 其 他

### 四、强化提升

**1.** 你是山区的第一书记，你们村引进了新品种柑橘，马上就要丰收了，但是山路偏远，你会怎么做？

【思路点拨】本题的目的就是希望你作为书记能够把村民辛苦种植的柑橘卖出去。想要卖出去，就必须要对具体情况有一个准确的了解，包括同类产品的价格、销路，村里的大概产量等；其次就是销售的过程，要从多渠道、多方式入手，比如可以自己开拓网络销路，也可以去洽谈大型一点的商务合作或组织活动等。

【参考答案】（1）做好调查工作。调查市场上此类柑橘的价格、销路，评估村内的预计产量，了解周边的线上、线下市场。

（2）做好线上营销工作。利用淘宝、拼多多等软件，面向城镇客户直接销售，也可以通过新媒体，比如网络直播的方式现场带货，扩大销售渠道。

（3）做好线下营销工作。向本地商务局求助，与本地和外地农业企业、水果商洽谈，确定价格和数量，进行预售；开展采摘节等活动，鼓励城镇市民现场采摘，消化柑橘；联系有深加工技术的企业进行加工，做出保质期较长的农产品，防止滞销。

（4）做好总结工作。应根据此次销量，做好下一年度柑橘种植计划，防止滞销；申请资金修路，为农产品外输打通生命通道。

【小结】（1）本题的线上和线下的营销举措非常具有代表性，希望大家积累下来；（2）做好总结工作指的是往后的柑橘销售如何更通畅些。

**2.** 大学生创业园基础设施不完善，创业者反映水、电、网经常会出现问题，还很难找到相关人员反馈设施问题。作为园区管理人员，你认为该如何解决？

【思路点拨】所有这种需要解决问题的都必须建立在调查之上，因为只有了解原因，才能对症下药。本题也是，首先查明水、电、网是否存在问题，以及存在什么问题；其次着手开始进行维修和整改工作；再次做好善后处理工作，一方面是保障长久稳定供水供电，另一方面是给业主一个交代。

【参考答案】（1）要做好调查工作，通过查阅相关档案与维护记录及询问大学生创业者、物业人员，了解反馈问题的真实性，问题是否严重、是否普遍，然后有针对性地进行解决。如果反馈的问题并不存在，也应将调查结果及时告知。

（2）做好检修工作。如果创业者反映的问题是个性问题，其他创业人员均未遇到，则谁反映，谁维修，做好水、电、网路检修；如果创业者反映的是共性问题，则对全园区的水、电、网路进行排查，并完善其他硬件基础设施。

（3）做好服务整改工作。针对很难找到服务人员这一问题，设置专人专岗，并公开监督热线，提高服务质量。针对调查中发现的大学生对创业相关补贴政策了解少等问题，组织专场宣传，并帮助创业者申请，提高其创业能力。

（4）做好通知工作。将整改通知在园区内公示，并公布热线，鼓励创业者监督。

【小结】（1）层层假设，体现逻辑；（2）闭环管理，牢记反馈；（3）既然是创业者，就想想还有什么措施能帮助他们，点缀升华一下，无须写太多。

**3.** 现在大学生热衷于各种网贷，你是大学里的一位工作人员，你打算怎么处理？

【思路点拨】首先进行调查，看看目前学校里网贷的情况以及发生网贷的学生都是什么具体情况；其次是需要进行一系列宣传活动，给那些想要网贷的同学警示；最后就是需要通过学校的各种措施和手段进行激励，确保学生不会因为贫困而产生网贷。

【参考答案】（1）做好调查工作。调查网贷利率和因为网贷而让大学生陷入泥潭的案例，以问卷的形式调查我校大学生对网贷的认识、月开支和生活费。

（2）做好线上宣传工作。在学校官方网站、学校微信公众号上不定期推送关于网贷危害的文章、视频，鼓励教师、学生转发、浏览，帮助学生树立正确的消费观。

（3）做好线下宣传工作。联系各学院负责学生工作的负责人，请他们协助做好大学生网贷危害的防范工作，通过辅导员、学生会、团委和学生党组织宣传网贷危害，呼吁大家树立正确的消费观，自觉抵制校园贷。在校园内张贴海报、漫画，在各个宿舍中发放一些关于认清网贷本质、预防网贷危害的宣传册，提升学生的防范意识。

（4）做好激励工作。针对部分因家庭贫困不得不选择校园贷的同学，加大助学金的补贴和审核力度，提供勤工俭学岗位，鼓励学生自立自强，远离校园贷。

【小结】本题与老人不重视健康类似，老人不重视健康因为知识水平不够或者经济条件差，学生热衷网贷因为不清楚危害、消费观不正、经济条件差。这提示我们在做一些题，特别是整改类题的时候，想一想为什么会这样。

五、自测练习

**1.** 小区外面很多人摆摊设点，政府进行了整改，禁止摆摊，导致附近社区居民不便，十分不满。你作为社区工作人员应该怎么做？

【参考答案】（1）做好调查工作。以实地走访的方式询问居民具体哪些事情不方便，比如买早饭、水果、日用品等距离生活区太远等，并调查周围能否开辟区域集中摆摊，既解决非法占道，又能保障居民日常生活。

（2）做好整改工作。召集居民、摊贩、居委会开一个座谈会，看三方能否就小区附近开辟区域集中摆摊达成一致意见；或引进便民超市，方便周边居民生活。

（3）做好回访工作。查看有无非法占道经营的状况发生，询问居民生活便利程度有无得到改进，以便及时调整政策，更方便居民。

（4）做好总结工作。该事件提醒我们，在决策和执法中应充分听取群众意见，以人为本，避免一刀切式执法。

【小结】（1）其实很多对策都来源于生活，比如之前都是乱摆摊卖菜的，后来有了菜市场集中摆摊卖菜，没有菜市场的也有各种生鲜超市，这提醒考生要多留意生活；（2）要看到政府在这次执法行为中失误的本质，即一刀切。

**2.** 以下四件事，如果让你来处理，怎么安排先后顺序？说明理由。

第一件事：你跟一个群众约好了，处理这个信访。

第二件事：领导让你写一个重要材料，明天就要交。

第三件事：领导让你去参加一个紧急会议。

第四件事：你的家人生病了，需要你去办理住院手续。

【参考答案】（1）我会先参加领导安排的紧急会议。既然是"紧急会议"，意味着事发突然，不尽快处理可能会酿成更严重的后果，所以需要放下手头的其他工作参加这个紧急会议。如果和信访群众约好的时间有冲突，我会提前联系这位群众，告知他现在有个紧急情况，可能要迟到一会儿，烦请他在接待室里稍候，并且安排其他工作人员简单接待一下这位群众。

（2）参加完会议之后，我会返回办公室接待这位信访群众，然后根据他的具体问题解决。如果这位群众仅仅是需要询问一些不明白的事项，我会耐心解答并向他提供一些资料；如果这位群众反映某些问题或者困难，而我可以当场或者有权限解决的，我会帮这位群众现场办理，或者承诺在几个工作日内完成办理。如果群众反映的情况比较棘手，我自己单独处理不了，我会告知他这件事情我会在几天内汇报给领导，后续有消息会第一时间联系他。

（3）在处理好信访群众的问题后，我会尽快完成领导的材料，并仔细检查，以免出现语句和数据上的错误，最后打印装订，以便第二天领导可以直接使用。

（4）在处理好工作的事情之后，我会尽快赶往医院帮家人办理住院手续，并且陪伴在家人身边。如果家人的病情比较严重，我还会跟领导请假说明家里的情况，并且把手头的工作交接给相关同事。一旦家人在医院的情况稳定下来，或者病愈出院，我会立即返回单位完成接下来的工作，并将这段时间因为请假而积累的工作任务尽早处理掉。

【小结】排序题的原则：先公后私，先今后明，先近后远，先处理不以个人意志为转移的事，后办理可以商量着来的事，先讨好外人后讨好自己人（内部矛盾）。

**3.** 你们单位每周五都要开例会，但同事们参与热情不高，总找各种理由请假，领导问你有什么建议？

【参考答案】（1）做好调查工作，通过私下和同事们谈心、发放匿名调查等形式探究造成这种局面的原因，然后有针对性地给出对策。

（2）如果是时间问题，如周五组织例会，距下个工作日隔了两个双休日，不利于工作部署，则建议将时间调整至周一上午。

（3）如果是内容问题，比如某一段时间比较清闲，工作内容比较单一，没有多少可以汇报的内容导致大家为了开例会而开例会，则适当调整例会的频率，忙的时候可以每周开一次，清闲的时候可以每两周或者一个月开一次总结例会，由此确保每场例会都言之有物，充分讨论。

（4）如果是形式问题，可以创新例会形式，以茶话会形式召开，以轻松的氛围鼓励员工畅所欲言，同时可以把整个单位的大例会修改为每个科室内部例会、功能相近或者某个领导共同牵头的若干部门的联合例会形式，确保例会高效。

（5）如果是队伍思想认识不高的问题，则联系各部门的负责人，要求他们加强对这些同志的思想教育工作，并且完善参会考勤制度，严格请假批准制度，旷会情节比较严重或次数较多的，在年终考核时酌情考虑。

【小结】此题与大学生创业园一题相似，都是层层假设，然后整改。请考生自行体会。

**4.** 你是网络管理人员，现在有低俗的视频发布，你要约谈视频网站负责人，请现场模拟。

【参考答案】王经理，您的公司是我们当地流量最大的公司，您想把这股子劲保持下去，也想养活那么多跟着您的员工，我都理解，但是，咱也没必要发这些内容来博眼球吧？

您想靠这种视频吸引流量，不但违反了《网络安全法》，还会影响公司的口碑，从长远来看对你们公司没有任何好处。这些视频内容也败坏了社会风气。我们公安机关给你们公司开了罚单，并把视频下架了。

其实，现在社会上对优质视频的需求量很大，很容易占领市场。比如弘扬社会主义核心价值观的视频，再比如宣传传统文化的视频，我每天晚上都会给我孩子看这些动漫。我觉得贵公司可以往这方面靠拢，一方面可以让贵公司赚安心钱、良心钱，积累社会声誉，另一方面也可以弘扬社会主义核心价值观。

我希望贵公司可以给社会写一封致歉信，让社会看到你们的态度，也希望贵公司配合我们公安机关做好整改落实。

【小结】按照情法交融的原则进行答题，在体验政府执法必严的同时，也要体现政府的温度。

**5.** 社会资本下乡，实际是为了助推我们农村从传统转向现代，本应具有一定的积极作用，但是在实施的过程中，非法占地、非法经营，损害了农民的合法权益，怎样引导和规范社会资本下乡？

【参考答案】资本本身具备逐利性，为此应该从以下四个方面进行引导。

（1）在制度上再发力。扎紧制度的笼子，完善关于土地流转的相关法律法规，落实对非法占地、非法经营、用信息不对称损害农民合法权益的惩罚机制。资本下乡活动都必须在法律框架内严格按照依法行政的要求进行。

（2）在教育上再发力。加强对农民、村干部相关知识的培训，增强农民在市场活动中的警惕性，警告他们不要贪小便宜，要懂得利用法律武器维护自己的合法权益。

（3）在宣传上再发力。社会媒体应该加强宣传，发挥"铁肩担道义，妙笔著文章"的使命感和责任感，向企业宣传诚信经营、造福社会的理念，同时将土地交易曝光在媒体的聚光灯下，引起人们关注。

（4）在监管上再发力。公开举报电话，鼓励群众对非法占地、非法经营行为举报，对于非法侵害农民利益的相关人员，严厉查处，严惩不贷。对农民定期随访，了解政策实施效果，一旦发现政策实施背离初衷，应当及时纠正并处罚责任人。

【小结】此题为了训练大家以对象分类为突破口进行思考，遇到此类题还是往组织管理上靠拢。

**6.** 现在市场上有一些餐馆实行网上点餐，不下载 App 或者不关注公众号不能看菜单，很多老年人不会操作。领导让你调研一下情况，你该怎么做？

【参考答案】随着网络的普及，生活中越来越多的地方开始和网络紧密结合，比如，现在许多餐厅点餐都采用了无纸化网上点餐，虽然从某种程度上提升了效率，但是这种方式对老年人不够友好，所以如果让我去做此次调查，我会从以下三个方面展开。

首先，我会确定此次调查的目的是为了能够解决老年人吃饭点餐的困难，并初步设计相关的调研方案。

其次，我会实际走访相关餐厅，了解他们的点餐方式是否存在十分烦琐的流程，并询问如果顾客不会操作或者没有智能手机的情况下该如何点餐，以及餐厅是否有解决办法，比如有的餐厅会提供点餐的电子设备，或者教顾客如何操作等；然后我会找到一些正在就餐的老年人，找他们了解对无纸化点餐的看法，比如他们的手机能否满足点餐的要求，是否知道如何操作，觉得这种方式更好还是有纸点餐更好等。

最后，我会将调查到的情况整理出来，并针对存在的问题给出相应的初步解决方案，形成报告呈交领导。

# 第四章 应急应变与问题解决 如何"及时高效"

## 第一节 危机解决经典三步法

应急应变类题型是依托工作和生活的真实场景,在有潜在风险、矛盾和突发状况的压力情境下,解决矛盾和问题,从而考查考生情绪稳定性、思维敏捷性、解决问题的速度及灵活程度。应急应变类问题和人际类问题同属于情境性问题;而应急应变类问题更加侧重于情境事件的处理,虽然也有具体人物主体在其中,但更重要的是采取具体的措施解决实际事件。

考情解码

应急应变类题型下有许多细分的小点,但是整体来说,考生需要先从大的方向上把握此类题型的解题思路。

应急应变类题型主要分为两大类别,即工作危机类和公共危机类。

### 一、工作危机类题型概述

工作危机类题型主要处理在工作和生活中发生的突发事件,尤其是会对正常工作秩序与原有工作计划造成不利影响的突发事件。发生的问题与职业具有紧密的相关性,考查考生对生活及工作基本常识的认识以及解决实际问题的能力,主要包括政府工作场景和生活场景两种。前者假设考生是公务人员,处理公务人员工作中会遇到的突发和冲突场景;后者涉及各个行业领域，但万变不离其宗，考核的重点是工作职能的意识以及解决能力的问题。

## 二、公共危机类题型概述

公共危机类题型主要处理一个突然发生的事件，其对公众的正常生活、工作或者生命财产产生影响。它一般具有三个特点：一是突发性，让人防不胜防；二是公共性，这种危害不是只影响个别群众或个人，而是一个区域内的全体公民；三是危害大，容易引起社会恐慌，加大破坏性。公共危机类的问题主要是以这类事件为命题背景，考查考生在面临危机时的心态，能否做到冷静处理、妥善化解危机。

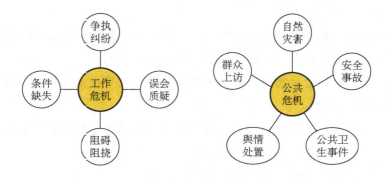

公共危机处理的原则如下图所示：

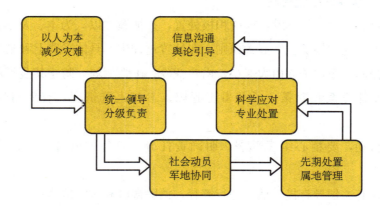

## 三、相关法律依据及处置措施

**1.《中华人民共和国突发事件应对法》的相应规定**

第四十九条　自然灾害、事故灾难或者公共卫生事件发生后，履行统一领导职责的人民政府可以采取下列一项或者多项应急处置措施：

（一）组织营救和救治受害人员，疏散、撤离并妥善安置受到威胁的人员以及采取其他救助措施；

（二）迅速控制危险源，标明危险区域，封锁危险场所，划定警戒区，实行交通管制以及其他控制措施；

（三）立即抢修被损坏的交通、通信、供水、排水、供电、供气、供热等公共设施，向受到危害的人员提供避难场所和生活必需品，实施医疗救护和卫生防疫以及其他保障措施；

（四）禁止或者限制使用有关设备、设施，关闭或者限制使用有关场所，中止人员密集的活动或者可能导致危害扩大的生产经营活动以及采取其他保护措施；

（五）启用本级人民政府设置的财政预备费和储备的应急救援物资，必要时调用其他急需物资、设备、设施、工具；

（六）组织公民参加应急救援和处置工作，要求具有特定专长的人员提供服务；

（七）保障食品、饮用水、燃料等基本生活必需品的供应；

（八）依法从严惩处囤积居奇、哄抬物价、制假售假等扰乱市场秩序的行为，稳定市场价格，维护市场秩序；

（九）依法从严惩处哄抢财物、干扰破坏应急处置工作等扰乱社会秩序的行为，维护社会治安；

（十）采取防止发生次生、衍生事件的必要措施。

**2. 社会安全事件的处置措施**

社会安全突发事件一旦爆发，就应积极处置，并把握"以人为本、及早化解、依法处理、慎用警力、当地领导负责"五大原则。在处置过程中，具体采取七种基本方法：

一是迅速控制事态，争取由大变小、由热变冷、由强变弱，防止其蔓延扩大；

二是提出整体方案和对策，了解事态起因、参与人群情况，有针对性地做出应对策略；

三是统一行动，要精心组织部署，明确责任分工，各方联合行动，才能全面解决问题；

四是政府及有关领导直接对话，进行解释，消除误解和对立情绪；

五是主导舆论导向，利用主流媒体做好正面宣传报道，减少和消除不实谣言和传闻的负面影响；

六是组织纪律约束，利用组织做教育工作，进行纪律约束，最大限度减少参与事件的人数规模和越轨言行；

七是法律措施，利用执法机关依法处置，保护公民合法权益，打击违法犯罪行为。

**3. 关于群体性事件的处理规定**

（1）舒缓危机。到达现场，控制群众情绪和事态发展趋势。

（2）谈判沟通。通过宣传法规、政策，将事情处理引入正常诉求轨道，劝离、疏散聚集群众。

（3）了解取证。向群众代表、政府相关部门、人员了解取证，全面把握事态全过程，汇报上级相关部门。

（4）回应危机。做出相关承诺，提出解决方案；发布信息，公布处理进展。

（5）后续恢复。反思、修补政府体制，完善应急措施；对社会成员进行教育、引导，以防事态反复。

# 第二节 工作危机之争执纠纷

## 一、题型详解

争执纠纷一般是指在题目所给的情境中矛盾对立双方产生争执，僵持不下，情绪也很激动，所以主要考查考生能否选取合适有效的方式化解对立双方的矛盾。

## 二、解题思路

争执纠纷应对要点如下：

分离隔离 认真倾听

借助外力 帮助劝导

全面假设 针对解决

一般情况下，当争执纠纷发生时，考生切记不要回避这个问题，通常能用更合理、更符合岗位需求的方式解决问题是考官看重的特色部分。

## 三、经典例题

李大爷喜欢在社区捡废品，并将捡到的废品堆放在楼道外面，引起了居民的不满。有一天，居民赵大哥在没有通知李大爷的情况下，将他的废品清理走了，于是双方发生了争执，然后李大爷找到了你。你作为社区工作人员怎么解决这个问题？

【思路点拨】 本题涉及两个沟通主体，一个是清理废品的赵大哥，一个是收集废品的李大爷，要分别与他们沟通；为了更好地说服李大爷，也可以动员李大爷的家人一起说服。解题的关键在于不要给自己挖坑，并辅之以整改措施。

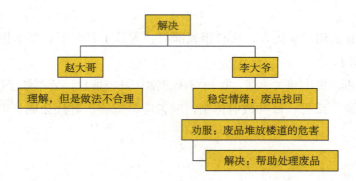

【参考答案】 面对李大爷和赵大哥的纠纷，作为社区工作人员，我有义务处理好他们之间的关系。

我会先劝解赵大哥，对赵大哥的行为表示理解，毕竟李大爷的行为已经影响到其他居民的正常生活。但是我也会告诉赵大哥在邻里之间采取这种极端方式是不对的，俗话说"老吾老以及人之老，幼吾幼以及人之幼"，老年人一般都有节俭过日子的习惯，相信赵大哥自己家里的老人也不喜欢丢东西，也想要把废品收集起来卖钱。那么换位思考一下，将心比心，如果咱们自己辛辛苦苦收集来的废品被别人清理掉，或者自己很喜欢的植物、模型、手工艺品被别人扔掉，我们也会很生气。所以希望赵大哥能够体谅李大爷，不要采取极端方式。之后，把赵大哥清理掉的废品找回来，还给李大爷。

归还废品后，我会和李大爷进行沟通，废品已经找回，希望他不要再生赵大哥的气，老人还是要以身体为重。我接着会耐心地向李大爷解释，楼道属于公共空间，如果堆放太多废品，不仅会干扰大家的正常生活，还会带来消防隐患，给本栋楼的住户包括李大爷自己的生命和财产安全带来威胁，而且，收来的废品放在楼道很容易被别人随时清理或者"顺手牵羊"卖掉，让李大爷好几天的辛苦劳动付诸东流。

最后，我会建议李大爷定期去废品站售卖自己收集的废品，或者联系收废品的相关人员增加收废品的次数，毕竟太多的废品对李大爷来说身体也有些吃不消，多来几次对双方都有好处。如果李大爷在售卖废品时有任何问题都可以找我，我也会尽心尽力帮助李大爷把他辛苦攒起来的废品卖掉。

为了更好地说服李大爷和赵大哥，我会联系双方的家属和平时关系好的街坊邻居一起对他们进行劝说。相信，只要我动之以情、晓之以理，在大家的共同劝解下，李大爷和赵大哥的矛盾能够得到有效化解。

### 四、强化提升

1. 举办宣讲活动时，一个醉汉闯进来，并把一个人打伤，作为现场工作人员，你会如何处理？

【你的思考】

**2.** 一位老人怒气冲天地到乡政府要求见乡长,可乡长正在会议室接待上级、汇报工作,你怎么应付这位老人?

【你的思考】

## 五、自测练习

**1.** 某村群众因为征地补贴不合条例,和某施工队伍发生冲突。你接到紧急电话反映该事,作为政府工作人员,你会怎么处理?

【你的思考】

**2.** 你是大厅的工作人员,一个办事人员因为手续不齐第二次过来办理,还没有办理成功,在大厅大吵大闹,你该怎么办?

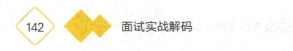 面试实战解码

【你的思考】

3. 某地正在举办篮球比赛，参赛球队间突然发生冲突，场外观众起哄，你是赛事组委会工作人员，此时该怎么办？

【你的思考】

# 第三节　工作危机之误会质疑

## 一、题型详解

误会质疑一般是指题目所给的情境中，由于他人对工作产生了疑问从而不配合工作，使工作无法正常开展或者因为误会质疑而影响到所在单位的正面形象，因此需要我们做出解释，化解误会，解决争端，维护好我们在题目中的身份和所在单位的形象。

在对已经发生的误会质疑进行解释时，需要通过沟通了解对方产生误会的原因所在，并且能够通过说理的方式让对方相信，并解开疑问，重新树立形象。

## 二、解题思路

态度诚恳，主动沟通

倾听民意，了解诉求

调查核实，解决问题

## 三、经典例题

服务人员张某按办事流程办事，服务对象不符合条件，并对此处理情况表示不满，说你们单位不作为，并在网上大量发帖造成不良影响。领导要你负责处理此事，你怎么办？

【思路点拨】 这道题目涉及多个沟通主体，包括服务人员张某、网站平台、发帖人员、社会大众，需要分别与之沟通。在沟通的顺序安排上，要分清主次。

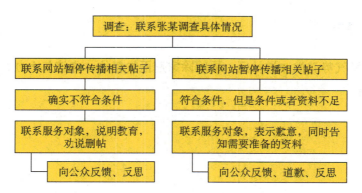

【参考答案】 由于群众对规则的不理解而产生的误会不仅不利于后续事情的开展，而且大量发帖会造成不好的舆论，影响单位正面形象，所以面对这种情况，我必须按照如下步骤立刻处理。

第一，我会对本次事件进行详细调查，了解事情的来龙去脉，如服务对象办理的什么事宜、为什么不满、事情的起因如何、处理过程和处理结果如何、在哪些平台上发帖、影响面有多大等，先对整体情况有一个把握。

第二，我会与平台取得联系，告知他们这件事情的前因后果与实施情况，希望他们能够对那些传播、转发不实信息的帖子进行删除、封号等处置措施，以防负面信息进一步发酵。

第三，我会联系这名发帖群众，首先，就我们工作态度问题，以及未能及时帮他办理好相关事宜真诚地进行道歉。其次，向他耐心地解释之所以没有帮他处理这件事，并不是因为我们有意为难他，而是按照政策和规定，他并不符合相应的条件，我们自然不能违规办理。如果这名群众经过一定时间后，能够符合文件规定的条件，或者虽然不能办理这项事宜，但是符合其他政策的规定，可以办理其他一些优惠事宜，我们也会主动帮他办理。相信经过我们耐心地沟通，这位群众能够理解我们。最后，我们还会告知他，如果对我们的工作有不满的地方，完全可以通过沟通、协商、信访、举报、投诉等合法途径进行维权，编造不实信息，甚至发帖造谣，不仅是对政府和社会大众的严重不负责任，情节严重的还会触犯法律规定，构成犯罪或者治安违法活动，受到严厉的惩处。在我们的说服教育下，相信这位群众也能认识到自己的错误，主动删帖、消除影响。

第四，把这次事件的前因后果写成一份完整的情况通报，在政府官方网站和官方微博上及时发布信息，向社会公开本次事件的前因后果与真实情况，只有进行及时有效的政府信息公开，才能从根本上遏制谣言的产生与传播。

第五，虽然在这次事件中的群众的做法有一些欠妥之处，但也在客观上反映出我们的工作的方式方法和工作态度上存在一定的问题。亡羊补牢，为时未晚，我会对办事人员小张进行严肃的批评教育，并且在单位内部进行深刻的自我检讨，开展自我学习活动，杜绝此类现象再次发生。

## 四、强化提升

1. 有个居民气势汹汹冲进社区，要解除家庭医生签约，你该怎么办？

【你的思考】

2. 你是行政窗口的工作人员，有一天领导急着叫你拿一份材料，然后你就用手机发给他，被群众看到以后，群众以为你在玩手机，就到监督窗口进行投诉，监督人员找你了解情况，你该怎么办？

【你的思考】

## 五、自测练习

1. 你是环保局副局长，前一天有村民打电话说某工厂排污污染了他的农田，并在电话中和你的同事发生了争吵，第二天该村民来到了你的单位，错把你当成你的同事，和你发生争执，你该怎么办？

【你的思考】

2. 上级领导来你单位检查，评选文明单位，有调查人员反映楼道有烟味，公共场所禁烟工作没做好，如果你负责陪同，你会怎么做？

【你的思考】

3. 你市有小报报道，本市超市和农贸市场的大米重金属超标，有致癌风险，造成市民的恐慌。经查证，该消息是虚假新闻。领导让你处理此事，请问你该怎么办？

【你的思考】

# 第四节　工作危机之阻碍阻挠

## 一、题型详解

阻碍阻挠题型中常会设置一些问题，因为产生了一些障碍而无法解决，这其中既包含物力条件的障碍，也包含人力条件的阻碍，比如工作中遇到群众的阻碍等。

此类题型主要是考查考生在解决障碍时能否选取有效的途径找到障碍产生的原因，从而解决问题。

## 二、解题思路

解决阻碍、阻挠时，一般要耐心了解产生阻碍、阻挠的原因，但是态度需要根据题目有所转变，即当题干中没有任何原因而产生阻碍或者本身属于必须要执行的任务时，可强调不放弃强制手段。

## 三、经典例题

**最近某城市道路施工，需要对某路段进行封闭，有家餐厅老板认为封路影响其生意，找人闹事，阻碍施工，还声称要打砸机械设备，你作为项目负责人如何处理？**

【思路点拨】 题目中，餐厅老板对于道路施工的阻挠是十分明显的，而且态度恶劣，所以必须尽快解决。通过题目不难发现老板本身是不讲道理，所以在处理问题的时候不仅要讲道理，更要保证问题的解决，也就是不放弃强制措施。

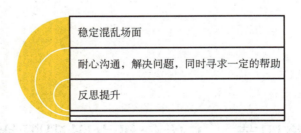

【参考答案】 作为项目负责人，我必须要保证项目按时完成，故面对有人阻碍施工，我必须要立刻处理。

首先，我会在现场用大喇叭喊，让场面稳定下来，将施工人员和闹事人员分开，并联系公安执法部门来协调处理。

其次，告知在场闹事人员，已经报警处理，他们的行为已经触犯了法律，希望他们不要继续阻碍施工，如果不听劝告，执法人员会依法对他们进行处理。

再次，现场稳定后，让施工人员先暂停施工，找到餐厅老板，和他进行沟通，告知他道路施工是属于市政的基础建设工程，也是为了人民出行方便必须要做的，虽然封路确实会在短期内造成一定的影响，但是等待工程施工完毕，道路完工，以后的生活将会长久受益。虽然道路封闭，但是不影响餐厅门店的开设，我们会帮助其在方便的地方开小路方便来吃饭的顾客进出，同时我们也可以按照规定帮助其在明显的地方架设短期的大招牌，帮助其经营。如果施工阶段必须要让门店暂停营业，其间的损失我们也会经核算给予一定的补偿。相信餐厅老板在我们的耐心劝说之下，一定能够理解我们。

最后，事情解决后，我一定会认真思考我的工作，餐厅老板之所以会采取这么极端的方式处理问题、发泄情绪，最根本的原因是我没有提前做好工作，以后再遇见类似情况，我一定会先和各门店沟通好，准备好相应的解决措施和补偿条款，确保大家的利益不受损失，也能更好地保障工程的推进。

## 四、强化提升

你负责押运一次重要考试的考卷，押运车在路上遇到全市交通大排查，特别拥堵，你该怎么办？

【你的思考】

## 五、自测练习

**1.** 开会前一小时发现会场的后背景有一个汉字写错了，作为会场工作人员，你该怎么办？

【你的思考】

**2.** 你在单位值班，突然接到群众反映问题的电话，但他反映的问题不属于你部门的职责范围，你向他说明，并请他打相关部门电话。他说这些部门电话都打过了，可问题没人处理，现在打这个电话如果还是不处理的话，他就上网发帖说政府不作为。你该怎么办？

【你的思考】

# 第五节　工作危机之条件缺失

## 一、题型详解

此类题型在考查考生时一般会在题干中设置具体情境，该情境多伴随着缺少完成某事所必需的条件。考生需要注意的是怎样补足这些条件，补足的方式要合理、手段要多，同时情绪也要保持稳定，能够有条不紊、有序地解决。

危机剖析

## 二、解题思路

就地取材的意思是就近解决问题，比如打印文件缺失可以找附近的打印店，要灵活应变；及时汇报是说并不是所有的问题都能通过自己解决的，要及时跟领导汇报，争取领导和同事的支援。切记要以及时解决问题为主。

## 三、经典例题

晚上10点，领导要求你半夜12点之前交一份材料给他，但此时停电了，你该怎么办？

【思路点拨】　这道题是一道颇为常规的应急应变题，回答不用很长，只要由轻到重依次讨论即可，关键在于展开思路，多假设一些情形。材料提交所需要的条件是基本的用电，因为即使材料可以手写，但是提交多半通过网络，而且新时代的办公纯手写的情况也比较少见，所以考生不要过于纠结。解决停电是首要解决的问题。如果停电的问题解决不了，再考虑材料如何在没有电的情况下完成。

【参考答案】 面对题目中出现的这种情况，我将根据具体情况按步骤处理。

第一，我会简单询问一下电力部门或者小区物业停电的原因以及恢复供电的时间，如果只是正常的电力调整或者跳闸，能够在几分钟内恢复供电，那么我会等到来电时完成工作。

第二，如果是我家里的电闸或者电路出现问题，没办法在家里赶出这份材料。我会在最短的时间内带好电脑以及备用的资料，赶往附近的咖啡店或者快餐厅等能办公的地方，找一个座位专心完成工作。

第三，如果是整个街区停电，或者等待维修需要在家中，不方便出门，我会在家里找到手电筒、充电灯等备用电源，用电脑或手机进行文件的撰写和整理，在尽可能短的时间内写好材料，然后将材料发送到领导邮箱中。

相信通过以上措施，我能顺利地完成领导交给我的任务。

## 四、强化提升

**1.** 你与同事老宋一同参加座谈会，搞政策解读，但是会中老宋突发急症，你该怎么处理？

【你的思考】

**2.** 你们单位马上要开一个十分重要的网络视频会议，但是开会前网络出现问题，而单位和地区领导已经就座，你该怎么办？

【你的思考】

### 五、自测练习

**1.** 政务大厅来了一个不会说普通话的老人,接待的工作人员不会讲方言,你该怎么办?

【你的思考】

**2.** 你村邀请专家对村民进行脱贫攻坚政策的宣讲,宣讲会上有专门的翻译人员翻译,但是翻译人员出现了翻译漏洞和错误。如果你是宣讲会的负责人,请问你该怎么办?

【你的思考】

**3.** 单位举办业务交流大会,你作为主讲人,临近活动时,身体不适,上吐下泻,此时你该怎么办?

【你的思考】

# 第六节　公共危机之自然灾害

### 一、题型详解

自然灾害通常是剧烈的,其破坏力极大,持续事件有长有短。灾难包括很多因素,它们会引起受伤和死亡、巨大的财产损失以及相当程度的混乱。

自然灾害的种类有地震、火山、海啸、龙卷风、泥石流、沙漠化、干旱、洪涝、酸雨、水污染、赤潮等。一次灾难事件持续时间越长，受害者受到的威胁就越大，灾难的影响就越大。

自然灾害有许多重要特征，它们发生突然、造成破坏、引起混乱，且不受控制，通常很短暂。虽然灾难有时可以预报，但并不是每一次都能预报并形成有效预警。

灾难影响行为和精神健康的方式有多种：

（1）灾难会带来实质性的创伤和精神障碍；

（2）绝大多数痛苦在灾后一两年内消失，人们能够自我调整；

（3）有些灾难的整体影响可能是正面的，因为它可能会增加社会的凝聚力；

（4）灾难扰乱了组织、家庭以及个体生活。

自然灾害会引起压力焦虑、压抑以及其他情绪和知觉问题。影响的时间长短以及为什么有些人不能尽快适应仍然是未知数。在洪水、龙卷风、飓风以及其他自然灾害过后，受害者表现出恶念、焦虑、压抑和其他情绪问题，这些问题可能持续一年。

由灾难引起的持续心理效果，称为创伤后应激障碍，即经历了创伤以后，产生持续的、不必要的、无法控制的无关事件的念头，强烈地避免提及事件的愿望，睡眠障碍，社会退缩以及强烈警觉的焦虑障碍。

## 二、解题思路

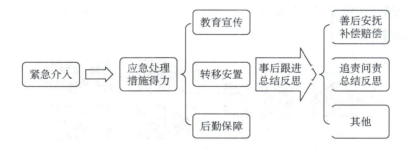

**1. 预警**

一般题目中设置的灾情是已经发生的，那就不需要预警；如果是未发生或者即将发生的灾情，则需要做好灾情预警工作，并加强监测，及时发布相关信息。

**2. 汇报**

及时收集整理相关灾情信息，做好汇报工作，帮助领导做好部署工作。

**3. 抢救**

灾害一般都会产生灾害链，一般的灾害链是"原生灾害—次生灾害—衍生灾害"，所以抢救原生灾害的同时要防止次生灾害的发生。抢救主要是以人民的生命安全为主，其次是最大限度地减少财产损失。

**4. 安置**

灾区人民的安置工作要同步进行，确保救灾资金和救灾物品的充足，救灾安置工作主要内容有灾民的临时安置住所，应急的食物、水、衣服被子等生活必需品。安置工作中既要保证物资充足，又要注意发放合理有序，避免灾民产生骚动。

**5. 保持通畅**

保障灾区的交通通畅是救援抢先的必备条件；除此之外还要保障通信和通电，为救治伤员提供基本的保障，信息畅通能有效降低疫情的发生和蔓延。

**6. 维稳**

维稳主要是维持灾区社会治安和灾区人民的情绪稳定。

**7. 灾后信息宣传**

要及时向社会公众发布灾情及救灾的相关信息，灾情严重时可以呼吁社会各界进行救灾捐款和物资捐赠。

**8. 重建**

重建主要涉及因灾难而损毁的居民住房和学校，被损毁的交通、通信、电力和供水等基础设施。

## 三、经典例题

**我市突发台风，有很多树木被吹倒，拦住公路造成交通堵塞，影响了市民的生活。如果你来负责处理这个情况，会怎么做？**

【思路点拨】

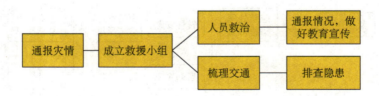

【参考答案】 天灾无情，但是当灾害发生时我们必须众志成城，一起携手面对。具体我会采取如下措施。

第一，首先启动台风应急预案，通过本地公共媒体向社会通报灾情，告诉大家哪条路被树木阻挡，不能通车。

第二，成立救援小组，树木刮倒会造成人员伤亡，由医疗救援小组及时送医，确保群众的人身安全；道路清障小组通过调集卡车、铲车等手段，及时将路障清除，尽快恢复交通。

第三，在交通初步恢复后，由环保局、交通局、城管执法局各部门联合组成排查小组，对目前没有发生树木倒塌但有树木倒塌安全隐患的地区进行重点排查，密切监测，防止产生二次事故。

第四，处理完毕后及时向社会通报路障清理情况，通过出租车广播、微信公众号向社会发布本次灾情，避免有人造谣，也及时分流交通。我相信，通过以上措施一定可以顺利处理好这次台风造成的事故。

## 四、强化提升

**1.** 你辖区内发生泥石流，造成人员伤亡，群众恐慌，你该怎么处理？

【你的思考】

**2.** 你是到某山村支教的教师，某天因为大雨导致山体滑坡，你们班里面有几个学生上课时间到了而没有来上学。你作为他们的教师，在遇到这样的情况时应该如何处理？

【你的思考】

## 五、自测练习

**1.** 村委会接到电话，附近山区发生了山体滑坡导致客车侧翻，由于交通不畅，只能将所有人员安置在你们村庄，但人员情况不明。如果你是村干部，你该怎么办？

【你的思考】

**2.** 你是某景区负责人，天降暴雨引发泥石流，大石块下落砸伤很多人，请问你该怎么办？

【你的思考】

**3.** 元月份我国普降大雪，内蒙古地区有辆列车中途被雪灾困在低洼地区，大雪掩埋了半截车厢，车上的食物、饮用水、药品都已经严重不足。这时，你作为列车长该怎么办？

【你的思考】

# 第七节　公共危机之安全事故

## 一、题型详解

安全事故是指发生在企业以及城市供电、供水、供气、交通等方面的事故。与自然灾害不同的是，此类事故多半是人为的因素造成，所以除了处理事故本身，通常还需要调查事故发生的原因，给社会一个交代。

## 二、解题思路

第一步：报告并抢救，先救人，后救物，最大程度减少损失；划定警戒线，疏散围观群众，防止再次发生危险。

第二步：向社会大众公布事故情况，做好舆论引导。

第三步：对事故现场进行调查，找出事故发生的原因。

第四步：对事故现场进行清理，恢复正常秩序。

第五步：对相应的人员和部门进行追责。

第六步：完善相应制度，强化监督落实。

第七步：做好宣传教育，防患于未然，确保危险发生时人员的自救措施及时有效。

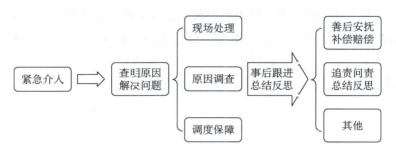

## 三、经典例题

**你要去参加一个很重要的会议，路上遇到一起车祸，肇事司机逃逸，你该怎么办？**

【思路点拨】 本题是一道应急应变题，考查考生同时处理几项急迫事件的能力。遇到司机肇事逃逸，考生不是医生，也不是警察，留在现场也没用，开会最重要。所以考生答题时不能给自己挖坑，觉得自己一定要留在现场。

【参考答案】 虽然会议很重要，但是作为一名公务人员，当有事故发生时绝不能置之不理。所以我会采取如下措施。

第一，立刻停车，下来救治伤者。因为我不是医生，所以我会拨打120急救电话，通知救援；然后打110，报告现场有车祸发生，司机逃逸；并询问在场人员是否有医务人员能够对伤者进行简单处理。

第二，保护现场，避免现场被破坏或发生二次交通事故，造成更大伤害。

第三，警察到场后，我会简单交代自己了解的事故情况，并留下自己的联系方式，在之后的调查中会积极配合警察；如果开会时间快到了，但是警察还没赶到，我会麻烦周围群众帮忙保护现场、救助伤者，并向群众留下自己手机号码，告知其在警察到来之后可以联系我进行调查取证。

第四，在简单处理后，我会立刻赶往会议现场，确保重要的会议能够顺利、准时地开展。

总之，通过上述措施，我相信我一定既能救助伤者，又能及时参加会议。

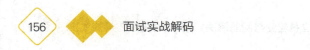

### 四、强化提升

校车安全演习，车上的小孩子以为真的出了安全事故，不停哭喊，还用逃生锤弄碎了玻璃，围观的群众也以为发生了安全事故，议论纷纷。你是这次演习的负责人，该如何处理？

【你的思考】

### 五、自测练习

在某村村口道路上发生一起严重的交通事故，一辆装满水果的卡车被撞翻，司机受重伤，部分村民哄抢水果，并与车上人员发生冲突，场面十分混乱。这时有村民前来村委会报告。如果你是这个村的村主任助理，正在村委会值班，面对这种情况，打算怎么处理？

【你的思考】

## 第八节　公共危机之公共卫生事件

### 一、题型详解

公共卫生事件是指突然发生，造成或者可能造成社会公众健康严重损害的重大传染病疫情、群体性不明原因的疾病、重大食物中毒以及其他严重影响公众健康的事件。

### 二、解题思路

**1. 发生公共卫生事件的单位**

（1）停止生产或食用，主动将患者送往医院进行救治。等待救护车的同时要做好先期自救工作，比如中毒需要抬到通风处等，若不清楚该采用什么样的手段，则可以电话联系120获取信息。

（2）向业务主管部门或者食品监督局及时报告，报告信息要完整清楚，包括原因（食物中毒或其他原因等）、人数、症状、发生时间、目前已经进行的处理和当下的具体情况。

（3）保护现场，保留好相关物品，提供给相关部门进行调查。

（4）安抚家属，做好解释工作，稳定家属情绪。稳定情绪的前提是详细了解患者情况。

（5）已经处理完成后尽快恢复正常的秩序。比如学校，需要尽快恢复上课等。

**2. 政府部门**

（1）对事故单位下发通知，停止作业，确保不会有后续安全事故再次发生或影响继续扩大。

（2）各部门协调，分工合作。

（3）救治病人，确保生病安全。

（4）联合相关单位去发生公共卫生事件的单位进行调查或取栏，需要一定的专业性。

（5）将情况及时向社会公众宣布，消除群众顾虑，稳定人心，正确引导社会舆论。

（6）调查结果出来后第一时间公布、上报领导，并对单位进行整改，预防再次发生。

### 三、经典例题

**单位在饭店组织年会，有人腹泻、呕吐，引起在场同事的恐慌，作为领导你怎么办？**

【思路点拨】 本题是一道应急应变题，考查考生临场处理紧急情况的能力。本题不难，聚餐时出现了食物中毒症状，答题依然分三步。

第一，事分轻重缓急，先做最急迫的事即人的生命安全，立刻送出现不适的人员就医；

第二，做事有条不紊，通知单位检查，通知家属；

第三，做好善后工作，即等待调查的结果，并告知单位员工，或者向社会进行通报等。

从这几个角度答题，确保答案全面。

【参考答案】 中毒事件的发生十分危急，所以我会立刻行动起来。

第一，马上拨打120急救电话，安排好中毒人员的救治工作；同时对一些情形危急的人员，派没中毒的同事开车送往最近的医院。

第二，安排好伤员救治后，将同事分成两组：一组拨打工商局、卫生局电话，请求对涉事饭店进行检查，并做好现场证物的保护工作；另一组通知中毒同事的家属，让他们赶往医院照顾。

第三，处理完上述事项后，及时将工商局、卫生局的调查结果，以及医院的救治情况向全单位通报，视舆情决定是否需要向社会通报；如需通报的，利用本地电视台、微信和微博等自媒体，及时向社会告知真相，制止谣言。

第四，做好善后工作，先由单位垫付医药费等相关费用，再以单位的名义向涉事饭店要求赔偿。

### 四、强化提升

你是某区教育部门的工作人员，辖区内某小学学生在食堂就餐后发生集体腹泻，领导让你负责处理此事，你该怎么解决？

【你的思考】

### 五、自测练习

某地发生禽流感，需要捕杀活鸡，农户不同意，情绪激动，你该怎么办？

【你的思考】

# 第九节　公共危机之舆情处置

### 一、题型详解

舆情处置的问题在题干中一般会以具体情境出现，多伴随着群众对政府或者单位的误会、质疑，但是与单人误会、质疑解决思路不同的是，产生舆情问题时，群众为多数，不能空口无凭去解决，必须要先稳定情绪，迅速调查清楚舆情背后的真实原因，找出相应的解决办法后再向社会大众公布。

## 二、解题思路

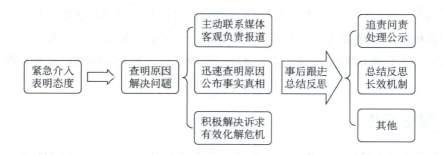

## 三、经典例题

政府部门因正常工作需要砍伐部分树枝，但被人拍成视频发到网上，引起舆论热议。如果你是工作人员，你有什么建议？

【思路点拨】 这是一道比较常规的辟谣题，经常在各地出现，主要的解题要点是要分别与平台、发帖者进行联系，做好政府的信息公开，最后自我反思，提前做好信息公示工作，避免给造谣者以可乘之机。

【参考答案】 面对题目中的这种情况，作为工作人员，我有如下四条处理建议。

第一，联系相关的网站、论坛或者平台，告知他们在其网站上有人在传播一些具有违法和不实信息的视频、讯息，已经形成一定的不良影响，政府这次砍伐树枝是为了正常工作的需要，履行了完整的法律手续，是完全合法、合规、合理的，希望他们能够履行《网络安全法》和《刑法》规定的网络安全管理者义务，及时采取删除、封禁、发布声明等措施，避免不实信息进一步扩大。

第二，我会联系到拍视频的人和恶意传播视频的人，向他们申明其行为的违法性，对他们进行严肃的批评教育，要求他们立即消除影响、删除视频，如果违反了《治安管理处罚法》或者《刑法》的相关规定，还应当追究其法律责任。

第三，在对违法和不实信息进行有效控制后，我会在政府的官方网站、官方微博和其他正式的网络平台上发布一条关于本次政府砍伐树枝行为前因后果的情况说明，并对相关违法责任人的处理情况进行通报。希望广大网民朋友们不信谣、不传谣、不造谣，通过官方途径了解本次事件的前因后果，以免给社会秩序造成消极影响。

第四,我们需要深刻反思自己在本次舆情中暴露出来的一些问题和疏漏。一次正常、合法的砍伐树枝事件被炒作成热点话题,固然是由造谣者的有意造谣、网站平台的监管不严等方面的原因导致的,但归根结底是因为我们没有做好前期的政府信息公开工作,以至于给造谣者创造了可乘之机。在今后的工作中,一定要提前做好各类通知公告、信息公示工作,让社会大众密切关注、深入了解政府的各项工作,只有这样才能避免此类事件再度发生。

## 四、强化提升

**1.** 你是拆迁办的,你负责的片区有个大明星在网上发布消息说政府强拆,引起了很大的舆论风波,你该怎么处理?

【你的思考】

**2.** 某市大面积停水,影响居民正常用水。有人传谣,说此次停水是因为化工厂有害物质泄露污染了水源,引发居民恐慌。你是政府部门工作人员,领导让你去处理,你该怎么做?

【你的思考】

## 五、自测练习

**1.** 假设你负责组织召开一次价格听证会,在会议前夕,你把听证会代表的身份信息在网站上公布出来后,有市民和媒体对部分代表身份的真实性提出质疑,并认为听证会有人为操纵的嫌疑。对此，请谈谈你将如何应对？

【你的思考】

**2.** 你单位在组织表彰大会的过程中突然有人举报违纪情况，请问你作为大会的初审组工作人员该怎么办？

【你的思考】

# 第十节　公共危机之群众上访

## 一、题型详解

群众上访是因为有问题，并且多伴随着情绪不稳定，所以该类题的主要解决方式是要安稳群众后及时帮助群众解决问题。

## 二、解题思路

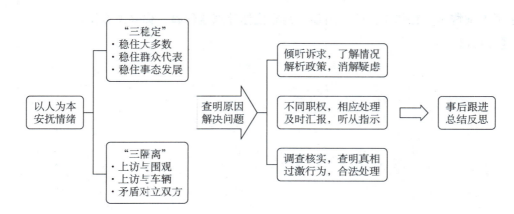

### 三、经典例题

你正在上班，有群众冲到办公室，说你滥用职权。正好被你的领导看见，请问你该如何处理？

【思路点拨】 本题是一道应急应变题，考查考生处理群众上访的能力，本质上还是沟通题和计划组织题的结合，既要处理好与上访户的关系，也要把事做漂亮。答题思路可以从以下几点展开。

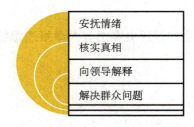

【参考答案】 第一，先安抚群众情绪，让他冷静下来，给他倒杯水。然后把他带到小会议室，询问他具体是因为什么事情来访，记录具体情况。

第二，因为来访人员举报影响了我现在的工作，我会请同事帮我值班，我先处理上访户事宜。

第三，对于群众举报我滥用职权，我会详细、耐心给他解释我的行为不构成滥用职权，所作所为完全在法律框架内，我相信群众听完我的解释后，肯定能消除之前的误会。

第四，将这件事情的来龙去脉写成专门的汇报稿呈交领导，向领导解释清楚。

第五，对于这件事情我也会做好反思，以后开展工作的过程中一定和群众解释清楚，避免不必要的误会。

### 四、强化提升

**1.** 某小区有一块空地，当地政府打算用来建设客运站。但居民认为施工会影响环境，产生了不满情绪，在你单位门口闹事。领导让你处理这件事，你会怎么做？

【你的思考】

2. 政府出台新的福利政策，但有部分退休干部不在政策范围内，现在他们来上访。假设你是单位负责人，你会怎么跟他们沟通？

【你的思考】

### 五、自测练习

1. 某市政府就危旧房拆迁问题召开听证会，反对拆迁的与会群众反应激烈，场面混乱，会场外也聚集了大量群众，要求进入会场发表意见。假如你是听证会的主持人，该如何控制局面？

【你的思考】

2. 周末你在单位值班，有群众举报，称某工地施工造成交通拥堵，施工方以施工范围在市中心为由，拒绝缩小施工范围，你该怎么办？

【你的思考】

## 答案解析

### 第二节　工作危机之争执纠纷

#### 四、强化提升

1. 举办宣讲活动时，一个醉汉闯进来，并把一个人打伤，作为现场工作人员，你会如何处理？

【思路点拨】这道题本身并没有把要办的事情一一列举出来，需要考生根据题干透露的基本信息梳理思路，按照轻重缓急的顺序依次排列。主要思路是"你不是一个人在战斗"，不要想着把所有事都自己一个人解决，而是要学会找帮手协助自己处理一些事情。

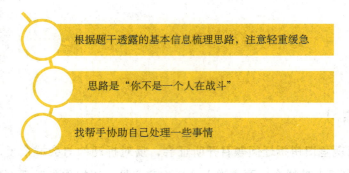

【参考答案】宣讲活动被打断会影响整个活动的进程，我会积极处理，确保宣讲活动顺利进行。第一，我会请现场的工作人员和保安人员一起把醉汉控制住，立即拨打110报警。我会通过话筒告诉大家出现了一点紧急情况，宣讲会先暂停15分钟，请大家在自己的座位上稍作休息。待警察赶到后，将这名醉汉带到派出所约束至酒醒，如果有需要，我会派1~2名同事陪同警察去派出所做笔录，描述一下当时的情况。

第二，在控制住醉汉后，我会立刻检查一下受伤的工作人员的伤势。如果伤势比较轻微，我会请另一名同事陪他去医务室，并让他在休息室内好好休息；如果伤势比较严重，需要住院医治，我会请另外两名同事护送他去医院就医，并要求他们与我密切保持联系。

第三，现场情况处置完毕后，我会宣布宣讲会继续进行，对刚才的突发情况做一个简单的说明，对我们会场安保和秩序维持工作存在的疏漏表达歉意，希望大家不要受到刚才事件的影响，安心把宣讲会的内容听完。事后大家如果有进一步的疑问需要咨询的，可以继续进行咨询。

第四，宣讲会结束后，我会赶往医院或者受伤者的家里，向其本人和家属表示歉意。因为这是工作过程中出现的意外伤害事件，属于工伤，我们单位也会尽到相应的赔偿责任。由于这次事件的肇事者是一名醉汉，事后我们也会尽快联系这名肇事者及其家人，协商赔偿事宜。这场风波过去之后，我会帮这位受伤同事向领导申请一个短期的休假，以便他能够调整身心状态，重新投入工作。

第五，这次事件虽然是一场意外，但是也暴露出我们在进行宣讲活动时在地点的选取、现场秩序的维护以及安保预防工作上的诸多疏漏。"亡羊补牢，为时未晚"，在今后的工作中我们一定要多加注意，避免此类事件再次发生。

2. 一位老人怒气冲天地到乡政府要求见乡长，可乡长正在会议室接待上级、汇报工作，你怎么应付这位老人？

**【思路点拨】**题目中出现了"应付"一词，注意不要跟着题目读题，对待群众的工作不能不耐烦，更不能应付，因此在表达时要用"接待""处理""应对"这类中性的语词替代。然后，分情况讨论，根据不同的情况分别进行处理。

**【参考答案】**"群众问题无小事"，老人怒气冲天一定是遇到了问题，所以我一定会认真对待，耐心解决老人的问题。

首先，我会心平气和地接待这位老人，给他倒杯水，请他坐下，不要着急，喝口水慢慢说。群众遇到烦心的事情，情绪和态度不太好，我们要表示理解，毕竟我们自己遇到急事都可能有些急躁情绪，何况一位老人，待这位老人情绪稳定之后再进一步与他进行沟通。

其次，我会询问老人来找乡长是为了解决什么问题。如果仅仅是普通的咨询性的问题，那么我会告诉他这件事情我可以立刻帮他现场解答；如果这件事情我没有权限处理，那么我会联系其他同事或者分管的相关领导来帮助这位老人办理。待事情办理完成之后，我会把老人的一些情况和事情的处理结果向乡长汇报，听取乡长的后续指示。

最后，如果这件事情必须经过乡长办理，我会告诉老人，非常抱歉，领导现在不太方便，的确抽不开身，并安排这位老人在休息室休息，等领导那边处理好了立马帮老人解决问题；如果他家里住得太远，或者手头上有急事，等不及可以先请他回去处理相关问题，等老人办完自己的事后再来。如果乡长今天没有时间接待这位老人，那么我会向这位老人说明情况，表达歉意，并且告诉他可以先把自己要反映的情况跟我详细说明一下，领导一有时间，我会立马向领导反馈。此外，我会告诉老人我的姓名和电话，并留下他的联系方式，如果后面有什么消息会立即与他联络，也欢迎他回去之后有什么新的情况随时和我们联系。

相信只要我们将心比心、足够耐心、用情用心，这位老人一定能够得到一个满意的答复。

### 五、自测练习

**1.** 某村群众因为征地补贴不合条例，和某施工队伍发生冲突。你接到紧急电话反映该事，作为政府工作人员，你会怎么处理？

**【参考答案】**对于这种情况，我将在第一时间赶往现场，并向双方了解冲突的起因、土地征收的补贴标准、村民诉求以及其他的一些具体情况,并作如下处理。

第一,如果补贴标准合法、合理,却因为信息沟通不畅使村民们对于征地补贴标准产生了某些误会,我会向村民详细说明我们征地的补贴标准,每亩土地的补贴价格,特殊土地以及林木、庄稼、牲畜等其他补贴标准,并安排村干部协助算清每家村民的补贴数额。相信解释清楚之后,村民们能够配合我们完成征地工作。

第二,如果补贴标准不合理又不合法,我会向村民、村委、土地管理部门分别了解补贴政策的内容和实际发放情况,对于违法制定的补贴标准应当及时纠正,并对相关的责任人员进行追究,确保征地补贴能够公平、合理、足额地发放。事后,我们会加强对农村土地征地拆迁工作中的执法检查,确保此类事件不再发生。

第三,如果补贴标准偏低、村民并不满意,但是该标准符合国家和上级部门规定的标准,并不存在违法或者明显不合理的情形,我会耐心地向村民们解释。如果村民们仍不满意,我会要求村民们推选出村民代表,听取他们的诉求,进一步磋商,在不违反上级规定和财政经费允许的情况下,综合各方意见对现有补贴政策进行一定程度的修订。对于少数无理取闹、聚众闹事甚至采取暴力手段牟取不法利益的人员,采取批评教育、个别谈话等方式分别进行处置;必要时,应当依法追究其法律责任。

第四,此次事件的发生暴露出我们在农村土地征收工作中存在的若干问题。为此,一方面,我会对施工队的负责人和引发冲突的主要责任人员进行批评教育,改进其工作作风以及与群众沟通的方式;另一方面,我也会反思本次土地征收补贴政策制定、宣传、实施工作中存在的问题,亡羊补牢,查缺补漏,预防此类冲突事件再次发生。

**2. 你是大厅的工作人员,一个办事人员因为手续不齐第二次过来办理,还没有办理成功,在大厅大吵大闹,你该怎么办?**

【参考答案】我会对该办事人员的情绪进行安抚。请他到旁边休息区域的沙发上坐下,耐心倾听他的不满和倾诉,对他的行为表示理解。如果手续不齐是因为我们工作失误导致的,我诚恳地向他表达歉意。然后,我会根据这位办事人员手续不齐的具体情况分别进行处理。

第一,如果这位群众的手续现场可以补办,比如缺少身份证复印件,或者缺少某些可以现场填写的表格,我会帮其去复印这些材料,或者现场打印出一份表格请他重新填写。

第二,如果缺少的这份手续虽然不能现场补办,但是事后可以补交,我会登记好这名群众的个人信息、办理时间以及缺失的手续,先行帮他办理业务,并请他在截止时间之前把缺失的手续补交过来。

第三,如果这名群众因为缺失必要的手续,的确无法办理该业务,我会真诚地向他解释,把办理流程和所需手续列一张表交给他,请他根据表格上的内容逐条办理;

如果我们能够提供帮助的，也尽力帮助这位办事人员办理相应的手续，减少办事人员的奔波与劳累。相信只要我们态度足够真诚，这位办事人员能够理解并配合我们把手续办好。

第四，此次工作失误折射出我们日常工作中存在的一些问题。在今后的工作中，我一定要端正工作态度，改进工作方法，在办理手续流程时一定要发扬一丝不苟的严谨作风，每个环节都要认真检查，确保不出疏漏，把"最多跑一次"改革的要求落到实处。

**3.** 某地正在举办篮球比赛，参赛球队间突然发生冲突，场外观众起哄，你是赛事组委会工作人员，此时该怎么办？

【参考答案】第一，立刻联系安保人员，制止冲突双方，恢复赛场秩序；

第二，由组委会对冲突双方进行处罚，同时宣布暂停比赛，组委会通过赛场广播重申比赛规则和秩序，希望参赛球队引以为戒；

第三，冲突中有人受伤的，及时联系在场医护人员进行包扎救治，必要的送医；

第四，在赛后向观众道歉，作为组委会没有控制好赛场秩序，并且保证以后比赛，杜绝类似的情况再次发生。

## 第三节　工作危机之误会质疑

### 四、强化提升

**1.** 有个居民气势汹汹冲进社区，要解除家庭医生签约，你该怎么办？

【思路点拨】题干中出现了居民气势汹汹，首要的是安抚好居民的情绪，待居民情绪稳定后，了解其一定要解除家庭医生签约的原因。由于题干中并没有直接告知我们原因，所以在这里我们需要自己去假设一些相关的原因，比如医生服务不到位、签约条款不明确等，并有针对性地提供解决方案。时间如果够，考生可以最后加上一些宣传措施，一个居民不了解或者出现问题，则有可能其他居民也有类似的困惑，可以统一提供咨询解决的方案。这道题目本身不难，但是很多考生不理解"家庭医生"是指什么。"社区家庭医生签约式服务"是社区居民以家庭为单位与社区医生签约，签约家庭可以免费享受家庭医生上门问诊，在约定时段到签约医生处就诊等一系列便利就医的服务形式。

**【参考答案】**我会对居民的情绪进行安抚，请他坐下来慢慢说明情况，询问究竟是什么原因导致他对社区家庭医生的服务不够满意，或者是因为什么事情让他对社区医生产生不满情绪。再根据具体的原因分别处理。

第一，如果是因为社区居民对社区家庭医生服务的相关政策不够了解，导致他认为自己的需要没有得到有效满足，我会耐心地向他解释社区家庭医生的性质、定位和服务范围，告诉他社区家庭医生主要是做什么的、哪些事情需要他们做、哪些事情他们也做不了，如果需要更高级的医疗服务，还需要去专门的医院就诊。

第二，如果是对社区家庭医生的某些服务费用表示不满，我会先去调查一下这种费用是否合规。如果这种服务项目本身并不是免费的，居民误以为是免费的，我会向这位群众耐心地解释相关的政策规定，告知这条服务项目不属于免费提供的范围，如果对该制度不满可以向上级部门建议或者投诉，但是既然已经享受到了额外的收费服务，群众也应当支付相应的服务对价；如果这项服务本身是免费的，而社区家庭医生违规收钱，那么我会对这名社区家庭医生进行警告和教育，责令其退回违规收取的费用，并向这名群众真诚地道歉。

第三，如果是因为社区家庭医生服务态度比较恶劣，或者责任心不强，未按照服务规约上门服务，或者上门次数太少、不合规定，或者医术水平较差、存在违反诊疗规程等不当操作，我会与这名社区家庭医生进行交涉，请其注意自己的行为，并且在今后的工作中进行改进，对他和诊疗对象之间做好调解工作；如果该群众坚决要求解约，双方的矛盾无法调解，我也会向上级申请替换社区医生。

相信通过以上的处理措施，我们能够有效化解矛盾、解决群众所反映的问题。

**2.** 你是行政窗口的工作人员，有一天领导急着叫你拿一份材料，然后你就用手机发给他，被群众看到以后，群众以为你在玩手机，就到监督窗口进行投诉，监督人员找你了解情况，你该怎么办？

**【思路点拨】**这道题目解析时要注意，上班时间不允许玩手机是政府工作人员的政治纪律，哪怕是在做正事，形式上也是不符合规定的，所以一定要找监督人员承认错误，并解释清楚具体情况；再联系群众，向群众道歉；最后应当自我反思。

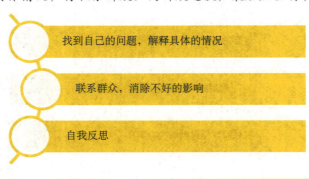

找到自己的问题，解释具体的情况

联系群众，消除不好的影响

自我反思

【参考答案】首先，我会主动找到监督人员，承认自己的错误，并向监督人员说明当时的具体情况，并不是因为我在玩手机，而是因为我正在给领导发送文件，让群众产生了误会。但无论如何，这种行为对我们单位的整体形象造成了负面的影响，我会虚心接受监督人员的教育、警告或其他处分，并承诺今后此类事件不再发生。

其次，我会找到这位群众，首先就自己的行为向他表示道歉，并保证今后一定避免这种情况再次发生。再将事件的始末缘由以及监督人员对我的处置结果向这位群众解释清楚，希望他不要因为我个人的原因对我们单位的整体形象和服务态度产生不好的印象或者误会。相信通过以上解释，群众了解真实情况之后，不会对我们单位的整体形象产生负面的看法。

最后，我会对自己的行为进行深刻的自我反思。虽然说群众对我的行为产生了误会，但是毕竟手机并不是一种正式的办公工具，使用手机发送文件也存在诸多隐患。为此，在今后的工作中，如果遇到领导临时向我要材料这种情况，一定要通过正式的办公系统或者电子邮件等正式的方式发送，而不能采用手机这种形式随意并且很不专业的方式传递文件材料，并且在其他工作中也要贯彻落实严谨认真、一丝不苟的工作态度。

五、自测练习

**1.** 你是环保局副局长，前一天有村民打电话说某工厂排污污染了他的农田，并在电话中和你的同事发生了争吵，第二天该村民来到了你的单位，错把你当成你的同事，和你发生争执，你该怎么办？

【参考答案】面对这种情况，我将做如下几点处理。

首先，我会向这名村民真诚地道歉，虽然并不是我和他发生了争执，但是同事的工作态度毕竟代表本单位，同事工作上有错误就是单位有错误。作为单位成员特别是单位的领导，更应当主动承认错误，向群众表达歉意。相信经过耐心沟通与真诚道歉，村民的情绪会平复下来。

其次，我会向村民具体了解他所反映的工厂排污问题。询问排污企业的地点、发现时间、具体表现、有无证据，然后安排专门的人员进行调查。通过约谈企业负责人、现场调查、水质化验等方式，具体研究涉事企业是否真的污染农田，并根据检查的情况分别进行处理：如果企业真的存在排污行为，就要依法给予罚款、责令整改等处罚措施，并后续持续监督跟进，直到其解决污染问题；如果企业排放合法合规，经过反复检查并不存在什么问题，那么我会将调查的结果反馈给这名村民，请他不要担心，安心从事农业生产。

最后，我还会约谈这名态度不好的同事，对其进行说服教育。无论群众的请求合理与否、态度如何，作为国家工作人员，我们都不能情绪化地表达，否则既会严重损害单位的形象，也会对个人造成诸多不利后果。希望这名同事能够改进工作态度，在今后的工作中注意方式方法，杜绝此类事件再次发生。

**2.** 上级领导来你单位检查，评选文明单位，有调查人员反映楼道有烟味，公共场所禁烟工作没做好，如果你负责陪同，你会怎么做？

【参考答案】首先，如果我们单位内部没有人抽烟，则可能是来办事的群众或者外部人员临时抽烟，或者办公区域外有农民焚烧秸秆、树叶等，造成楼道里有烟味，我会耐心地向调查人员解释烟味产生的原因，消除他们的误会，请他们继续正常地评审和检查。

其次，如果我们单位的确有人抽烟，造成楼道里有烟味，我会对调查人员指出的问题表示感谢，并且恳请对方给我们一次整改的机会，毕竟我们单位其他各方面的工作都不错，而且验收评选是一个动态的过程，现在还没有到最后评选的那一步。如果有机会进行整改，我会在单位内部开展禁烟活动，在楼道里张贴禁止吸烟的标识，并且帮助一些有烟瘾的同事戒烟。相信经过以上整改措施，下次检查时楼道里有烟味的问题能够得到解决。

最后，如果按照评选流程，调查人员无法给予我们整改的机会，我们也应当端正认识、力求改进。获得文明单位的荣誉固然好，但是通过检查活动改进我们的工作环境与行为习惯、构建文明健康的工作氛围，才是本次文明单位活动的宗旨。以这次检查为契机，我们将会对单位内部存在的在公共场所吸烟问题以及其他不文明的现象进行统一整改，力求在下次文明单位的评选中获得佳绩。

**3.** 你市有小报报道，本市超市和农贸市场的大米重金属超标，有致癌风险，造成市民的恐慌。经查证，该消息是虚假新闻。领导让你处理此事，请问你该怎么办？

【参考答案】"民以食为天，食以安为先"，食品安全问题一直是公众关心的问题。食品安全一旦出现问题，会使得公众格外敏感。此时出现的虚假报道如果处理不当，必然会影响正常的市场秩序。因此我会本着实事求是的原则，第一时间准确发布权威信息，并联合相应部门及时对虚假信息发布者进行惩处，打消市民的疑虑和担忧。

第一，成立应急小组，召开紧急会议。汇总工商、质检等部门对各超市大米第一时间进行安全检测，并对监测过程全程拍摄视频，最后出具权威检测报告，组织召开新闻发布会，确定发布会时间、主要内容、邀请专家和媒体的名单，根据工作内容的不同分工协作。

第二，在新闻发布会上向公众澄清事实。内容包括由质检中心向市民代表、媒体记者出具大米重金属检测合格证明，并播放检测过程的视频；由专家向大家讲解并宣传大米的标准及此次相关检验的权威性；由政府发言人向大众公布政府官方网站和微信公众号、微博等权威信息；发布会后联系新闻媒体确认最后的新闻通稿，确保信息属实和全面。

第三，对刊登了虚假报道的小报进行调查，责令小报对失实报道做出澄清，并向公众道歉。查明小报虚假信息的来源，依法对责任人予以处罚。并将处罚结果向公众公布，保证信息的公开透明。

## 第四节　工作危机之阻碍阻挠

**四、强化提升**

**你负责押运一次重要考试的考卷，押运车在路上遇到全市交通大排查，特别拥堵，你该怎么办？**

【思路点拨】本题考查考生临场反应能力。对于这种题，考生应当做对自己有利的假设，希望式结尾，圆满完成任务。切记不要陷在题目创设的困难情境中而导致自己无法解决。

【参考答案】考卷对于一场考试的意义是十分重大的，我作为押运试卷的负责人，有责任有义务把试卷安全、及时送到考场。我会按照以下方式进行处理。

一方面，我会向上级报告，申请交管部门暂停交通排查，尽快恢复交通，等押运结束再进行排查。

另一方面，如果交通排查不能暂停，交通拥堵也无法短时间解决，我会评估我与目的地的距离：如果当前距离押运目的地较远，将现场情况汇报给考场负责人和本单位领导，请求启动应急机制，申请交警部门护送押运，以便在开考前及时将考卷送达指定地点；如果押运地距离当前位置较近，则立刻联系押运领导和监考、考试单位、警察，看能否用专人集体护送的方式，通过步行将试卷送至考点。

总之，通过上述措施，一定既能保证押运安全和保密性，又能不耽误考试。

**五、自测练习**

**1. 开会前一小时发现会场的后背景有一个汉字写错了，作为会场工作人员，你该怎么办？**

【参考答案】会场背景的字有错误，影响会议的严肃性，所以我会立即处理。

如果是电子屏幕上的汉字错误，我会立即联系会场管理多媒体的工作人员，要求他立即通过电脑进行修正，不影响开会。

如果是打印的背景条幅，我会及时联系印刷店，加急制作一个正确的汉字，并且色调、字体大小等都和其余字一样，做好送到后立即贴上去，保证会议顺利进行。

总之我会立刻行动起来，通过上述方式，确保会议的顺利进行。在以后的工作中，我会在准备阶段就认真仔细地核对文字类的稿件，确保不会再出现这类错误。

**2.** 你在单位值班，突然接到群众反映问题的电话，但他反映的问题不属于你部门的职责范围，你向他说明，并请他打相关部门电话。他说这些部门电话都打过了，可问题没人处理，现在打这个电话如果还是不处理的话，他就上网发帖说政府不作为。你该怎么办？

【参考答案】群众的事情就是最重要的事情，解决好群众的问题是每一个公务人员义不容辞的责任。面对题目中的问题，我会妥善处理，帮群众解决问题，切实维护政府的形象。

首先，我会安抚这位群众的情绪，向他表明，我理解他的急切心情，请他不要着急，他反映的问题虽然不在我的职责范围内，但我一定会把他反映的问题及时汇报给相关部门，尽最大努力帮他把事情解决好。

其次，详细了解群众所反映的问题，并认真做好记录。同时就自己知道的相关政策和办事流程，向群众进行解释说明，当然这种说明一定是建立在准确无误基础之上的，坚决避免误导群众。同时留下群众电话，承诺我会及时把他反映的问题汇报给相关部门，并且一有结果会第一时间通知他，请他不要着急。

再次，将这一情况迅速向相关部门的负责人员反映，并尽力督促相关工作人员加快工作进度、提高效率，帮助群众处理。我也会及时将情况第一时间反馈给群众，同时，向群众说明办理事情的程序、手续等，帮群众做一些力所能及的事情，相信群众的事情会最终得到解决。

最后，在以后工作中，只要遇上群众办事，我一定会在自己力所能及的范围内帮群众解决。如果不在我的职责范围内，一定也要联系相关部门办理，做好服务群众的工作。

## 第五节　工作危机之条件缺失

**四、强化提升**

**1.** 你与同事老宋一同参加座谈会，搞政策解读，但是会中老宋突发急症，你该怎么处理？

【思路点拨】这是一道应急应变题，考查同事生病时，你怎么把握住全场节奏。对于应急应变题，考生答题时应当把握以下几个原则：（1）事分轻重缓急，先做急的事；（2）做合理假设，不要给自己挖坑；（3）希望式解决，阳光结尾。针对此题，我们首先要解决的是老宋的生命安全问题，救治完老宋后再考虑座谈会本身问题。

- 事分轻重缓急，老宋的生命安全问题最重要
- 救治完老宋后再考虑座谈会
- 希望式结尾

【参考答案】第一，如果老宋是比较急的病，如心梗、脑梗，应立刻中止座谈会，打120急救电话，同时根据急救措施，对老宋进行抢救干预。

第二，如果老宋突发的病不是那么致命，而是头晕等轻微病情，那么先临时决定会议休息几分钟，由其他同事送老宋回去休息或者去医院，我在会场继续把政策解读做完。

第三，安顿好老宋后，宣布复会。对于政策解读，如果我对本该由老宋报告的部分也很熟悉，那么老宋的部分就由我代为报告，从而避免浪费参会人员的时间再次参会；如果这部分涉及的问题太专业，非老宋不行，那么向大家解释清楚原因，等老宋恢复后，尽快通知大家听完老宋的报告。

第四，我相信，通过上述措施，一定能把握住会场节奏，合理有序地安排本次会议顺利进行，也能够让老宋得到及时的救治。

**2.** 你们单位马上要开一个十分重要的网络视频会议，但是开会前网络出现问题，而单位和地区领导已经就座，你该怎么办？

【思路点拨】题目设定的情形是领导准备就绪，但设备出故障。所以应该给出合理的解决故障的措施和手段，确保会议的正常开展。

- 找出具体问题，寻求帮助
- 做有利假设，提出多种解决方案
- 希望式结尾

【参考答案】网络视频会议很重要，所以我会立刻进行处理，确保会议的顺利开展。

第一，立刻联系网络修理部门开展检修工作，并询问修理人员，最快什么时候能修好。如果在开会时间能修好，是小问题，那么告诉在座领导，网络出现一点小故障，可能会议要延迟几分钟才能开始，希望得到领导的理解，并做好其他参会人员的沟通工作。

第二，如果修理人员说故障复杂，一时半会儿修不好，那么我会向办公室询问有

无备用会议室,且网络良好,如果有则启动备用会议室,向领导如实告知网络情况,可能暂时修不好,需要临时调换会议室,相信领导能理解。

第三,如果网络恢复需要的时间较长又没有可以采用的备用会议室,我会立刻向领导汇报,告知具体的情况,看能否推迟会议,或者在网络恢复之前采取电话会议的形式,等网络一恢复就立刻进行网络视频会议。

通过上述应急机制,我相信一定能保证会议顺利进行。

## 五、自测练习

**1.** 政务大厅来了一个不会说普通话的老人,接待的工作人员不会讲方言,你该怎么办?

【参考答案】首先,这位老人不会说普通话,讲的话我们听不太清,可能是因为他讲得比较急躁、语速较快,我会请他慢慢地把要解决的问题和事情的来龙去脉讲清楚。我会询问他来这边是要处理什么事情,了解他的意图,通过提问的方式弄清楚情况。一般而言,对方的语速放慢了,我是可以听懂的。

其次,如果他口音很重,放慢语速之后我仍然听不懂,那么我会请周边窗口的本地同事或者能听懂他方言的同事协助办理或者帮忙翻译;如果周边窗口的同事不在,我也会通过手机视频、打电话的方式联系到能听得懂他说话的同事或者朋友帮忙沟通交流。

最后,如果周边窗口的同事同样听不太清楚,我会请老人给他的子女、家人打一个电话,与他的家人取得联系,通过家人的解释了解老人的需求和意图,在其家人的协助下处理好老人的诉求。

相信通过以上处理,我们能够协助这位老人把他要办的事情办理好。

**2.** 你村邀请专家对村民进行脱贫攻坚政策的宣讲,宣讲会上有专门的翻译人员翻译,但是翻译人员出现了漏洞和错误。如果你是宣讲会的负责人,请问你该怎么办?

【参考答案】第一,判断翻译错误的严重程度。如果是对政策的精神、具体实施方面翻译错误,那么暂时宣布休会,及时和翻译沟通,告诉他错误的地方,在后面复会的时候重新向村民解释,并且不要再犯错误。

第二,如果不是涉及政策具体执行的严重错误,只是一些细微的语句、语法错误,不干扰会议的进行,等会议结束后,向村民稍做解释。

第三,在翻译结束阶段,就翻译有疏漏的地方和错误的地方,再次向村民重申正确的和补充。

第四,会后及时向翻译人员指出错误,并且在口头翻译之余,将翻译文字稿下发村民,供村民学习和理解。

通过上述措施,一定能让政策精神得到圆满的传达。

**3.** 单位举办业务交流大会，你作为主讲人，临近活动时，身体不适，上吐下泻，此时你该怎么办？

【参考答案】第一，首先根据自己症状的严重程度，就近在附近的药店或者诊所买一些对症的药吃下，把症状控制住。因为最近饮食和作息都比较规律，没有吃不卫生的东西，肯定不是食物中毒，并无大碍，只是普通痢疾；处理完毕后，立即赶回会场，做主旨交流。

第二，如果症状稍为有点严重，只吃药不行，需要去医院，这样会耽误点时间。那么如实向领导报告身体情况，请求领导将自己的相关安排放在后面，以便能及时从医院赶回来。

第三，如果由于身体原因确实无法参加会议，那么将实际情况和医生的建议汇报给领导，很遗憾本次交流会不能参加，但是我会将报告发言稿通过电子邮件的方式或者请求同事帮忙打印，发给参会人员。大家有什么不懂的或者想交流的，可以当面找我或者通过邮件的形式交流。

总之，我相信通过以上措施能够妥善处理这次情况，而且在以后的工作中我也会注意在临近开会之前，不乱吃东西、注意作息，避免因为自己身体原因而影响工作。

## 第六节　公共危机之自然灾害

### 四、强化提升

**1.** 你辖区内发生泥石流，造成人员伤亡，群众恐慌，你该怎么处理？

【思路点拨】发生泥石流是一项非常危急的情形，考生答题时应该分清轻重缓急。群众的安全是首要的，必须要先进行群众的生命安全救助工作，同时要解决泥石流问题，做好预警，防止二次危害造成生命财产损失。要时刻关注灾情并向大众告知具体情况，确保群众了解实情，情绪稳定。

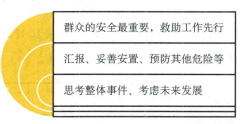

- 群众的安全最重要，救助工作先行
- 汇报、妥善安置、预防其他危险等
- 思考整体事件、考虑未来发展

【参考答案】泥石流是非常危险的灾害之一，在人员伤亡、群众恐慌的情况下很容易造成二次伤害，所以我必须要紧急处理好当下的情况。

第一，启动应急预案。我会联系相关政府部门和武警官兵消防部队赶到泥石流现场对人员进行紧急抢救，同时联系附近所有具备救助能力的医务人员立刻带上急救物品赶到现场，对受伤人员进行医疗救援，伤重人员进行处理后立即送往医院进行抢救，轻伤的人员进行伤口的处理和包扎后统一送往医院进行后续治疗。

第二，到达现场后我会立刻了解清楚具体情况，并将本次泥石流发生的问题按照程序上报领导，包括灾情大小、区域、伤亡人数等情况。

第三，对于没有受伤的人员，立刻转移到没有受到灾情影响的安全地区。对于由于泥石流引发的交通障碍，安排交通局立即清理，以方便运输物资和群众出行；并在距离发生泥石流的安全地方设置关卡，防止其他的车辆继续通行。

第四，做好上述事项后，我会立刻联系本地电视台、广播、网络传媒等及时向社会大众通报本次灾情，包括人员伤亡情况，告知目前的交通信息和后续处理事宜，安抚群众的恐慌心情，防止谣言造成的舆情危机。同时我会联系相关部门对灾区转移的群众进行合理安排，包括临时住所以及食物和饮用水的供应，确保灾区群众的物资配送充足。

第五，在上述工作做完后，及时对受灾地区进行排查，加固山体，防止灾害再次发生；对村民受灾物资进行盘点，以便申请国家救援。

第六，等灾情彻底解决后，我也会协同有关部门进行灾后重建工作，帮助大家重回家园。

**2.** 你是到某山村支教的教师，某天因为大雨导致山体滑坡，你们班里面有几个学生上课时间到了而没有来上学。你作为他们的教师，在遇到这样的情况时应该如何处理？

【思路点拨】同样是山体滑坡的问题，但是此题和上道题不同的是考生的身份。在这道题中考生身份是一名教师，和必须要解决整个山体滑坡的负责人不同，我们更加需要关注的是学生的安全问题，所以在答题时不能一味套用前面的答题思路。

作为老师，应该做的是关心学生的情况。首先应该上报领导，请求救援，切记自己只是一名教师，是没有能力从山体滑坡这样的大灾害中凭借自己的力量找到学生的；其次是做好家长和其他学生的安抚工作，自己虽然不能参与救援工作，但是要时刻与学生家长保持联系，确保家长的情绪不会失控，同时安抚好其他学生，不要再造成其他的危险；最后就是尽自己的力量帮助救援队进行救援。

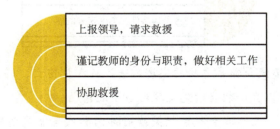

【参考答案】作为一名教师，保护学生的生命安全是我首要的责任，所以我会立刻行动。

第一，立刻将发现的情况上报学校领导，并和同事一起联系学生家长，询问学生是否有家长护送，走的哪条路，判断有无可能遭遇危险；

第二，由学校立即启动应急预案，我会联系家长了解情况，将没来上课学生的基本情况和上学的路线及时上报给救援部门，以方便开展搜查营救工作；

第三，安抚在校学生的情绪，告诉他们因为山体滑坡，不要随意外出，也不要想着去寻找自己的同学，虽然是好心，但是可能会造成更大的问题和危险；

第四，在救援人员找到失踪学生后，如果学生有受伤的情况就及时送医救治，如果没有受伤，则尽快将其安全带到学校，并立刻通知家长；

第五，救援工作完成后，及时通过学校的官方渠道对社会各界以及所有家长发布救援情况通告，防止有谣言扰乱秩序，并且根据灾情严重程度向学校建议是否停课。

通过以上措施，相信学生一定能够平安归来。

## 五、自测练习

**1.** 村委会接到电话，附近山区发生了山体滑坡导致客车侧翻，由于交通不畅，只能将所有人员安置在你们村庄，但人员情况不明。如果你是村干部，你该怎么办？

【参考答案】第一，启动应急预案，本地区属于山体滑坡高发区，肯定有较为成熟的应对经验。

第二，将当前情况上报给镇政府、县地质局、县民政局，等待指示请求支援。如果上级单位认为可以安置在本村，那么请县民政局和派出所的人前往现场指导救援，以及维护保障秩序；如果上级单位评估后认为情况不明、无法安置，那么请求被安置人员前往上级单位指定的地点。

通过上述措施，一定能既保证被救助人员的安全，又能保证本村的秩序。

**2.** 你是某景区负责人，天降暴雨引发泥石流，大石块下落砸伤很多人，请问你该怎么办？

【参考答案】大雨导致泥石流突发，造成人员受伤。作为景区的负责人，我必须积极做好救援和疏散工作，保证群众的人身安全。

首先，立即组织就近人员展开抢救，并立即拨打110和120，向相关部门请求援助，并同时将情况通报给相关部门和领导。

其次，迅速成立工作小组，从以下几个方面展开工作：

第一，抢救并疏散游客，尤其要安排对景区地形特别熟悉的工作人员协助专业救援人员；

第二，调查了解灾情及受伤人员，保证通信通畅，及时向上级做出汇报，避免造成更大损失；

第三，安置景区滞留和抢救出来暂时无法转移的人员，保证水、食物、常用药品的供应,重点照顾老人、儿童。

再次,开展抢救工作的同时要向周边发出预警,避免造成其他伤害。并联系相关的施工队,雨停后,在保障安全的情况下做好景区石块的清理工作。

最后,成立善后处理工作组,做好善后工作,收集整理好受伤人员信息,待现场处理完成后,组织景区人员去医院进行慰问,并与伤者家属和保险公司做好赔偿的相关工作。

全部工作完成后,联系相关专业部门对景区进行维修和安全排查,避免再次发生类似的事故。

**3.** 元月份我国普降大雪,内蒙古地区有辆列车中途被雪灾困在低洼地区,大雪掩埋了半截车厢,车上的食物、饮用水、药品都已经严重不足。这时,你作为列车长,该怎么办?

【参考答案】(1)保持沉着冷静,并及时向上级领导如实通报情况,同时,组织工作人员有序开展工作,为乘客服务。

(2)迅速明确事态状况,一方面,向所有工作人员特别是旅客及时通报天气、车况等基本情况;另一方面,将列车上的工作人员分成若干工作小组,主要包括联络组、安抚组、维持秩序组、医护组等。联络组负责与指挥中心保持联系,随时了解气象状况,并向外界请求支援;安抚组负责将信息及时传递给乘客,安抚乘客情绪;维持秩序组负责保持列车上的良好秩序,避免引起骚动;医护组则负责对部分病患乘客进行医护。

(3)随时关注事态发展,对突发状况及时进行处理。

(4)此次事件过后,总结经验教训。

## 第七节 公共危机之安全事故

### 四、强化提升

校车安全演习,车上的小孩子以为真的出了安全事故,不停哭喊,还用逃生锤弄碎了玻璃,围观的群众也以为发生了安全事故,议论纷纷。你是这次演习的负责人,该如何处理?

【思路点拨】这道题目给考生设定一个突发的紧急事件,主要考查考生的应急处理能力。回答本题时,考生要明白最关键的问题是如何控制现场混乱的场面。

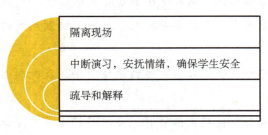

隔离现场

中断演习,安抚情绪,确保学生安全

疏导和解释

**【参考答案】**作为演习的负责人，对现场失控的场面负有不可推卸的责任。已经发生混乱，安全是第一位的，所以我必须立刻控制混乱的场面。

首先，我会依照应急预案迅速组织人员将演习现场隔离。

其次，立刻中断演习，让学生从演习校车安全离开，组织老师安抚学生的情绪，因为安全窗被打破，所以会安排校医对学生逐一进行检查，如有学生受伤则立刻处理，如伤情严重则安排专人立刻送去医院救治；如果没有学生受伤，则尽快稳定所有学生的情绪，并清点学生人数，防止学生走失。

再次，会对围观群众做好疏导和解释工作，事后也会安排相应的官方渠道对这次事件做出详细的解释，避免大家在传播过程中出现误导的信息。同时会安排老师对家长做好解释工作，请求他们谅解。若有学生受伤，也会与受伤学生的家长做好沟通工作，再次表示歉意，并把孩子已经送往医院前去治疗的消息告诉他们，让家长安心。

最后，由于校车损毁，事后请专人进行修复，并商量由于混乱造成的损失该如何进行相关赔偿。处理完毕后要主动向上级主管部门汇报相关情况，请求上级处分，并及时总结经验教训，以便以后更好地开展相关工作。

**五、自测练习**

在某村村口道路上发生一起严重的交通事故，一辆装满水果的卡车被撞翻，司机受重伤，部分村民哄抢水果，并与车上人员发生冲突，场面十分混乱。这时有村民前来村委会报告。如果你是这个村的村主任助理，正在村委会值班，面对这种情况，打算怎么处理？

**【参考答案】**（1）立即赶往事故现场，了解情况；

（2）采取切实有效的措施应对混乱局面，包括联系120立即救人、及时报警、保护现场、制止冲突、组织村民骨干制止哄抢、疏散人员、维护交通等；

（3）面对新的突发状况，有相应的预案和应对措施。

## 第八节　公共危机之公共卫生事件

**四、强化提升**

你是某区教育部门的工作人员，辖区内某小学学生在食堂就餐后发生集体腹泻，领导让你负责处理此事，你该怎么解决？

**【思路点拨】**首先，通常发生公共卫生事件时，生命安全都是最重要的，所以小学生的安全问题必须立刻解决。对于这种公共安全事件，必须要查明原因。其次，查明腹泻原因，根据情况进行通报，对家长也需要详细地告知、解释，并给予相应的赔偿。由于是食堂就餐发生的问题，作为教育部门的工作人员必须对学校的相关负责人进行追责。最后，作为教育部门的工作人员，需要反思的是如何做好平时的安全管控。

**【参考答案】**学生是祖国的花朵，他们需要我们的保护，在食堂就餐后发生集体腹泻是非常严重的安全事件，我作为教育部门的工作人员，必须立刻处理好这件事，保护好学生的安全。

首先，我会立刻赶到学校，安排学生的治疗。考虑到医院的承载力，将情况严重的立刻送往医院，对于情况不那么严重的，则在校医院进行集中治疗，确保学生的生命安全，并及时向上级汇报此次事件的初步情况。

其次，通知相关卫生检验部门，对食堂食物进行采样搜集，并责令学校暂时关闭食堂，确保不会再有学生发生腹泻事件。

再次，我会联系学校及教师，对生病的学生进行情况收集并逐个通知家长来学校或者医院对孩子进行照顾，希望得到家长的谅解。

最后，当安全部门检查结果出来后，将结果第一时间告知家长和社会，并向公众表达歉意；对学校和食堂管理的相关人员追责，勒令整改。同时，我也会整理相关资料，向领导汇报，并做好预防和整改的措施计划，确保今后学校不再发生此类卫生安全事故。

**五、自测练习**

某地发生禽流感，需要捕杀活鸡，农户不同意，情绪激动，你该怎么办？

【参考答案】（1）首先需要安抚好农户的情绪；

（2）告知农户禽流感的危害；

（3）告知农户杀鸡的补偿以及相应的扶持措施，打消其顾虑；

（4）成功杀鸡；

（5）总结、反思自己的工作，以后遇见这种情况需要提前沟通，避免冲突。

## 第九节　公共危机之舆情处置

**四、强化提升**

**1.** 你是拆迁办的，你负责的片区有个大明星在网上发布消息说政府强拆，引起了很大的舆论风波，你该怎么处理？

【思路点拨】本题是一道应急应变题，考查考生舆情控制的能力。

核实真相　向社会公开　平息舆论，让造谣的人删帖

【参考答案】第一，向单位核实本地近期有无拆迁规划，同时向住建局、发改委求证，调阅本地区近几年城市规划方案；

第二，排除涉密情形，将可以作为政府信息公开的拆迁规划信息及时通过本地电视台、微信公众号、微博等向社会公开，以确保公众知情权，让谣言不攻自破，平息舆论；

第三，找到发帖人，要求其删帖，并在其微博、抖音等自媒体平台郑重发布声明，本地区没有拆迁规划，是其误信谣言导致误传，向公众道歉。

通过以上几步措施，一定能平息舆论，消除谣言。

**2.** 某市大面积停水，影响居民正常用水。有人传谣，说此次停水是因为化工厂有害物质泄露污染了水源，引发居民恐慌。你是政府部门工作人员，领导让你去处理，你该怎么做？

【思路点拨】

【参考答案】用水安全关系到群众的切身利益。由于有人传播谣言致使居民产生恐慌，作为政府部门工作人员，我会积极采取措施辟谣，保证群众的用水安全。

首先，我会迅速向供水部门了解本次大面积停水的主要原因，通过政府官方网站或当地新闻媒体向公众及时说明大面积停水的原因，并代表政府向公众表示道歉，请他们予以理解；

其次，加大宣传力度，提醒广大公众自觉抵制谣言，不信谣、不传谣，并展开对谣言的调查，对不法分子依法追究其法律责任；

再次，督促供水部门尽快采取措施恢复供水，在停水期间，安排流动送水车向各社区送水，保障居民正常生活用水；

最后，督促供水部门加强日常的供水监管和隐患排查工作，确保供水管网安全。

### 五、自测练习

**1.** 假设你负责组织召开一次价格听证会，在会议前夕，你把听证会代表的身份信息在网站上公布出来后，有市民和媒体对部分代表身份的真实性提出质疑，并认为听证会有人为操纵的嫌疑。对此，请谈谈你将如何应对？

【参考答案】（1）能够迅速对质疑所反映的情况进行认真核实，查明真伪。

（2）能够将查明的情况及时向领导和上级部门汇报，并提出建议。

（3）如果质疑属实，要解释和检讨造成这一错误的原因，尽最大努力维护政府的公信力；如果质疑不属实，及时通过媒体和网络向公众澄清事实。

（4）总结教训，比如要注意做好代表身份的前期核实和听证会的宣传工作等。

**2.** 你单位在组织表彰大会的过程中突然有人举报违纪情况，请问你作为大会的初审组工作人员该怎么办？

【参考答案】第一，先让举报人提供具体举报情况和材料，并告知举报人应当实名举报，以避免诬告、陷害的情况发生。

第二，将举报材料上交给初审小组进行初步核实，有证据证明举报真实性的，将举报材料整理好，交给纪委和上级部门进一步查处；如果举报材料明显造假，则应写明具体情况，以报告形式交给上级部门；如果举报只是私人恩怨，不涉及本次评奖，则告知举报人不予受理。

第三，处理完举报问题后，表彰大会审理工作继续进行，不因本次举报而暂停。

## 第十节 公共危机之群众上访

### 四、强化提升

**1.** 某小区有一块空地，当地政府打算用来建设客运站。但居民认为施工会影响环境，产生了不满情绪，在你单位门口闹事。领导让你处理这件事，你会怎么做？

【思路点拨】本题是一道应急应变题，考查学生如何处理与上访户矛盾的能力。本题设定的条件是群众对政府政策不理解，从而聚众闹事。对于这类题，按照处理人际关系两个原则处理：

第一，顾左右而言他，循序渐进引入主题；

第二，动之以情，晓之以理（利害）。

【参考答案】第一，先安抚来访人员情绪，将来访人员请到单位大会议室，避免因为堵门等闹事情形引起外界围观或干扰正常工作。

第二，对于不愿意进入会议室并坚持通过闹事等手段扰乱正常秩序的，先由安保人员予以制止并报警。

第三，在开会阶段，先给大家倒杯水，做好访民情绪安抚工作，倾听并认真记录他们的诉求。在访民说完诉求后，分两方面开展工作，一方面请环保专家向访民解释本次规划的具体环境影响，消除大家的误解；另一方面，针对访民今天提出来的具体问题一一解答，做针对性处理。解答完毕后，再由项目分管领导向访民解释本次项目的成功推进不仅有利于交通出行，也会促进本地区成为交通枢纽，周边房价也会升高，对大家有利；如果大家执意反对，那么最终项目搁浅，房价也上不去，吃亏的是大家。

第四，我相信，通过以上措施一定能让群众理解我们的工作，从而使项目顺利推进。

**2.** 政府出台新的福利政策，但有部分退休干部不在政策范围内，现在他们来上访。假设你是单位负责人，你会怎么跟他们沟通？

【思路点拨】本题是一道应急应变题，考查考生在现实工作中应对上访户的能力。

对于上访户，归根结底还是有效沟通的问题。题目考查的是在这个设定的情景之下，你如何安抚上访户情绪，并解决问题。对于这种综合应急应变和人际沟通的问题，应当综合两种类型题目的答题思路。本题的首要答题原则应当是"顾左右而言他"的沟通原则，如果一开始就给老干部讲政策，只能适得其反，所以应当从其他话题引入。

安抚情绪 → 了解情况并记录 → 给出解决方案 → 利好的设想

【参考答案】第一，将来访的老干部带到会议室，给他们倒一杯水，安抚他们的情绪，让他们冷静下来。

第二，我和同事在会议室专门接待来访干部，具体包括对政策熟悉的同事、会议记录员、单位分管人事的领导。在老干部们的情绪平定下来后，请他们逐一表达自己的意见，并让同事记录。在老干部说完后，由具体落实政策的人员向老干部解读政策，解释为什么没有将他们纳入范围。

第三，解释完政策后，给老干部一个折中方案。政策是上面政府制定的，我们单位只是执行机构，这次没有将各位纳入照顾对象刚才已经解释过原因了。但是考虑到各位退休老干部的切实利益，请大家也不要激动和着急，给我们一点时间来研究对策，看看能不能从其他方面给各位老干部争取利益，尽可能弥补。

第四，说服各位老干部，他们也都是从工作岗位上退下来的，也知道信访工作的难处。今天我们是很有诚意地来给他们谋福利、想对策，希望他们基于对原单位的信任，如果同意我们的其他补助政策，那么我们也会多给他们争取福利；如果不同意，那么可能吃亏的还是各位老干部们，请他们多斟酌。

我相信，通过以上劝说，一定能让这件事情得到圆满解决。

### 五、自测练习

**1.** 某市政府就危旧房拆迁问题召开听证会，反对拆迁的与会群众反应激烈，场面混乱，会场外也聚集了大量群众，要求进入会场发表意见。假如你是听证会的主持人，该如何控制局面？

【参考答案】（1）采取恰当的措施恢复秩序，稳定反应激烈的与会人员的情绪；

（2）适当调整听证会的安排，保证反应激烈的与会人员充分发表意见；

（3）请信访等有关部门安抚、疏散场外群众；

（4）能够提出进一步的应对措施，如临时休会等。

**2.** 周末你在单位值班，有群众举报，称某工地施工造成交通拥堵，施工方以施工范围在市中心为由，拒绝缩小施工范围，你该怎么办？

【参考答案】第一，接到举报后，立即联系同事去现场核实情况，以避免是恶意举报。如果施工方施工只是引起小范围的交通不便，没有给车辆造成严重的阻塞，那么告知举报人希望其理解，我们也会督促施工方尽快完工，以恢复交通。

第二，如果举报属实，施工方的行为严重影响交通，那么及时将现场情况上报给城管部门、交通局、施工单位，紧急召开三方协调座谈会，商讨改变施工方式、缩小施工范围；或者要求其在夜间交通车辆比较少的时候施工，尽可能不影响出行。

第三，处理情况尽量在一天内完成，避免拖拉，并及时将处理结果向举报人和社会大众公布，平息群众情绪，尽快恢复交通。

通过以上措施，一定能及时恢复交通，平息舆论情绪。

# 第五章 人际交往意识与技巧 如何"准确对应"

## 第一节 "找、抓、提"三步答题法

人际类问题是指以解决工作中人际交往矛盾为主要内容的试题。此类试题具有两个最基本的特点：一是出现明显的人物主体，并且以此构成题目的主要人物关系；二是人际关系通常以负面为主，出现矛盾，影响了工作的顺利开展。

人际类问题属于情境性问题的一种，将考生放到未来的机关工作场景中，通过考生的回答来判断考生是否具备成熟的处理工作人际关系的意识和技巧。考生务必要端正心态，认识到谋事先谋人。尤其机关单位，分工细、层次多、部门林立、办事程序复杂，要使各个部门、各个环节、各个层次的工作都衔接好、运转起来，必须把方方面面的关系处理得当，使人和人之间、人和单位之间、单位和单位之间建立起相互理解、支持、协作、配合的良好关系。

答题思路分三步。

**1. 找对象**

让考生就题目审题找到题干中的主体对象，方便寻找主体间两两的关系。

考生需要注意，主体的出现有时候是两个人，如"我和领导""我和同事"等，有时候是三个人，如"我、领导、同事""我、同事、群众"等。但不管出现多少主体，只要我们牢牢把握与每个人物主体处理的基本原则和方法，便可以不变应万变。

**2. 抓矛盾**

让考生抓到题干中不同人物主体之间的具体矛盾，一条一条梳理清楚，从而构建起答案的基础框架，在答题中起到承上启下的作用。这一点属于隐性部分，不建议考生在此着墨太多，否则会显得答案"臃肿不堪"，无法突出答案重点。

**3. 提对策**

让考生在做到前面两步的基础上提出解决问题的具体措施，这是回答人际类问题的主要内容，是显性部分，考生必须要谈，而且越具体越好，越具有操作性越好。考生在此注意两点：一是以目标为方向，将目标具象化为具体的对策；二是以人物主体之间的矛盾为答案的基本框架，针对不同的主体提出针对性的解决措施。

# 第二节　对领导恭敬适度

## 一、题型详解

与领导之间的人际关系题是人际交往意识与技巧中常考的题型，主要考查考生在面对领导时或者在与领导相处以及与领导发生工作冲突时的处理能力。

## 二、解题思路

**1. 尊重领导权威**

尊重领导是处理好与领导的关系的前提。领导在其职权范围内依法所做的各项决定，都代表上级组织的决定，而不是代表领导个人。作为下属对领导个人的尊敬，既是顾全大局、支持领导的表现，更是对组织纪律、原则的尊重。特别是在正式的、严肃的工作场合，要讲究礼节，维护领导的威信。

在命题方面，常常假设领导安排琐碎小事给你、批评你、误解你，甚至假设你与领导发生直接矛盾，如当面顶撞等，让考生误认为自己与领导的关系是对立的，其实这恰恰是故意设定的陷阱，考查考生是否具备尊重领导的意识。因此，考生不仅要树立尊重领导的意识，而且要正确认识领导的权威性。

**2. 适应领导风格**

领导风格就是习惯化的领导方式所表现出的种种特点。习惯化的领导方式是在长期的个人经历、领导实践中逐步形成的，并在领导实践中自觉或不自觉地稳定起作用，具有较强的个性化色彩。每一位领导者都有其与工作环境、经历和个性相联系的，且与其他领导者相区别的风格。

在命题方面，会有感情方面倾向性的描述来误导考生，让考生先入为主地认为领导就是如此不堪，领导的命令会严重影响工作，会让下属难以适应。

作为一名基层工作人员，我们要适应不同领导的不同风格，不能以个人兴趣或是感情方面的亲疏好恶来看待领导，这是基本的职业素养。

**3. 坚决服从领导**

根据我国公务员法的规定，服从和执行上级依法做出的决定和命令是公务员必须履行的重要义务之一。政法干警作为一支纪律部队，必须坚决服从领导依法做出的决定和命令。考生必须树立这样一个观念：对领导做出的决定、指示和要求，要不讲条件、不讲价钱，排除千难万险，认真贯彻执行。

> **【知识链接】**
>
> 《中华人民共和国公务员法》第十四条第四项规定：公务员应当"忠于职守，勤勉尽责，服从和执行上级依法作出的决定和命令"。"拒绝执行上级依法作出的决定和命令"属于违纪行为，将受到相应的纪律处分。

在命题方面，会将考查内容进一步细化以增加答题难度，我们要在三个方面有所注意：

一是面对领导指示不符合实际情况的，我们要服从而不盲从。由于现实世界的复杂性和具体工作的特殊性，领导的指示有时候也不是很符合实际，甚至会出现这样或那样的偏差和失误，作为下属，要发挥主观能动性，创造性地完成任务。倘若认为领导的指示不正确、有错误，应当通过正常渠道、正当手段反映和陈述自己的意见，给领导决策提供依据。但在领导未改变主意之前，我们还是要坚决服从，不可消极怠工、阳奉阴违，更不能擅自做主，按自己的意志办事。

> **【知识链接】**
>
> 《中华人民共和国公务员法》第九章第六十条规定：公务员执行公务时，认为上级的决定或命令有错误的，可以向上级提出改正或者撤销该决定或者命令的意见；上级不改变该决定或者命令，或者要求立即执行的，公务员应当执行该决定或者命令，

> 执行的后果由上级负责，公务员不承担责任；但是，公务员执行明显违法的决定或者命令的，应当依法承担相应的责任。

二是多名领导做出不同指示，我们要综合考虑形成最优方案。工作中我们面对的不是一个领导，而是整个集体，每个职级的领导进行工作安排，我们都要服从和执行。但是领导之间也会因工作意见不一致而出现相互矛盾的情况，这是处理与领导关系题目的难点。考生需要注意的是：凡是领导的指示和意见都是有利于工作开展的，我们都应该虚心接受，根据实际情况形成最优方案。不可主观区分领导意见的好坏，也不可武断地根据领导职务高低进行判断，甚至直接听命于上级领导。

三是上级领导越过直属领导做出的指示，我们要做好信息沟通。在工作中，有时候上级领导会直接给我们下达任务。作为下属，除非上级领导要求不能向直属领导汇报，我们都要向直属领导汇报工作的安排，让直属领导了解我们的工作状态和工作进程，否则直属领导可能在不知道下属工作动态的情况下安排工作，出现任务的重叠，造成效率低下。

**4. 主动汇报领导**

任何一级机关单位都是领导办事机构、职能部门。我们的工作绝大多数是依据单位领导的指示而行。领导是决策层、指示层，我们是操作层、落实层，没有擅自决定事宜的权力。因此，遇事不擅作主张、主动向领导请示报告是机关公职人员必须遵循的原则。特别是在关键处，应该多向领导请示，征求他的意见和看法。

具体可以分为三种情况：一是工作之初要向领导汇报，听取领导的指示，领会领导的工作意图；二是工作中要及时向领导汇报情况，让领导时刻把握工作进度和方向；三是工作完成后及时向领导汇报工作，这是机关单位工作的常识，也是我们应尽的义务。

**5. 接受领导批评**

初涉社会时，作为下级人员，工作中出现差错而被上级领导批评，是经常发生的事情，而在人际类试题中，被领导批评成了出现最多的内容。领导对下属有着法定的监督、控制、指导等权力。当下属出现与组织的统一运作相背离，或不协调、有误差的行为时，领导有责任对其进行批评指正，这是毋庸置疑的。所以说，领导是在履行职责，是对事不对人。

然而现实中喜表扬、恶批评是一种普遍存在的心理现象。美国学者戴尔·卡耐基通过多年的观察、研究表明，任何教训、指责都会使人感到伤了自尊而处于自我防卫状态，并且会激起极大的反感，竭力为自己辩解。可以说，闻过则喜者少，文过饰非者多。但是，作为下属应当具有这种起码的组织观念，被批评时不应有领导故意找自己的茬、跟自己过不去的想法。这种想法不但于改正错误无益，还会形成抵触情绪，影响与上级的正常工作关系和同志感情。我们应该本着接受批评—反思改进—请教学习—补救提高的态度正确面对领导的批评。

### 三、经典例题

你撰写的一份文件经领导签发后已发送到有关单位，这时发现文件有误，领导对你进行批评，你怎么想？怎么办？

【思路点拨】 这是一道人际关系题，考查考生与领导相处的能力。在单位里，被领导批评和表扬都是正常现象，考生如何调整心态，做到胜不骄败不馁，是考官关心的问题。本题是因为你文件弄错了，受到领导批评，这种场合下应当主动道歉并改正错误，保证下次不再犯。

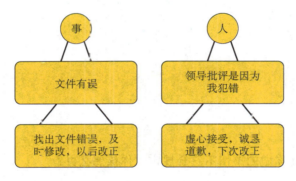

【参考答案】 第一，我会查找错误原因。如果是因为我在起草报告中粗心大意弄错了，我会主动认错并虚心接受领导批评；如果是因为文件传递过程中，譬如打印阶段出现了印刷错误，我会向领导说明情况，并主动反思以后的文件一定要每个流程都把关。

第二，我会以工作为重，及时将正确的文稿修改后发送给领导，通过修正措施告知已经接受文件的单位，上一份文件出错的地方需要及时改正，以避免损失和事态扩大。

第三，我会主动接受批评，无论是什么原因导致的错误，都是由于我的原因造成的，给单位形象和实际利益带来了损失，也让领导工作为难，我会主动总结经验教训，保证下次不再犯错误。

第四，我相信，通过我的努力，错误一定能够得到控制，领导对我的批评也是对我的关爱，我在未来的工作中要更加勤奋认真，以优异的成绩弥补这次犯的错误，不辜负领导的耳提面命和栽培。

### 四、强化提升

**1.** 你单位处长与副处长关系紧张，你深受处长赏识，后来他调走了，副处长继任，对你挑剔、刁难，你该怎么办？

【你的思考】

**2.** 你考到新的单位后做错了一件事，领导和同事对你有看法，说你只会考不会干，你该怎么办？

【你的思考】

**3.** 你发现领导让你做的事情不符合规定，你该怎么办？

【你的思考】

**4.** 你负责单位的装修，制定了一个新的装修方案，但是被分管的副局长否定，恰好这个方案被局长看见，并且非常认可你的方案，你该怎么办？

【你的思考】

### 五、自测练习

**1.** 你的处长给你布置了一项工作，并且要求你保密。一天，你的科长问及此事，并让你向他汇报，你该怎么办？

【你的思考】

**2.** 领导交给你和同事一项为期 10 天的工作，你们 8 天就完成了，但领导全盘否定了你们的工作，同时，这个时候同事请假，你该怎么办？

【你的思考】

**3.** 领导安排你和平时关系不好的同事一起工作，同事极不配合，结果工作没做好。同事向领导汇报说都是你的原因造成的，领导严厉批评了你，你该怎么办？

【你的思考】

## 第三节　对同事尊重合作

### 一、题型详解

在单位中，我们除了会和领导产生工作接触之外，最多接触到的人、最容易发生人际问题的就是同事，而一个人如果不能合理处理好与同事的关系，势必会影响其在单位中的工作，所以与同事之间的关系处理也是考官在对考生进行人际关系考查时十分看重的要素之一。而此类题，在考查时通常也是会设定某个具体的情景来问考生具体的处理办法，我们只要把握住与同事间的关系正确的处理方式，通常并不难解决。

## 二、解题思路

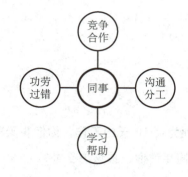

**1. 竞争与合作**

竞争与合作是同事关系的基本要义，两者相互统一、不可分离，合作是竞争的前提，竞争促进合作。

在命题方面，合作是很容易说清楚的，难在竞争，要把握好分寸，准确表达。

答题要点有四个：乐于竞争、敢于竞争、看淡竞争、适度退让。

（1）乐于竞争，是指考生要以积极的态度对待竞争，把竞争作为提高自己能力的动力，在竞争中品味到工作和生活的乐趣。

（2）敢于竞争，是指竞争是不可回避的，因而面对竞争要克服和防止畏怯心理。有一位名人说过：对一个踯躅不前的人，别人会越过他，赶到他前面去，对于一个勇往直前的人，别人会自觉让路给他。

（3）看淡竞争，是指要有以事业为重的态度，坚持以工作为主，把集体利益和履行职责放在首位。不管谁在竞争中获胜，都是好事，竞争本身的目的是为了充分调动大家的工作积极性，把工作做得更好。

（4）适度退让，是指在面对竞争时，也要为他人着想，在特定条件下，如果机会对别人来说非常重要，对自己无足轻重，或自己还有更多机会，那么就要有谦让的风度。

**2. 沟通与分工**

同事之间能够共事一起完成工作的重要保障就是沟通。确立目标、达成共识需要沟通，明确职责、分工协作需要沟通，工作汇报、意见交流还离不开沟通。沟通障碍往往会造成工作多次返工，事倍功半，严重时还会酿成不可挽回的损失，导致工作失败。

在命题方面，经常出现由于各种原因导致我和同事之间沟通不畅或是分工不明确，从而使我们无法顺利开展工作。有些题目虽然没有在这方面明说，但考生也要有这样的意识。

所以我们必须认识到两方面：沟通的重要性，做到有效沟通。做到及时与同事采取适当的方式就具体问题进行实质性沟通，达到信息共享，实现密切合作。

分工是在沟通的基础之上进行的，合适的人做合适的工作，做到人尽其才。而在试题中出现同事无法配合开展工作的原因之一也是因为分工的问题，不能充分发挥同事的特长。所以，考生可以由此作为答题的一个点展开论述。

### 3. 学习与帮助

"寸有所长，尺有所短"，同事之间往往各有优长。需要我们发挥团队的作用，取长补短，互相学习和帮助，既要"独行快"，更要"众行远"。

在命题方面，往往会过分强调同事的缺点，把同事定义为工作中的捣乱者，越是这种情况，我们就越要认识到尊重同事、学习同事的必要性。

我们在与同事相处中应该以"三人行必有我师"的心态认识到同事的优点，虚心向同事学习，以人之长补己之短，做到见贤思齐。当然，当同事的工作存在某些方面的疏忽或纰漏时，要及时提醒，或巧妙协助，帮助其弥补。

### 4. 功劳与过错

功劳体现的是荣誉和成绩，过错体现的是责任和承担。

在命题方面，"争功于己诿过于人"是很多考生在答题中容易犯的错误，也是常考的点。我们必须树立一个正确的心态，就是推功揽过。

推功，是淡泊名利、一心为公的体现，符合公务员的基本职业素养，做到"不贪一时之功，不图一时之名"，达到"功成不必在我"的境界。

揽过，是指承担过错。作为公务员，工作中要有责任感，出现问题不是推诿责任，而是主动揽过、敢于承担。表面上看是利他，实际上也是利己。因为只有揽过，才会发现自己的不足，感受到自我存在的价值和意义，真正得到人们的信赖和尊重。

## 三、经典例题

**你和同事小王是多年好友，单位有一个出国学习的名额，你和小王是候选人，小王要你放弃这次机会，你该怎么办？**

【思路点拨】 我和小王存在竞争关系，对此机会我不能不要也不能非要，而是要站在全局的高度看到无论谁去学习对于单位都是有利的，决定权在于领导，作为下属要端正心态、摆正位置、做好本职。考生应该以正确的心态看待竞争，不能以个人感情远近而将单位利益私相授受，并且不能因此影响同事关系。

【参考答案】 出国学习是提高自己专业技能的好机会，而小王是我多年的好友，遇见这种情况我会做如下处理。

首先，我会告诉小王，同样作为候选人，我会尊重他，与他公平公开地竞争这个名额，因为出国学习的机会来之不易，我也不想轻易地放弃，也希望他不要放弃，加倍努力，只有这样，我们才能真正从这次竞争中有所收获。

其次，我会认真准备这次候选，尽自己最大的努力去赢得这次机会。当然我也会尊重单位的结果，如果是我当选，我会珍惜这次出国学习的机会，回国后为国家和单位继续效力；如果选择了小王，那么我也会真心祝贺他，并恭喜他，同时告诉他如果有任何需要我帮忙的地方，我都会第一时间提供助力，也希望他能够在学成归来后不吝赐教。

总之，作为同事和好友，我一定会处理好和小王的关系，不会因此让我们的友谊出现裂痕，也不会因此影响到这次出国学习的事情。

## 四、强化提升

**1.** 你是单位新来的年轻员工，在你们单位有个同事老李，他把一项工作完成了一大半，现在领导让你来负责，老李心里有点不舒服，你该怎么办？

【你的思考】

**2.** 你的同事小张平日里热心帮助他人，但有时候因为能力不够，不能完成同事要求他做的事，于是和同事产生了矛盾，你如何开导他，请现场模拟。

【你的思考】

## 五、自测练习

**1.** 你是单位的一名新人,自身工作能力很强,也经常得到领导的赞许,但是在工作中过于张扬,没有考虑到同事的感受,久而久之引起了同事不满,对此你怎样解决与同事间的矛盾?

【你的思考】

**2.** 小周和你一起工作,但是小周在上班时间工作效率低,经常不干事,下了班以后经常加班,还经常在加班的时候向你询问相关工作事项,但你家务比较繁忙,不能经常回应他,小周对此有所抱怨,向领导反映,领导让你以后要注重和小周工作配合,你该怎么办?

【你的思考】

**3.** 你帮同事弥补了失误,可同事却怪你多管闲事,请问你该怎么和他沟通?

【你的思考】

**4.** 开展一项工作，你需要与上级单位的小王进行工作的交接和沟通，需要小王给你一些指示，但是小王一直拖着不说，很不耐烦，只说"等等"，导致你的工作没有办法往前推进，领导也因此批评了你，请问你该怎么办？

【你的思考】

**5.** 小李调入新部门，新处长交代了一份工作，之后处长询问工作进度。

处长："这个工作小李做得怎么样？"

小王："这个工作是我做的。"

处长："这个工作不是让小李做吗？"

小李："之前部门的处长安排我一项工作，所以我就把这份工作拜托给小王了。"

处长："工作可不是你这么做的。"

如果你是小李，你该怎么办？

【你的思考】

**6.** 领导指派小刘带新人小张，小张觉得小刘不尊重他、态度差，去向领导申请解除帮带关系而被批评。你是小张的朋友，你该怎么安慰他？请现场模拟。

【你的思考】

7. 同事老陈年纪较大，经验丰富，但不愿意和人交流，不听取别人的意见。现在你和他共同完成一项工作，因为你们俩之间没有及时沟通，导致工作结果未能及时提交。领导把你和老陈叫到办公室，你该如何给领导解释？请现场模拟。

【你的思考】

8. 你是单位新来的同事，领导让老张协助你开展工作，但老张临近退休，工作懈怠，你该怎么办？

【你的思考】

9. 你负责一项难度较大的工作，跟组员一起超负荷将工作完成之后，准备汇报工作时发现你们的工作还可以做得更好，但组员们已经精疲力竭不想再做了，你该怎么办？

【你的思考】

# 第四节　对群众平等热情

## 一、题型详解

公务员是人民的公仆，其宗旨是为人民服务。因此，如何做好群众工作、解决群众问题、维护好群众利益也是公务员考试常考的内容。在命题方面，群众的特点是因自身利益受损做出各种非理性的举动，或是单独的一两个人来到政府机关反映问题，或是出现群体性事件。所以在此类型的题目中，通常也会设置一定的情境，而且可能会伴随有应急应变的答题思路，但是总体而言，面对群众时应该持有什么样的态度是我们考生在答题时需要注意的关键。

## 二、解题思路

一是端正态度，做到心中有民。公务员心中要始终装着人民，把做好群众工作作为工作的出发点、群众满意度作为工作的落脚点。

二是热情服务，做到了解情况。面对群众的非理性言行，我们要控制局面，稳定秩序，防止事态扩大升级。热情耐心地倾听群众的呼声，了解群众的诉求。站在群众的立场上做好安抚工作，晓以利害，做到动之以情、晓之以理、绳之以法、彰之以义。

三是合法合理，解决群众问题。我们不仅要在道义上同情群众，更要依法依规解决问题。一般分为三种情况：在自己职权范围之内，且应该予以解决的问题，当场解决；超出自己职权范围，需要多部门合作参与的问题，做好沟通协调工作；群众反映的问题不符合政策法规的，要做好政策宣传解释和思想工作。

## 三、经典例题

你是一名信访工作人员，工作中，来访者认为你的工作态度和方式不好，情绪激动，你该怎么办？

**【思路点拨】** 这题如果不清楚该怎么答可以参照应急应变类问题的处理。

群众利益无小事，所以必须要重视，尤其考生身份是信访人员，更要态度和善。面对情绪激动的来访者，肯定要先安抚好情绪，否则后续沟通没办法进行；然后要认真听取群众的问题，做好记录，帮助其解决问题。

**【参考答案】** 作为一名信访工作人员，我们的工作职责是处理政府工作人员在服务群众的过程中出现的一些问题。群众前来咨询情绪，本来可能就有点激动，对此我应该理解。

首先，我应该保持冷静。因为作为一名公职人员，服务群众是我们的职责，群众的问题可能是多样的和复杂的，如果自身情绪浮躁与激动，那肯定处理不好群众问题。

其次，稳定群众的情绪。群众的情绪激动不利于他们全面反映问题，更不利于我们处理问题。我会先耐心听取他们的唠叨，然后向他们解释清楚我们自身的问题所在，争取他们的原谅，待他们情绪稳定之后再了解情况。

最后，认真听取群众的问题。对于群众的问题我会进行详细记录，能立即解决的问题我会立即处理，不能立即处理的我会做好记录，事后及时处理。对于群众对我们工作的意见我会认真记录，在以后的工作中，改正并提高。

### 四、强化提升

现在过年流行在微信群里发红包，可是几个同学总抢不发，其他小伙伴要求把他们踢出群，作为群主，你会怎么办？

【你的思考】

### 五、自测练习

你下乡执行公务，群众不理解你怎么办？

【你的思考】

# 第五节　对亲友中庸平和

### 一、题型详解

与亲友之间的关系一般不会单独出题，多伴随着其他人际关系出现，但是当出现与亲友之间的人际关系时，考生切记要关注和亲友关系中的重点。

### 二、解题思路

在命题方面，与亲友之间的矛盾主要存在两个方面：生活和工作的冲突，情与法的冲突。

考生注意会出现两种情况：一是两者可以协调，实现统一；二是两者不可调和，必须坚持工作第一，坚持原则性，不可只顾小家而忘记大家，只顾亲情而触犯法律。

## 三、经典例题

你的好友从外地来看你,要你去车站接他。这个时候你的领导突然给你布置一项工作,你该怎么办?

【思路点拨】 这题属于生活和工作的冲突,但考生需要仔细审题,不能因为"突然"就认为两者不可调和,这是第一种情况。第二种情况就是在不可调和的情况下,需要以工作为重,妥善处理好朋友的接待和住宿事宜。待工作完成之后,再与朋友叙旧。

【参考答案】 有朋自远方来不亦乐乎,但是工作也很重要。

首先,我会立刻给好友打电话,告知他我现在有急事要处理,可能没办法及时去车站接他,希望他能体谅,并告知他我已经帮他叫好了车,到时候直接接他去我家好好休息,我家里已经准备好了一切,他可以在家安心等我,等我忙完手头的事我会立刻赶回去,给他接风洗尘。

其次,我会联系领导,详细了解具体的工作内容和要求,如果事情必须要去单位处理,那我安排好了朋友,可以安安心心地赶去单位处理工作;如果可以不用去单位,那我也会在家认真完成工作,争取在朋友到达前就保质保量完成。

我相信,我虽然一时放下了朋友以工作为重,但是我的朋友也一定能够理解我,并支持我的。

## 四、强化提升

你的朋友一直很帮你,你很想报答他,突然有一天他造访请你帮忙,但是所帮的事情会触犯原则,请问你该怎么办?

【你的思考】

## 五、自测练习

你是某政府机关的一名领导,你的一个好朋友的儿子考到你单位成为一名新公务员。你的好朋友要你多照顾一下他的儿子,你该怎么办?

【你的思考】

# 第六节　对下属谦和大度

## 一、题型讲解

在我们的考试中，很少出现以领导身份来处理工作的情况，但是有时会出现让考生扮演老员工来带领新员工或者暂时领导某个项目，因而手下有需要配合工作的同事，虽然考生并不具有领导身份，却需要体现一定的领导力。

## 二、解题思路

首先解决工作难题，如果题干中有工作的相关问题，则必须以工作为先；

其次在与下属的沟通中要秉持的观念是以带领指导为主、批评为辅；

最后在处理与下属相关的问题上要确保自己有耐心，敢提出问题。

## 三、经典例题

**你是项目组领导，组员小肖工作马虎，你让他重做，他却说你追求完美，没必要，你该怎么与他沟通？**

【思路点拨】　这道题目是一道比较常规的人际沟通题，注意你的身份是项目领导，并且题目中问的是"你怎么与他沟通"而不是"你怎么处理"，所以重点要突出与小肖沟通的内容。如果作答时感觉内容比较干瘪，可以多增加一些事例来增加答案的生动性；如果内容上无法丰富，也尽可能地在沟通形式上丰富起来。

【参考答案】　对于小肖同志做事情马虎、认识不到位的问题，我会这样与他沟通。

首先，我会对小肖同志产生这种想法的原因表示理解，毕竟现在到了年底，各项任务一起压过来，小肖同志疲于应付，可能没有办法抽出足够的时间和精力全身心投入项目，故此出现了一些懈怠情绪，对一些任务也不够上心。但是归根结底，我们做工作不能以这种敷衍了事的态度进行，否则迟早会酿成大错。

其次，为了项目的顺利开展，也为了小肖同志的个人成长考虑，我会和小肖同志进行深入沟通，比如在周五下午抽半个小时左右的时间请小肖同志到我办公室里谈谈心。我会告诉小肖同志，今天之所以请他来聊聊，并不是批评或者教育，而是从这次项目执行过程中他的一些表现出发，为了他个人的成长和发展，指出他这种不够认真的工作态度可能带来的危害。我会告诉他，我们这次的项目难度高、周期长、责任重，如果能够做好，不仅可以给自己的个人履历上增加光彩的一笔，也能使自己的业务能力得到飞跃式的提升。但是，小肖同志现在的工作态度与具体的工作方法的确存在较大的隐患，这种马马虎虎的应付态度如果不能及时修正，迟早会出大事情。远的来说，当年苏联切尔诺贝利核泄漏事件，造成那么多人伤亡，究其根源，在于操作核燃料棒的工人没有认真学习操作规程，办事马马虎虎，无视规定的流程和要求，不仅让自己当场毙命，还给国家和社会造成了极其巨大的损失；近的来讲，这几年我们单位和其他项目组已经出现了好几次年轻人因为一些低级错误造成严重的后果，不仅使单位形象受到损失，还让自己受到了处分，在相当长的一段时间内没有资格评优推优，耽误了个人的成长与进步。因此，真心地希望小肖同志能够端正认识，改变敷衍了事的做事态度，一起把项目保质保量地完成。

最后，我还会询问小肖当前有什么困难，如果他是因为工作太多、实在忙不过来才出现这种做事不够认真的情况，我会在工作量上适当进行调整，或者增派人手协助他的工作；如果小肖是因为某些业务不熟悉才应付了事，我会安排专门的项目组员带一带他，为他补充一些背景知识和业务技巧。相信经过我耐心、真诚的沟通与热情的帮助，小肖同志能够改变之前的工作作风，认认真真、一丝不苟地投入项目工作。

## 四、强化提升

你是单位领导，给小明安排了一项任务，小明没完成好，你批评了他，导致他产生反感情绪，你该怎么办？

【你的思路】

## 五、自测练习

你是项目组负责人，刘博士作为一名新加入项目组的成员，他的专业与本项目相关联，提了一些不可行的意见，你没有采纳，因此刘博士有了情绪，领导也提醒你要听取多方意见，你会怎么做？

【你的思考】

**答案解析**

## 第二节 对领导恭敬适度

**四、强化提升**

**1.** 你单位处长与副处长关系紧张，你深受处长赏识，后来他调走了，副处长继任，对你挑剔、刁难，你该怎么办？

【思路点拨】本题是一道人际关系题，考查考生在实务中与领导相处的能力。本题的设定情形很紧张，前领导赏识，副处长百般刁难，这个时候你应该怎么和新领导相处？关键在于考生不要陷在前领导的赏识中，而要看到新领导不会无缘无故刁难、挑剔，必然是自己还有没有做好的地方，或者是做事的方式方法让新领导有误会，所以问题的核心在于我而不是领导。

【参考答案】第一，我相信新领导并不是故意对我挑剔、刁难，而是我的工作出现了问题。每个领导的工作习惯、要求不同，我不能因为领导改变了我原来的工作习惯就认为领导对我挑剔、刁难，我和新领导一定是有了误会而不是矛盾。

第二，我会主动在工作时或者工作后，找机会向新领导解释。现在对领导的工作要求和工作习惯还不熟悉，希望领导能给我一点时间，让我慢慢有个适应过程，我会努力把工作做好。我相信领导也会对我这样一个新人有包容的心态，给我慢慢成长的空间。

第三，我也会自我反思，为什么我的工作总是达不到领导要求，是不是哪里出了问题，一定要找到原因并予以解决。

第四，无论如何，在单位工作中都应该以大局为重，把工作做好是第一要务，不能因为自己的小脾气或者对领导有误会就耽误了工作。

**2.** 你考到新的单位后做错了一件事，领导和同事对你有看法，说你只会考不会干，你该怎么办？

【思路点拨】本题是一道人际关系题，考查考生怎么应对单位里的风言风语，实际上还是一道考查处理同事矛盾的题。处理矛盾，要坚持误会思维、主动沟通、自我反思和工作为重几个原则，以消除矛盾为根本目的。

**【参考答案】** 第一，我认为我和领导及同事之间可能存在着一些误会。我刚进单位，很多事情都不熟悉，第一次工作做错事在所难免。所以同事对我有看法，实际上也是就事论事，我们之间并没有根本矛盾，就这件事而言，我想我和同事之间产生了一些误会。

第二，我会继续以工作为重，努力精进自己的专业技术，不懂不会的我会向同事和领导请教，我深信，只要我认真工作，一定能够让领导和同事重新对我信任起来。

第三，我会在工作之余多和同事接触，主动融入集体，让他们了解我，知道我其实是一个肯干事、能干事的人，相信随着同事和领导对我的了解加深，一定能够对我有所改观。

总之，我会在未来工作中，多和同事合作，多向同事学习，用自己的默默努力来向大家证明我是一个实干的人。我相信我的努力也不会白费，同事们也会慢慢理解我、认可我、接纳我。

**3. 你发现领导让你做的事情不符合规定，你该怎么办？**

**【思路点拨】** 解答此题时考生需要注意两点：要有服从意识，不能因为不符合规定就简单地拒绝执行；要发挥主观能动性，既然事情有困难，作为下属就应该想办法克服困难，领会领导的工作意图，研究实际情况，形成方案供领导采纳。需要注意的是，事情要做，但是不能因为是领导布置的，不符合规定也去做，我们要做的就是怎样能够让事情按照领导的要求做完还符合规定。

**【参考答案】** 领导让我做的事情不符合规定，可能是因为领导常年做指导性工作，对一线的规定有些不太清楚，也有可能是因为规定最近发生了更改，领导还没有及时了解，所以我会按照如下方式去处理。

首先，我会查找相关的文件，确定领导交代的事情是否完全不符合规定。如果不是，那么我会直接去做；如果确实不符合规定，那我会将相关的规定告知领导，看看是否有新的办法和方案。

其次，如果领导同意按照规定来办，那么我会提出全新的计划方案交给领导审核；如果领导认为这件事还是需要办，那么我也会重新对领导的想法进行了解，对事情进行梳理，并认真参考规定，想办法让事情能够按照领导的要求和预期完成。

总之，我不会坐以待毙，也不会违背规定，一定会发挥我的主观能动性，把事情办对、办好。

**4. 你负责单位的装修，制定了一个新的装修方案，但是被分管的副局长否定，恰好这个方案被局长看见，并且非常认可你的方案，你该怎么办？**

**【思路点拨】** 解答此题，考生需要注意不能因为局长的认可而产生骄傲情绪，从而否定副局长的意见，而是要结合两位领导的意见和实际的工作情况，形成最优方案，再向副局长汇报。

【参考答案】我的方案被副局长否定，被局长认可，我会这样做：

首先，我不会因为局长肯定我的方案就骄傲自满，我会虚心地向局长请教，请他告诉我，我的方案中他认为可取的地方是什么，并向其了解他对于单位装修的整体意见和看法；

其次，我会找到副局长，和其沟通，请他告知我整体的装修方案存在的问题，以及对装修的整体意见；

再次，在了解两位局长对装修的整体意见后，我也会向我的同事了解他们的看法和需求，结合大家的想法再对我的装修方案进行整改；

最后，我会将整改好的方案，再次征求领导和同事的意见，直到大家都满意为止。我相信通过我的努力，最后一定能将单位装修成每个人都喜欢的样子。

## 五、自测练习

**1.** 你的处长给你布置了一项工作，并且要求你保密。一天，你的科长问及此事，并让你向他汇报，你该怎么办？

【参考答案】考生比较为难的是科长的要求和处长正好冲突，为了两方都不得罪，有的考生选择妥协，向科长说一些大概的内容，看似合理，实则不然。我们在工作中应该坚持原则，具备保密意识。既然是上级领导要求，就必须坚决贯彻执行。当然，我们可以向科长解释清楚原因，但不可采取模棱两可的态度，须知原则性问题不可退步。

**2.** 领导交给你和同事一项为期10天的工作，你们8天就完成了，但领导全盘否定了你们的工作，同时，这个时候同事请假，你该怎么办？

【参考答案】这题有一个隐藏其中的点，就是之所以我们会被领导全盘否定，是因为领导不能及时了解我们的工作情况，而原因就是我们没有及时向领导汇报工作。所以不仅要在补救中及时向领导汇报工作，还可以在反思中加入此项内容，做到痛定思痛，深刻挖掘题干内涵。

**3.** 领导安排你和平时关系不好的同事一起工作，同事极不配合，结果工作没做好，同事跟领导汇报说都是你的原因造成的，领导严厉批评了你，你该怎么办？

【参考答案】如果遇到题目中的情况，我会做如下处理：

首先，对于领导的批评我不能急于反驳。工作没有完成好，不论主要责任是不是在我，我都应该要冷静地反省一下自己在工作中的表现，是否因为我和同事的关系不好，导致了我们之间的配合不顺畅。如果我在工作中存在着一定的过失，就要向领导承认错误，保证下次工作能够更好地完成。

其次，我要找到这位与我关系不好的同事，跟他真诚地交流，在交谈中，我会注意了解我平时在工作中的不足之处，希望他能够给我提出一些改进意见，我一定会在以后的工作中改进。同事间的一些小误会都是可以化解的，我要利用工作之余多与这位同事接触，积极改善我们的关系。

最后，我会重新审视一遍此次工作，看看有哪些环节还做得不够好，我会与同事相互配合、共同改进，并将最终的工作成果重新向领导提交。

从这件事中，我深刻领会到，与同事关系的好坏会直接影响到工作能否顺利开展，拥有一个和谐融洽的人际关系是完成本职工作的重要保障。因此，今后如果我和同事之间有了分歧和误解，我要尽快地寻求和解，不能让一点小矛盾影响到工作的开展。

## 第三节 对同事尊重合作

### 四、强化提升

**1.** 你是单位新来的年轻员工，在你们单位有个同事老李，他把一项工作完成了一大半，现在领导让你来负责，老李心里有点不舒服，你该怎么办？

【思路点拨】本题是一道人际关系题，考查考生在实际工作中如何处理新老同事因工作产生的矛盾。考生在回答时应当站在如何缓和矛盾的角度，同时应当以工作为重，树立大局意识，把工作做好。

【参考答案】第一，我相信这一定是老李对我产生了一些误会，可能是我在工作中有一些没注意的细节影响了双方的关系。

第二，我会以工作为重，主动找老李沟通，及时向老李表明自己是个新人，以后还要请老李多关照。现在领导把工作交给我，不是说怠慢了老李，而是希望能同心协力把工作做好。

第三，我会在工作上，主动与老李沟通，询问老李有无需要我帮忙的部分，并在工作之余，请老李吃饭、旅游，增进双方关系。

我相信，通过这些措施，一定既能协力完成工作，又能缓和与老李的矛盾。

**2.** 你的同事小张平日里热心帮助他人，但有时候因为能力不够，不能完成同事要求他做的事，于是和同事产生了矛盾，你如何开导他，请现场模拟。

【思路点拨】本题是一道人际关系题，考查考生三方面能力：第一，处理工作矛盾能力；第二，安慰同事能力；第三，现场表演能力。所以本题具有一定的综合性，对于处理工作矛盾应当以误会思维、工作为重、主动沟通几个原则为答题核心；对于安慰同事应当以设身处地、提出合理建议为原则；现场模拟要求考生声情并茂，也是对考生应急能力的一个挑战。

【参考答案】小张啊，在机关里工作，难免会和同事产生一些误会。但是大家都是在一个集体之下，也没有根本的利害冲突，现在和同事的矛盾就是点小误会，你也别太放在心上。我建议你啊，在工作之外多和同事沟通，把事情讲开了，误会消除矛盾就解了，不然日积月累矛盾越来越深。我刚开始上班的时候，也和你一样，因为是新手，什么都做不来，好不容易老同事带着做个项目，还因为自己粗心大意经常出错，我当时比你现在还沮丧。后来仔细想想，主要还是因为我自己工作能力不够强，也缺乏和同事之间的主动沟通。后来我发奋图强，学习专业知识，多融入集体，终于获得同事的认可，接纳了我，我的工作也越做越好。所以，你一定要振作精神，找同事主动沟通消除误会，咱们还是一个积极向上的大集体。

五、自测练习

**1.** 你是单位的一名新人，自身工作能力很强，也经常得到领导的赞许，但是在工作中过于张扬，没有考虑到同事的感受，久而久之引起了同事不满，对此你怎样解决与同事间的矛盾？

【参考答案】要想成为一名出色的员工，不仅应该在工作上表现出众，还应该与同事处理好关系。对于同事因我过于张扬而不满，我会端正心态，努力改正自身的缺点，争取早日获得同事们的认可。

第一，努力改变自己张扬的个性，谨言慎行。作为年轻人，不应自高自大，应该时刻保持谦虚的心态，不断学习，努力提高自己。

第二，虚心向同事们请教，尤其是向经验丰富的老同事请教，不断提高自己的工作能力。同时在工作中还要主动帮助同事，协助他们更好地完成工作。

第三，领导交给我的任务，即使完成得很出色，我也要戒骄戒躁，不吹嘘，不夸张，要向工作中帮助过自己的同事予以感谢并一同分享荣誉。

第四，在生活中对同事出现的困难尽力帮助，并积极参加集体活动，增进彼此之间的感情，搞好同事关系。

毛主席曾经说过："谦虚使人进步，骄傲使人落后。"作为一名新人，一定要少说话多做事，踏踏实实做好本职工作，并多向同事学习，多与同事沟通，这样才能真正得到领导的认可和同事的尊重。

**2.** 小周和你一起工作，但是小周在上班时间工作效率低，经常不干事，下了班以后经常加班，还经常在加班的时候向你询问相关工作事项，但你家务比较繁忙，不能经常回应他，小周对此有所抱怨，向领导反映，领导让你以后要注重和小周工作配合，你该怎么办？

【参考答案】面对题目中的这种情况，我会先从自身找原因。小周同志似乎效率较低，上班的时候工作老是做不完，经常加班，但是至少反映出这位年轻同志对工作高度负责，宁愿牺牲自己的下班休息时间也要把工作做好，这一点是非常值得我们学习的。其实小周在加班的时候询问我的事项并不算多么复杂，有时候我只要三言两语或者跟他打个电话就能轻松解决，但是，因为我时间久了产生了不耐烦的情绪，对小周的一些请求没有办法做到及时回复，由此引发了小周的不满，破坏了单位的团结。基于以上认识，为了维护我和小周之间的良好关系，我会与小周在合适的时间做如下沟通。

首先，我会跟他解释因为我这段时间家里事情比较多，心绪也比较烦乱，下班的时候有时候很长时间来不及看手机，故此没能及时回复他的问题，恳请他能谅解。

然后，我会询问小周，之所以老是来问我，是不是因为他对某项业务并不熟练，或者因为不会使用某些办公软件比如 Excel 表格、PPT、Photoshop 等，导致工作效率比较低。如果是因为这些原因，我会热情地邀请他在空闲的时间一起学习相关的技术，熟悉工作的业务规程，提升自己的业务素质。其实很多事情都是难者不会、会者不难，真正掌握方法了，很多任务还是非常简单的，小周也大可不必经常加班，一样能够把工作保质保量地完成。

最后，我还会以朋友和前辈的身份耐心地劝导小周提升时间的利用效率，不要把很多事情拖到下班或者截止日期才处理。俗话说"忙中生乱"，不做好合理的时间规划、提升工作效率，迟早会酿成大错。如果在提升工作效率的过程中，有需要我提供帮助的地方，希望小周一定要多提多问，我一定尽力协助。

相信通过以上沟通，我和小周能够消除误会和隔阂，协助小周提升工作效率，共同把单位工作做好。

### 3. 你帮同事弥补了失误，可同事却怪你多管闲事，请问你该怎么和他沟通？

【参考答案】首先，在单位里，大家是一个集体，失误是个人的，但是责任是共同的。虽然这场失误是由同事造成的，但是同事的失误实际上就是单位的失误，作为单位的一分子，于公于私我都有义务主动采取补救措施。故此，我不会因为同事的抱怨而改变自己对此事的看法。

弥补同事过失、挽回单位损失的意愿是好的，但是可能在具体执行的过程中，我忽略了同事的感受，没有考虑周全，导致同事处在一个两难的情形；或者让领导对同事产生了一些看法，由此同事对我产生一些误会和不满也在所难免。为了消除误会、维护单位的团结，我需要主动去找同事沟通。

在具体的沟通过程中，我首先会向同事表达我的歉意，因为我光想着补救单位的损失，没有注意到自己的做法可能让同事变得很难堪，希望他能原谅我的鲁莽和考虑不周。然后，我会向同事申明他的这次失误可能对单位和本人引发的灾难性后果，虽然我的行动使他面子受损，但是客观上避免了更大的损失和更严重的后果，因此实际上是对他有利的。不过，为了防止这种尴尬局面再度发生，我会向同事承诺，下次再出现类似局面，一定第一时间通知他，和他一起弥补失误、处理问题，而不是自己单独行动，以至于在客观上造成同事失职的局面。相信经过我耐心而真诚地沟通，同事能够消除对我的负面看法，并且在今后的工作中我会更加小心谨慎，以免个人的失误给单位的整体工作造成不良的影响。

**4.** 开展一项工作，你需要与上级单位的小王进行工作的交接和沟通，需要小王给你一些指示，但是小王一直拖着不说，很不耐烦，只说"等等"，导致你的工作没有办法往前推进，领导也因此批评了你，请问你该怎么办？

【参考答案】小王一直拖着不给我指示，可能是一些客观上的原因导致的，此时我不能一味地抱怨，以免破坏单位的团结与上下级之间的协作。根据具体的情况，我将采取如下措施应对。

首先，如果小王不给我指示是因为他自己工作太忙，来不及顾及这项工作，而这项工作是一种常规型事务，过去的档案、资料、会议记录有大量的经验可供我们查询，那么我会先征得小王的同意，之后再根据以往的一般做法进行接下来的工作，并及时向小王汇报，保持密切沟通，而不是每个步骤都来打扰小王，影响他手头的正常工作。

其次，如果小王迟迟不能做决定是因为他也要等其他人完成之前的工作，或者他也在等其他部门的消息，而小王又比较害羞，不好意思直接去催问对方的进度，我会主动帮助小王去联系对方，询问他们的指示和进展情况，然后根据对方反馈过来的信息继续我们的工作。

再者，如果小王出于各方面的顾虑犹豫不决，迟迟无法做出最终的决定，那么我会根据几种可能的决策方向分别准备好几套应对方案，准备好 plan A、plan B 和 plan C，把后面的工作提前准备好，这样一旦小王最终下定决心给出指示，我们就能立即着手完成工作。

最后，如果小王是基于自身的原因一直不愿做出决定，我会在合适的时间与小王进行深入沟通，劝解小王不要再犹豫不决，俗话说"丑媳妇早晚见公婆"，无论做哪种决定，最终都会提交给领导决断，不合适的地方总归需要继续改进，我们先把这一步做完再补救就是。如果一直拖着不做决定，最后影响了单位的大局，那么这个责任无论是我还是小王都是无法承担的。相信经过我耐心而诚恳地劝说，小王会从大局出发，给出下一步工作的指示，我根据他的指示尽可能把工作完成得最好。

**5.** 小李调入新部门，新处长交代了一份工作，之后处长询问工作进度。

处长："这个工作小李做得怎么样？"

小王："这个工作是我做的。"

处长："这个工作不是让小李做吗？"

小李："之前部门的处长安排我一项工作，所以我就把这份工作拜托给小王了。"

处长:"工作可不是你这么做的。"

如果你是小李,你该怎么办?

【参考答案】题目中,小李的做法显然有失妥当,原因有三:一是权责意识不强。小李既然调入了新的部门,就不再享有之前单位的工作权限,需要承担新的所在部门的工作职责,因此,于公于私都不应当从事与以前的部门相关的工作。二是违反工作规章,缺乏保密意识。单位日常工作中,如果已经将某个工作划分给具体的个人,一般情况下负责这份工作的人是无权擅自将这份工作随意交给他人的,否则不仅违反了责任到人的工作纪律,还可能造成一些单位或者本岗位内部信息的泄露。小王不具有了解和处理小李岗位工作的权限,小李将自己的工作擅自交给小王,是对自己工作的严重不负责任。三是缺乏工作的主动性和独立性,缺少大局意识。自己的工作做不完,完全不考虑同事小王是否在忙自己的事情,随意把自己的工作交给别人来做,既是缺乏独立性的表现,也反映出小李同志工作的主动性和大局意识均有待提升。如果我是小李,面对这种情况,我将这样处理。

首先,如果前处长交给我的工作是他的一件私事,或者按照相关规定属于本人的职责范围之内,我会在确保把新处长交给我的工作保质保量完成的前提下,帮前处长完成他的这份任务。

其次,如果前处长交给我的任务与现在手头的工作在时间上存在一定程度的冲突,我会跟前处长说:"非常抱歉,现在新的部门交给我一项新的工作,预计将在明天晚上完成,领导您看如果您可以等的话,就把工作暂时放在这儿,我一旦完成手头的工作立马帮您办理;如果实在您等不及,那么非常抱歉,只好下次帮您做了。"相信之前的处长也是非常开通的,他如果等得及,就可以把这份工作暂时留在我这里,待我完成自己的本职工作后,保质保量帮他完成。

最后,如果前处长交给我的工作涉及专岗专责,或者我自己无权决定能否处理,我会跟他说:"您这份工作我非常想帮您做,但是我自己没有权限决定,因此我会请示一下我现在所处的部门的领导。"请示领导后,按照新部门领导的决定执行,如果新处长同意我参与这项工作,那么我会在完成本岗位的工作职责后帮前处长把这份工作做好;如果按照规定我无权从事这项工作,或者新处长基于各方面的原因无法同意我的申请,我会把相关情况反馈给之前的领导,并且恳请他的谅解。相信按照以上处理,这件事能够得到妥善解决。

**6.** 领导指派小刘带新人小张,小张觉得小刘不尊重他、态度差,去向领导申请解除帮带关系而被批评。你是小张的朋友,你该怎么安慰他?请现场模拟。

【参考答案】"哎呀,小张你怎么又哭了。这已经是这周第三次了,先擦擦眼泪,听我慢慢跟你说。怎么了,刚你找领导反映情况被批评了?为啥?因为领导指派小刘给你当师父,他态度差?天哪,你怎么身在福中不知福啊?你知道吗,小刘是咱们局里业务素质最强的精英啊,在全市甚至省里都拿过奖呢。我们当年进来的时候想跟着小刘学手艺,领导还不允许呢,你怎么反而还让领导解除这个帮带关系?其实吧,我也理解,小刘这人属倔驴的,平时脾气不太好,说话也比较直。但是你也不用过度敏感,他对谁都这样,并不是针对你,他还经常跟领导吵得脸红脖子粗的,气得领导好几次拍桌子,所以你真的不用介意,他一直都是这样一副脾气,真不是针对你。不过,话又说回来,小刘这人就是典型的刀子嘴豆腐心,平时脾气很坏,见谁都黑着个脸,但其实内心很善良,绝对是咱们单位最靠谱的人,时间长了你就知道了。有一次,我手头的活儿做不完,眼看年都过不去了,小刘他骂骂咧咧地帮我熬了两个通宵,终于赶在年前一起把活儿做完了。所以吧,你看虽然他平时一副臭脾气,但是领导和同事们并不会真的生他气,因为大家都知道他绝对是个靠得住的好人,慢慢你就知道了。再说了,年轻人挨点骂也很正常。'严师出高徒',你看考驾照的时候,教练骂得越厉害,考试通过率越高,不正是这个道理吗?领导觉得你年轻,又很听话,学历也高,对你的期望很高,所以才主动派小刘这个全局最好的师父带你,我要是和你一批的,肯定羡慕得眼红啊,你倒好,反而找领导要求解除帮带关系,是不是显得有点不识抬举?你自己说,你是领导的话,生气不生气?好啦,还好意思笑,快点洗把脸去,下班了,咱们一起去看场电影吧。明天老老实实跟领导和小刘道个歉,咱们接下来还是要跟着师傅好好学手艺呢。好吧,我等你哈。"

**7.** 同事老陈年纪较大,经验丰富,但不愿意和人交流,不听取别人的意见。现在你和他共同完成一项工作,因为你们俩之间没有及时沟通,导致工作结果未能及时提交。领导把你和老陈叫到办公室,你该如何给领导解释?请现场模拟。

【参考答案】"领导您好!非常抱歉这次工作任务出现了一定程度的拖延,导致工作结果未能及时提交,对于我们工作拖延给单位整体工作造成的负面影响,我们将进行深刻的检讨,并向您表达最诚挚的歉意!真的非常对不起!

造成这次工作进度拖延的原因,我认为主要有两个方面:一是这段时间临近年终,各项年终总结、项目报表、学习活动都赶在一起了,因为没有安排好时间控制,合理地分配时间,外加前段时间因本人发烧打点滴耽误了几天时间,导致咱们的这项工作没有赶在时间节点前完成,对此我深表抱歉;二是我这边事情比较多,光顾自己的这一摊,忽视了与陈科长的沟通和交流,在很长的一段时间内没有主动与陈科长联系,导致那边的执行情况我也没有了解清楚,昨天突然发现这个项目截止了,才想起来问陈科长那边工作进度,没想到他那边进展得也不太顺利,由此导致整个项目整体延期。

由于我们工作拖沓导致今天没能拿出报告来,真的非常抱歉!接下来我们将尽力补救,及时沟通,尽快完成。鉴于该项任务的前期工作已经全部完成,并且初稿也已完成 90% 左右，剩下的部分我们本周五下班之前一定保质保量地完成。

感谢领导的谅解与海涵！今后的工作中，我和陈科长一定会提升工作效率，做好时间规划，密切保持沟通，杜绝此类事件再次发生。谢谢您！"

**8.** 你是单位新来的同事，领导让老张协助你开展工作，但老张临近退休，工作懈怠，你该怎么办？

【参考答案】对于领导让老张协助我开展工作，但是老张不够上心这种情况，我将从如下几个方面解决。

首先，我会先从自身找原因，虽然领导安排老张协助我工作，但是毕竟他已经是单位的老前辈了，我是不是有什么地方做得不妥，没有顾及老张的情绪和想法，导致他对我产生了一些看法；再者，领导虽然让老张来帮助我，但是老张也没有义务时时刻刻、事无巨细地为我提供指导和帮助，我自己问得少了、与对方沟通不够，客观上造成了老张不够上心的假象。如果是因为这些原因，我会加强与老张的沟通，平时遇到困难要多多主动地向老张请教而不是被动地等老张来找我。只有自己主动才能让老张更好地协助我做好工作。

其次，老张对工作不够上心，态度不太积极，也可能是因为他自己家里或者生活中出了一些什么事情或者其他的一些情况。因此，我会在工作之余找个机会请老张吃顿饭，或者在下班一起回家的路上和老张聊聊天，询问他是不是最近家里有什么事情，需要我提供帮助；或者老张最近遇到什么不顺心的事情，完全可以来找我倾诉。了解老张态度消极的原因后，协助他处理好家里和生活中的琐事，相信老张能够全身心地投入工作。

最后，有时候老张工作不够积极并不是因为他自身思想意识或者个人思维方面的原因，也可能是他虽然很想帮助我们单位做好工作，但是囿于年龄和知识更新的限制，没有办法很好地适应当前电子政务背景下的工作。尽管如此，老张的一些思维方式、办事经验仍然是我学习的宝贵财富。在这种情况下，我会主动为老张提供帮助，帮他学习先进的办公方法，熟悉互联网和电子政务工具，老张也凭借他在长期具体工作中的经验为我在一些事情的决策和谋划上提供巨大的帮助。相信只要相互学习、相互帮助、共同进步，我和老张就能够一起把单位的工作做得有声有色。

**9.** 你负责一项难度较大的工作，跟组员一起超负荷将工作完成之后，准备汇报工作时发现你们的工作还可以做得更好，但组员们已经精疲力竭不想再做了，你该怎么办？

【参考答案】"心之所向，虽千万人吾往矣；意之所趋，纵既济亦不止。"在具体工作中，这种精益求精、尽善尽美的精神是值得我们贯彻的。尽管大家经历了很长一段时间的奋战都很辛苦了，但是既然能够做得更好，我们也不能止步于此。为了鼓励大家鼓起干劲，百尺竿头更进一步。我将采取如下措施。

首先，如果接下来的工作量不算太大，我会召集项目组的成员们一起开一个短会。我会告诉大家万里长征已经走到了最后一步，俗话说"成百里者半九十"，我们已经取得了那么巨大成就，战胜了那么多的困难，为什么不更进一步把工作做得更好呢？更何况，多出来的工作并不算太多，大家只要在既有的基础上再努力个两三天就能完成，希望大家再坚持一下。这次任务全面完成后，我会安排大家好好地休息放松一下。要是现在就止步不前，以后我们想到今天，都会有一点遗憾，所以希望同志们发扬艰苦奋斗的精神，锤炼自己的韧劲和耐力，不要"为山九仞，功亏一篑"。相信通过我的加油鼓劲，大家会重新燃起斗志使这项工作臻于完善。

其次，如果项目还有一段时间，剩下的时间足够我们大家继续完善这项工作，我会给大家放个短假，让大家先回家休息，好好调整一下状态，并且把已经完成的工作进行一个阶段性的总结。相信大家经过简短的休整后，能够克服心理和身体上的疲劳，精神面貌焕然一新，把结尾工作做得更好。

最后，如果时间紧急，来不及进行完善，但是工作还有进一步完善乃至完美的可能，本着对单位高度负责的工作态度，我会向领导申请该项工作延期一段时间，并且承诺经过后续深化与补充后，这项工作能非常精彩地完成，我们单位将取得前所未有的巨大成就。相信领导也能从全局出发，给我们一个延期休整的时间，待状态调整好之后，我们项目组会再接再厉，把这项工作塑造成我们单位近年来工作的一个巅峰，成为我们所有人共同的光彩记忆。

## 第四节　对群众平等热情

### 四、强化提升

现在过年流行在微信群里发红包，可是几个同学总抢不发，其他小伙伴要求把他们踢出群，作为群主，你会怎么办？

**【思路点拨】**本题考查的虽然不是明显的与群众关系的问题，但也属于普通人际类问题，不涉及工作，所以更能体现一个人的人际交往意识与技巧。抢红包是最近一种常见的现象，过年各种群流行红包雨，只抢不发的人也大有人在，如何协调大家的矛盾，需要考验群主处理人际关系的能力。本题在答题时，要兼顾两方，对抢红包的一方要着重安抚，对不发红包的一方进行劝说，要做到不偏不倚地调和矛盾。

**【参考答案】**第一，先在群里安抚大家情绪，告诉大家发红包只是图个过年气氛，又发不了财，大家不要较真。

第二，私聊要求把成员踢出群的小伙伴，告诉他们不要因为几块钱红包破坏群气氛，可能不发红包的成员确实经济有困难，而且发红包凭自愿，不能强求别人。

第三，对于不发红包的小伙伴私聊，劝解他们不时地发十几块钱红包供大家娱乐，不要因为小钱伤了和气，如果确实经济有困难也没关系。

第四，在劝慰好双方后，找时间把大家约出来吃顿饭，组织一次体育户外活动，增进大家感情。同时，在群里申明群规，本群以后不准过年过节发红包，以避免矛盾。

### 五、自测练习

你下乡执行公务，群众不理解你怎么办？

【参考答案】涉及群众的事情、基层的事情都是大事，是非常重要的，我一定尽力解决好。我要保持克制，绝对不能因为群众的冷言相对而对工作失去信心，以一颗冷静的心去解决问题和困难。

首先，对群众的不满情绪进行安抚，请他们保持冷静和理性。然后，请出一两个群众代表谈一谈不理解我的原因。进行原因分析后做出相应的解决办法，如果是相关政策没有给群众解释清楚，那么我会就相关政策耐心细致地向群众解释，直到群众明白为止；如果是工作态度、方式方法上的问题，我会马上调整工作态度，改变方式方法，如用更通俗易懂的语言给群众解释，确保沟通交流的顺畅，取得群众的理解和支持。最后，无论如何，我都会全力做好工作，让群众理解、信服、满意。

通过这次工作，我要认真总结经验教训，总结出一套下基层工作的方法和经验，向领导汇报，并在以后的工作中，切实为老百姓做好服务工作。

## 第五节 对亲友中庸平和

### 四、强化提升

你的朋友一直很帮你，你很想报答他，突然有一天他造访请你帮忙，但是所帮的事情会触犯原则，请问你该怎么办？

【思路点拨】想报答恩情是人之常情，但是原则不可触犯。一口回绝显然不符合常理，也不符合人情，所以能够既帮助朋友又合法合规是关键。通常情况下，需要先了解清楚朋友的需求，然后通过自己的能力而不是职务便利去帮助朋友想办法解决，最后要经常对朋友表示关心，这样的思路比较符合常规常理，也富有人情。

【参考答案】滴水之恩，当涌泉相报，朋友对我的帮助让我一直感恩于心，我也非常愿意尽我所能帮助我的朋友。

当朋友来找我时，一定是工作或生活中遇到困难，这个时候我要做好朋友的精神依靠，给予他力所能及的帮助。

首先，我会仔细倾听朋友的诉求，了解事情的来龙去脉，站在专业人员的角度，向朋友介绍正常的办事流程和操作规范，以及违背原则带来的不良影响。相信朋友也会从大局出发，接受我的建议。

其次，我会带着朋友一起按照正常的途径办理相关手续。我也会利用我的专业所长给朋友相应的建议，帮助他科学、合理地修改方案。

最后，我也会在这件事情结束之后，常去看望我的朋友及其家人，在生活上多关心、照顾，加强彼此的联系，密切朋友间的感情和友谊。

### 五、自测练习

**你是某政府机关的一名领导，你的一个好朋友的儿子考到你单位成为一名新公务员，你的好朋友要你多照顾一下他的儿子，你该怎么办？**

【参考答案】首先，作为好朋友，我会对他孩子考取公务员表示祝贺，同时告诉他，我作为领导，本来就应该对新进的公务员表示关心，会尽全力帮助朋友的儿子尽快成长。

其次，我也会表明态度，作为领导，对待每个下属都是公平的，所以对朋友的儿子也会一视同仁，不会因为我们的关系就对其特殊对待，希望他能够理解。

最后，我会联系朋友的儿子，告知他我的想法。他是朋友的儿子，也可能是我平常就熟悉的晚辈，希望他能够更加精进自己的专业技术和工作能力，而不是因为有认识的长辈在单位当领导就放纵或者懈怠。

总之，我会表明态度，坚定自己的立场。

## 第六节 对下属谦和大度

### 四、强化提升

**你是单位领导，给小明安排了一项任务，小明没完成好，你批评了他，导致他产生反感情绪，你该怎么办？**

【思路点拨】本题是一道领导对下属的人际沟通题。实践中这种考法比较少见，作答时除了把握人际沟通三原则之外，还需要注意把握两个要素：一是讲话者的身份，是领导而不是下属、同事，要注意语气、方法；二是对方的身份，小明是一个年轻同志，要考虑他的思考方式、接受程度，要选择年轻人更能接受的语气与方式，循循善诱地帮他解开心结。

【参考答案】我会先进行自我反思，是不是在批评的时候没有注意到方式方法，或者讲话的时候有些表达不当、引喻失义，伤了小明的自尊心，挫伤了他工作的积极性。为了帮助小明同志调整心态、消除情绪，重新投入工作，我将通过如下方式与他沟通。

第一，我会事后给小明发一封邮件，或者写一封信，以平等、和蔼的口气对小明进行劝慰。首先承认自己的话说得重了一些，希望他不要介意；然后告诉他对他的严格要求其实是对他有很高的期望，并不是出于生气才批评他，因为以小明的能力和水平应该做得更好，所以我对他有一种"恨铁不成钢"的感情；再者，以自己的亲身经历告诉小明"宝剑锋从磨砺出，梅花香自苦寒来"，只有年轻时对自己高标准、严要求，未来才会有更高的发展和进步。最后，我会勉励小明不要灰心，再接再厉，希望他在今后的工作中能够创造出更加优秀的成绩。

第二，我会安排和小明关系比较好的单位同事、他的部门领导分别与小明沟通、谈心，了解小明的想法和困惑，在工作中和生活中多多帮助他，让这位年轻同志感受到集体和单位的温暖，从而发自内心地把工作做好。

第三，等到小明情绪缓和之后，我会单独把他叫到办公室，重新把这件事情的前因后果跟他说明白，并对他进行勉励和劝慰。同时，我也会告诉小明，心里有什么想法不要藏着掖着，大家都是一个单位的同事，要开诚布公地讲出来。很多事情与其一个人纠结不如大家坦诚地聊一聊。如果生活上、工作中有什么困难，需要单位和我解决和帮助的，我也会尽力为他提供帮助。

相信只要我能真诚地与小明进行沟通，这位年轻同志能够很快调整心态，消除负面情绪，全身心投入工作。日后，我也会密切关注这位年轻同志的成长，希望他能够尽快成长、成才。

## 五、自测练习

你是项目组负责人，刘博士作为一名新加入项目组的成员，他的专业与本项目相关联，提了一些不可行的意见，你没有采纳，因此刘博士有了情绪，领导也提醒你要听取多方意见，你会怎么做？

【参考答案】刘博士作为专业相关的人士，刚加入我们项目组，本着对项目高度负责的态度提出了自己的一些看法和建议，反映了他极高的参与热情，这些都是非常值得肯定的。但是因为客观条件不允许，导致他的意见无法实施，他因此产生了一些负面情绪，作为项目负责人肯定不能打消他的积极性，因此，我将从如下三个方面进行沟通。

第一，我会在一个方便的时间请刘博士到我的办公室来聊聊天。首先对我没有顾及他的感受，采用比较生硬的方式直接拒绝其建议的做法表示抱歉，消除他的抵触情绪；然后我会通过罗列数据、介绍现实条件、强调一些外部因素等耐心地向刘博士解释为什么我们无法采用他的几条建议，并不是我们不想采纳，而是客观条件的确不允许；最后，我还会鼓励刘博士今后有好的想法和建议可随时提出，大家都是为项目着想，都想为项目出力，所以提出见解本身就是对项目的贡献，不要过于介意意见本身能否被采纳。相信通过我的耐心劝解，刘博士能够消除他的负面情绪，更加热情地投入项目工作。

第二，鉴于刘博士对于项目的整体情况还不够了解，相关工作的衔接还颇为生疏，故此我会安排项目组里比较有经验的几位同志抽出专门的时间向刘博士详细介绍一下项目的意义、实施条件、目前的进展情况以及项目执行的重点和难点，希望刘博士能从项目的客观实际出发，从他专业的角度为我们提出一些具有可操作性的建议，以服务于今后的项目执行工作。

第三，在刘博士成功融入我们的团队、对项目情况有了比较深入的认识之后，我会在适当的时间找领导做一个阶段性的汇报。我会把这段时间以来项目的执行情况、已经取得的阶段性成果、团队成员的情况以及刘博士个人的贡献和建议等信息详细地汇报给领导，并顺带解释一下为什么上次没有采纳刘博士的意见。

相信通过以上措施，能够有效地增加团队的凝聚力，确保项目顺利开展。

# 第六章 面试热点

## 第一节 "精准把握"——习近平讲话

我愿意做到一个"无我"的状态,为中国的发展奉献自己。
——习近平主席2019年3月22日回应意大利众议长菲科的一段话

最新热点

【本质内涵】

"我将无我,不负人民",短短八个字,言简意赅地道出了中国共产党人精神世界的辩证法,提纲挈领地诠释了全心全意为人民服务的根本宗旨。

人的价值既有社会对个人的尊重和满足,更是个人对社会的责任和贡献。一个人位置越高,其责任越大。中国共产党人要把自己的命运前途与国家民族昌盛、人民幸福紧紧联系在一起,不计个人名利,甘于无私奉献。这是共产党人发下的宏愿,也是共产党人最宝贵的初心。

【内涵剖析】

(1)"无我",是"无私",是"忘我"。"我将无我,不负人民",是大公无私、乐于奉献。肩负着人民的信任和重托,7年如一日,习近平不知疲倦,兢兢业业,他既是领路人,也是奋斗者。

(2)"无我",是"无畏",是"舍我"。中华民族伟大复兴,绝不是轻轻松松、敲锣打鼓就能实现的。在前进道路上我们面临的风险和考验只会越来越复杂,甚至会遇到难以想象的惊涛骇浪。当前,改革的复杂性、敏感性、艰巨性更加突出,世界经济运行风险和不确定性显著上升……每天都要面对各种各样的挑战、各个领域的斗争。必须有"无我"的胆略和气魄,方能迎击风雨,一往无前。

(3)"无我",是"无愧",是"真我"。一切来自人民,权利都是人民赋予的。"我将无我",最终是为了"不负人民"。只有做人民的勤务员,接受人民监督,始终把人民放在心中最高的位置,始终全心全意为人民服务,始终为人民利益和幸福而努力工作,才无愧于人民的信任和重托。在习近平心中,"我将无我"就是心中装着每一个人,"不负人民"就是要造福每一个人。当"自我"完全融入"大我",这样无愧于人民的"我",方是共产党人的"真我"。

**【贯彻落实】**

"我将无我,不负人民",既有钢铁意志,又具侠骨柔肠,这是一个共产党人应有的人生观、价值观,是需要我们永远追求的崇高境界。

(1)要做到"心中有民、一切为民"。中国共产党人把自己完全融入为中国人民谋幸福、为中华民族谋复兴之中,把满腔激情完全投入以人民为中心的发展中去,这既是"有我"的姿态,也是"无我"的境界。

(2)作为党的干部,要大公无私、公私分明、先公后私、公而忘私,只有一心为公、事事出于公心,才能坦荡做人、谨慎用权,才能光明正大、堂堂正正。这四重境界,为新时代中国共产党人提升人生境界指明了方向,也为达到"无我"的精神状态提供了切实可行的路线图。

**【其他金句】**

"发扬斗争精神,增强斗争本领,为实现'两个一百年'奋斗目标、实现中华民族伟大复兴的中国梦而顽强奋斗。"

——9月3日,习近平总书记在2019年秋季学期中央党校中青年干部培训班开班式上的重要讲话

"见贤思齐,见不贤而内自省。"

——在中央党校中青年干部培训班开班式上讲话

"唯有只争朝夕、接续奋斗,方能不负韶华、不辱使命,书写中国发展更加辉煌的新篇章。"

——2020年习主席新年贺词

# 第二节 "科学规范"——社会治理

## 一、聚焦制度建设,坚定制度自信

聚焦十九届四中全会公报,"制度"一词出现的频率最高,达到77次。到我们党成立一百年时,在各方面制度更加成熟、更加定型上取得明显成效;到2035年,各方面制度更加完善,基本实现国家治理体系和治理能力现代化;到新中国成立一百年时,全面实现国家治理体系和治理能力现代化,使中国特色社会主义制度更加巩固、优越性充分展现。

**【背景分析】**

经国序民,正其制度。在各方面形成一整套更加成熟、更加定型的制度,是我们党治国理政的重要目标。制度问题更带有根本性、全局性、稳定性和长期性。随着改革开放逐

步深化，我们党对制度建设的认识越来越深入。

党的十四大、党的十五大、党的十六大、党的十七大都对制度建设提出明确要求。党的十八大以来，以习近平同志为核心的党中央把制度建设摆到更加突出的位置，使中国特色社会主义制度日趋成熟定型，为推动党和国家事业取得历史性成就、发生历史性变革发挥了重大作用。

党的十九大做出到本世纪中叶把我国建成富强、民主、文明、和谐、美丽的社会主义现代化强国的战略安排。制度建设和治理能力建设的目标是：到2035年，各方面制度更加完善，国家治理体系和治理能力现代化基本实现；到本世纪中叶，实现国家治理体系和治理能力现代化。

党的十九届四中全会专题研究坚持和完善中国特色社会主义制度、推进国家治理体系和治理能力现代化问题，正是考虑这是实现"两个一百年"奋斗目标的重大任务，必须对此进行系统总结，提出与时俱进完善和发展的前进方向和工作要求。

【影响分析】

（1）"天下之势不盛则衰，天下之治不进则退。"当今世界正经历百年未有之大变局，国际形势复杂多变，我们党面对的改革发展稳定任务之繁重前所未有，面临的风险挑战之严峻前所未有。坚持和完善中国特色社会主义制度、推进国家治理体系和治理能力现代化，是应对风险挑战、赢得主动的有力保证。我们要打赢防范化解重大风险攻坚战，必须运用制度威力应对风险挑战的冲击。

（2）党的十八届三中全会就提出，全面深化改革的总目标是完善和发展中国特色社会主义制度，推进国家治理体系和治理能力现代化。相比过去，新时代全面深化改革具有许多新的内涵和特点，其中很重要的一点就是制度建设分量更重。党的十九届四中全会专题研究坚持和完善中国特色社会主义制度、推进国家治理体系和治理能力现代化问题，正是考虑这是把新时代改革开放推向前进的根本要求。新时代谋划全面深化改革，必须以此为主轴，深刻把握我国发展要求和时代潮流，把制度建设和治理能力建设摆到更加突出的位置，继续深化各领域、各方面体制机制改革，推动各方面制度更加成熟、更加定型，推进国家治理体系和治理能力现代化。

【对策分析】

面向未来，我们要以党的十九届四中全会《决定》为根本遵循，牢牢抓住制度建设这条主线。

（1）我们要顺应时代潮流，适应我国社会主要矛盾变化，不断满足人民对美好生活的新期待，必须在坚持和完善中国特色社会主义制度、推进国家治理体系和治理能力现代化上下更大功夫。

（2）坚持走中国特色社会主义政治发展道路。我们要积极借鉴人类政治文明有益成果，但绝不能照搬西方政治制度模式。只要坚持走中国特色社会主义政治发展道路，锐意进取，开拓创新，我们就一定能让制度更加成熟、更加定型，让发展更有质量，让治理更有水平，让人民更有获得感。

## 二、推进国家治理体系和治理能力的现代化

国家治理体系和治理能力是一个国家制度和制度执行能力的集中体现。推进国家治理体系和治理能力现代化，就是要使各方面制度更加科学、更加完善，实现党、国家、社会各项事务治理制度化、规范化、程序化。推进国家治理体系和治理能力现代化，是党的十八届三中全会首次提出并经十九大进一步确立的全面深化改革的总目标之一，代表着以习近平同志为核心的党中央领导集体对国家治理规律和现代化建设规律认识的升华。

### 【背景分析】

推进国家治理体系和治理能力的现代化是适应世界之变、时代之变、发展之变的必然要求。"天下之势不盛则衰，天下之治不进则退。"一方面，当今世界正经历百年未有之大变局，国际形势复杂多变，大国博弈和竞争空前激烈。此外，国家间在政治、经济等各方面的联系又空前紧密，发展也密切相关。中国要妥善处理各类国际风险与挑战，不断发展中国特色社会主义伟大事业，更需要适应世界之变、时代之变、发展之变，坚持和完善中国特色社会主义制度、推进国家治理体系和治理能力现代化。

另一方面，中国特色社会主义进入新时代，进入了实现国家富强、民族复兴、人民幸福的关键时期，走到了"两个一百年"奋斗目标的历史交汇点。当前，中国共产党领导人民站在了"强起来"的时代节点，坚持和完善中国特色社会主义制度、推进国家治理体系和治理能力现代化，是在更高层次上解放和发展社会生产力的必然要求。

### 【影响分析】

（1）实现人民对美好生活向往的必然要求。推进国家治理体系和治理能力的现代化立足于人民需求、民生百态，在社会治理中坚持顺民意、察民情、解民忧、惠民生，切实为群众办好事、办实事、解难事。有助于加速实现人民对美好生活的向往。从优化营商环境到老旧小区加装电梯改造，从"美丽家园"建设到"15分钟生活圈"，上海市政府立足现代化治理，在实践中实现上海市民对美好生活的向往，让现代化治理更加有温度。

（2）提升综合监管效能，实现治理效能倍增。坚持和完善中国特色社会主义制度、推进国家治理体系和治理能力现代化，是全面深化改革的总目标，有了好的国家治理体系才能提高国家治理能力，提高国家治理能力才能充分发挥国家治理体系的效能。上海市紧扣现代化治理的主旋律，不断完善现代化治理体系，提高现代化治理能力，把制度优势转化为城市治理效能，如在一网通办、一网通管建设中，上海市坚持问题导向、制度引领，通过数据集成、智能分析、线上协同，极大提高了城市治理效能，彰显出一流城市的精气神。

【对策分析】

(1) **方向决定命运，道路决定前途。** 推进国家治理体系和治理能力现代化，首先要解决现代化的方向问题，即往哪里去的问题。所以，推进国家治理体系和治理能力现代化，必须坚持中国特色社会主义道路，习近平总书记指出："推进国家治理体系和治理能力现代化，绝不是西方化、资本主义化。"因此要在坚持科学社会主义基本原则下推进国家治理体系现代化，扎根于中国的历史文化传统，从我国的经济社会发展水平出发，尊重广大人民意愿，坚持走自己的路，围绕不断满足人民对美好生活的向往选择、建构并改进、完善我国的国家治理体系制度模式。

(2) **政府角色要从"管理者"向"服务者"转变，从"全能型政府"向"服务型政府"转变。** 加强服务型政府建设，提升政府服务供给的质量和水平，坚持凡是人民所需所想皆是政府前进的方向。坚持以治理体系和治理能力现代化为指引，打造优质"店小二"、最优"服务者"，全面推进民生工程的生动实践。在上海，从"城市大脑"上实时跳动的"体征"数据到"进家""近家"养老服务的触手可及，从垃圾分类由"新时尚"走向"新习惯"到"掌上云社区""e家园"的新体验，在"润物细无声"的改革下，上海市政府以现代化治理承载追求卓越的城市精神，以优质服务塑造新时代的城市精品。

(3) **改革的形势在变、任务在变、工作要求也在变，必须准确识变、科学应变、主动求变。** 着力通过加强中央和地方、牵头部门和参与部门、主体改革和配套方案等组合拳，不断深化机构改革重大成果；着力以系统性、整体性、协同性改革，让改革为经济社会发展大局服务，不断增强改革的战略定力；着力以改革成色和实施成效推动改革往实里走，从而让改革成果形成系统集成，从整体上推动各项制度更加成熟、更加定型。

## 三、公共卫生建设

近年来，努力打造健康上海成为重中之重，"上海健康云"以为市民提供智能、便捷健康服务为主线，通过智能物联终端设备，将健康管理下沉到社区服务站点，打通医患间的"最后一公里"。

如今"上海健康云"已成为一个面向民众、医生、医疗机构、政府部门的健康服务平台。

数据显示，"上海健康云"已实现健康档案查询31万人次，接种查询3.24万人次，平台上慢病管理患者近91万。

【背景分析】

近年来，上海医疗卫生改革稳步推进，上海卫生系统的信息化建设十年磨一剑，坚持问题导向、需求导向，直接关注群众需求。目前建立了功能比较完善的"1+16"架构的市、区两级信息平台，实现了全市公立医疗卫生机构互联互通、信息共享，形成了人口健康大数据中心。上海充分发挥信息化建设的优势成果和数据资源，探索建设和运营"上海健康云"，进行"互联网+健康"的深化医疗综合改革创新实践。

随着社会老龄化，家中老人的身体健康牵动子女的心。即使未与老人同住，通过"上海健康云"，亦可绑定亲情账户，实时查阅老人的血压、血糖等健康数据及健康档案。这一功能获得诸多中青年人群的赞许。"上海健康云"还可免去挂号排队预约的烦恼，只要选择所需预约的医院、科室及专家即可快速挂号。目前，上海所有三级、二级医院的统一号源池已经建成。

【影响分析】

（1）提供新型智慧健康诊疗服务。"上海健康云"利用互联网实现健康管理、诊疗服务，将医疗数据从纸端移到云端，将就诊模式从排队挪到指尖，将亲友关怀从电话问候变成手机监测，"上海健康云"整合了此前多个"互联网+医疗"App，实现全市健康服务覆盖所有人群。凭借大数据、物联网、移动互联网等先进技术，为市民提供新型智慧健康诊疗服务。

（2）促进市民对自己的健康管理。"上海健康云"同时涵盖多种健康管理服务，比如健康档案随时查，实名认证成功后点击"健康档案"功能，即可轻松查阅自己在上海各级公立医院的各项医疗信息，就诊记录、检验报告等以往档案触手可及；"上海健康云"还通过健康积分兑换等活动，促进市民对自己的健康管理。实行健康积分兑换"智慧健康小屋"血糖检测试纸等，有助于让市民形成自我管理健康的良好习惯。

（3）整合医疗资源，提高就医服务保障和体验度。通过智能物联终端设备，将健康管理下沉到社区服务站点，打通面向市民的"最后一公里"；通过家庭医生签约服务，实现居民对健康的自我管理和预防；依托云端医疗资源的整合让居民在家门口享受二三级医院的优质资源，最终实现用户需求流、信息流和业务流的整合，优化医疗资源配置，让有限的资源通过"互联网+"服务发挥更大的作用。

【对策分析】

（1）深化完善互联网+健康服务的新机制。进一步深化居民端和医生端的互联网App应用，完善预约挂号制度、健全健康档案随时查、慢病管理医生帮制度，完善亲情账户亲人管、家庭医生自主选等线上服务。通过制度健全、技术支撑，实现对慢性病患者的有效管理，最终使公众享受到更加公平、高效、优质、便捷的服务。

（2）推进技术更完整，功能更健全。进一步加大技术研发与支撑，充分用前沿移动互联网及物联网技术解决安装、认证、使用时效等体验，让健康云变得更"轻"更易用；同时完善预约挂号、家庭医生、免疫接种等功能，加入更多线上线下联动模块，确保功能使用变得更流畅。

（3）加大宣传推广，细分服务子项。进一步依托政府平台，开展更多寓教于乐的健康活动及惠民服务，让更多群众知道、使用"上海健康云"。同时以市民需求为首，细分服务类型，将有限资源聚焦精准人群，确保能精准定位医疗健康服务。

（4）提高诊疗水平，提升医德医风。在医患冲突较为多发的大背景下，要持续加大对医疗队伍管理，提高医生诊疗水平，医生与患者要加大有效沟通。只有医疗技术过硬、医德医风高尚，才能确保"上海健康云"能真正惠及千万患者，在体验制度、技术温度的同时更能感受来自人的尊重与温暖。

因此，"上海健康云"背后的医疗团队和工作人员更要提高医疗水准，优化医疗方案，加强与患者的沟通。

### 四、教育公平

教育公平与否事关每个孩子的成长和幸福，没有教育公平，就没有起点平等和机会平等。与教育公平有关的话题一直牵动着全社会关注的目光，牵动着公众的神经。近年来，为了促进教育公平，一些教育资源薄弱地区通过与优质学校建立"一对一"帮扶关系等方式，搭建教学一体、资源共享、师资共建平台，切实提升教育资源薄弱地区的教育质量，促进了优质资源的共建共享，推动了教育均衡发展，值得借鉴。但是，教育公平方面仍然存在着一些短板，亟待补齐。

【背景分析】

受教育权是宪法赋予的权利。党的十八大以来，我国教育事业取得的伟大成就。如果说，教育能为学生打开一扇大门，那么，教育公平一定是这扇大门的金钥匙。教育，因其具有长期性和广泛性的特点，是促进人的全面发展的一条主要途径，教育公平是社会公平的重要指标。

我国有 2.6 亿学生，又有高度重视子女教育的传统，每一项教育改革，牵涉面广，触动也大。尤其是面对不同群体的不同教育需求，教育改革措施很难做到皆大欢喜，难免会伴随各种争议，甚至反对。现实中的教育公平问题不容忽视，一些地区或者弱势群体由于没有获得接受教育的机会而影响自身发展，严重制约了地方可持续发展，教育公平事关亿万家庭，如何通过教育改革实现同在蓝天下的美好愿景是全社会的研究课题。

【影响分析】

（1）以教育公平促进人的全面发展。教育是人们获得知识的重要途径，是人成长成才不可或缺的阶梯。教育公平是人生公平的起点，教育是促进人的社会化的最有效手段，是实现个人发展的主要途径。只有坚持公平教育，坚持发展教育为了人民，教育发展依靠人民，才能促进人的全面发展，释放改革红利，让人民共享教育改革成果，让人人都享有人生出彩机会。正如习近平总书记指出的："努力让每个孩子享有受教育的机会，努力让13亿人民享有更好更公平的教育，获得发展自身、奉献社会、造福人民的能力。"

（2）**以教育公平促进社会公平正义。**社会公平正义是全面深化改革的出发点和落脚点。习近平总书记指出，"全面深化改革必须以促进社会公平正义、增进人民福祉为出发点和落脚点"，通过深化教育改革，完善教育制度，综合施策，让农村学子走出去，带动贫困群体富起来，有助于形成合理有序的收入分配格局，使发展成果更多、更公平地惠及全体人民，全面促进社会的公平正义。

【对策分析】

（1）**教育公平，首先要补齐短板，要向西部地区倾斜、向农村地区倾斜、向少数民族地区倾斜。**通过教育制度改进，缩小地区差异，使每个人获得教育的机会平等。从"有教无类"到"因材施教"，确保每个孩子享受适合的教育。加快政府扶持和引导，持续统筹推进县域内城乡义务教育一体化，出台高考综合改革相关政策，改变招生重理轻文、唯分数论等突出问题。加大优质教育供给力度，注重教育资源的合理配置，继续向困难地区和薄弱环节倾斜，促进教育的均衡发展，引导全面实施素质教育。

（2）**实现教育公平，要增强教师职业吸引力。**教师是推进教育公平最宝贵的资源，是实现教育公平的关键所在。因此要不断完善体制机制，把提高教师地位待遇作为真招实招，让广大教师在岗位上有幸福感、在事业上有成就感、在社会上有荣誉感，让教师成为让人羡慕的职业，解决教师队伍的后顾之忧，真正让优秀老师"进得来、留得住、教得好"，为实现教育公平提供有力保障。

（3）**实现教育公平，要充分利用现代化信息手段，不断扩大优质教育资源覆盖面。**进入新时代，信息技术发展一日千里，人工智能、"互联网+"、大数据等技术蓬勃兴起，要顺应人民群众日益增长的对美好教育的需求，充分利用科技进步带来的便利条件，积极适应网络化、数字化、个性化的教育需求，填补"数字鸿沟"，使更多的贫困地区学生平等接受优质教育，逐步缩小区域、城乡、校际差距。

## 五、智慧城市

智慧城市就是运用信息和通信技术手段感测、分析、整合城市运行核心系统的各项关键信息，从而对包括民生、环保、公共安全、城市服务、工商业活动在内的各种需求做出智能响应。其实质是利用先进的信息技术，实现城市智慧式管理和运行，进而为城市中的人创造更美好的生活，促进城市的和谐、可持续成长。随着人类社会的不断发展，未来城市将承载越来越多的人口。目前，我国正处于城镇化加速发展的时期，部分地区"城市病"问题日益严峻。为解决城市发展难题，实现城市可持续发展，建设智慧城市已成为当今世界城市发展不可逆转的历史潮流。

【背景分析】

城市化进程的加快，使城市被赋予了前所未有的经济、政治和技术的权利，城市被无可避免地推到了世界舞台的中心，发挥着主导作用。与此同时，城市也面临着环境污染、交通堵塞、能源紧缺、住房不足等方面的挑战。在新环境下，如何解决城市发展所带来的诸多问题、实现可持续发展成为城市规划建设的重要命题。

"智慧城市"作为一种战略被提出，将更多新技术用于构成城市的核心系统中，实现对互联互通，进而实现更高层次的智能，构建创新2.0时代的城市新形态。在此背景下，"智慧城市"成为解决城市问题的一条可行道路，也是未来城市发展的趋势。

各国在智慧城市方面的探索与实践，都注重通过新一代信息技术的应用，从市民需求出发，以各种基础网络为支撑建设感知设施，通过信息的融合分析提供智能服务。国际上智慧城市的先行者还特别强调以市民为中心，强调用户参与、社会参与的开放创新空间构建。

【影响分析】

（1）**提升城市运行效率，推动城市发展转型升级。**通过加强就业、医疗、文化、安居等专业性应用系统建设，能够提升城市建设和管理的规范化、精准化和智能化水平，有效促进城市公共资源在全市范围共享，积极推动城市人流、物流、信息流、资金流的协调高效运行，在提升城市运行效率和公共服务水平的同时推动城市发展转型升级。

（2）**打造智慧便民服务，提高群众幸福感。**从智慧就医、智能购物到智慧交通，有助于保障群众的生活更加便利、高效，服务体验更加优质、专业。此外随着人工智能、大数据的发展和应用，逐步实现多领域跨行业的"一卡通"智慧便民服务，群众的生活方式正发生着前所未有的变化，便利度、体验感、幸福感爆棚。

（3）**提升监控力度，提高智能化管理水平。**充分利用信息技术，通过动态视频系统的智能化建设和数据的挖掘，有助于加大城市的安全监控能级，打造"平安城市"。通过建设"数字城市"工程，加大智能化城市综合管理和服务系统建设，有助于实现数据信息的充分共享、城市安全状况的实时监控及动态管理，全面提升监控力度和智能化管理水平，确保城市安全、文明、有序。

【对策分析】

**第一，科学统筹，系统规划。**提高城市发展的战略部署，精准把握智慧城市发展的主线，注重系统工程推进，综合集成资源，科学构建智慧城。推进智慧城市在产业经济、市政管理、社会民生、资源环境和信息技术方面全方位共同发展，全领域深化建设。

**第二，加大研发，深化新技术应用。**加大互联网、物联网、人工智能、大数据、区块链等新技术的研发和深度运用，并在物联网、云计算等新一代信息技术的基础上，推进工业化和信息化的深度融合，拓展新技术的应用广度和深度，拉动经济又好又快增长。将新技术与群众的衣食住行有机结合，催生新型生活方式，持续提高群众幸福感、满足感。

**第三，大力推进基础设施的建设和共享。**推进基础设施的开发建设力度，加大资源的整合和共享，提升城市基础设施支撑能级。推进实体基础设施和信息设施的全方位、全领域整合共享，提高基础设施和信息设施的利用率和利用效能，提升城市智慧化水平。

## 六、养老问题

全国老龄办相关数据表明，截至2017年底，我国60岁及以上老年人口有2.41亿人，占总人口的17.3%。当前，我国人口老龄化日益加剧，养老服务领域面临的考验和挑战也越来越大。积极应对人口老龄化，让养老服务更加贴心，让每一个人都可以无惧时光，从容优雅地老去是全社会共同的责任。

**【背景分析】**

老有所养是指老年人依靠社会和家庭能够得到所需的生活照顾和经济、物质保证。现阶段老有所养的基本含义主要包括两个方面：一是老年人所需要的经济、物质生活条件基本得到保证；二是老年人在日趋衰老或因病痛生活不能自理时，应得到社会或家庭的帮助和照顾。

目前，发达国家一般都普及了老年社会保险制度，养老费用及对老年人的照顾主要由社会承担，因而老有所养主要是通过社会来实现。但我国目前仍是发展中国家，且老年人规模大，处于未富先老的现状。如何通过家庭、政府、社会共同担起养老责任是大课题。

党和国家高度重视养老问题，加强顶层设计，积极推动实施，在养老服务事业上交出了一份沉甸甸的成绩单：组织开展居家和社区养老服务改革试点，医养结合试点，基本建立以居家为基础、社区为依托、机构为补充、医养相结合的养老服务体系……从"兜底线"到"更完善"，我国已建立起了一张巨大的养老保障安全网。

**【影响分析】**

（1）**维护老年人体面、有尊严的生活**。老年人为社会做出巨大的贡献，在他们年迈之时，让老人老有所养、老有所依是社会和政府的基本责任，体现的是社会的温度和最起码的文明。社会、政府积极参与养老事业，有助于减轻子女养老的压力，为家庭养老提供支撑，让老年人年迈之时不寒心、不孤单，让老年人老有所盼、老有尊严。

（2）**提高老年人的生活幸福感和人生价值**。加大对养老问题的社会关注度，从物质到精神上给予老年群体支持和关怀，有助于在老有所养的基础上实现老有所为、老有所乐、老有所学，通过多元化的社区活动、丰富的文化节目让老年人陶冶情操，丰富生活，为老年人的生活增添欢乐，度过幸福有为的晚年，确保老年群体实现更高的人生追求和价值追求。

**【对策分析】**

（1）**完善制度保障，让养老服务更有分量**。"无以规矩，不成方圆。"从顶层设计层面建立完善的养老服务体制机制，提升制度"含金量"是让养老服务更加贴心的有效保障。

首先要"稳"字当头，深化养老服务改革，持续提高基本养老保险覆盖率，制定相应的行业服务质量标准；其次应完善法规政策，加强行业监管，净化养老服务行业环境；最后要关注农村留守老人、失能老人等特殊群体，在"精准"养老服务上下功夫。

（2）==导入"智慧"元素，让养老服务更有容量。=="互联网＋"与各行各业的深度融合、"智慧化"特色养老服务的加入，为进一步放开养老服务市场、推进养老机构转型升级、引导社会力量参与养老行业，提供了更多可能。在养老服务行业导入多元的"智慧"元素，进一步推动智慧养老健康服务产业，既可以精准对接老年人需求，实现资源的优化配置和对接，也可以进一步提升老年人的获得感、幸福感和参与感。

（3）==注入人文关怀，让养老服务更有质量。=="老吾老，以及人之老。"没有人喜欢"孤独终老"，当我们步履蹒跚、睡眼昏沉的时候，不仅需要物质上的保障，更需要情感关爱和精神慰藉。因此，在确保老年人"老有所养"的同时，应注重丰富老年人的精神文化生活，加强日常沟通和交流，鼓励温情的居家、社区和互助养老，让老年人老有所依、老有所乐，能够幸福地安度晚年。

## 第三节 "高效治理"——政务热点

### 一、政务"一网通办"

互联网时代，当我们登录一个电商平台，只要"一键下单"，交易、支付和物流统统搞定。这样的网购体验，已成为日常生活场景。那么到政府办事何时能像网购一样方便？这是很多人的期盼，也是上海正在开展的探索。上海市委市政府提出，加快智慧政府建设，全力打响"一网通办"政务服务品牌，让政府的"店小二"式服务，不仅有真诚的态度，更有过硬的功夫。

**【背景分析】**

尽管这些年，各级政府在简政放权上做了很多努力，但百姓的满意度不高，办事难仍然是亿万群众集体化的强烈呼声。去政府部门办事，往往是知道办事的目的，却不了解办事的流程，导致跑了很多冤枉路。向某部门提交的材料，还要到另一部门再提交一次，且两者互设条件，以至于出现"你妈是你妈"之类的奇葩证明……

在此背景下，上海市委市政府提出，2018年加快建成上海政务"一网通办"总门户，将面向企业和群众的所有线上线下服务事项，逐步做到一网受理、只跑一次、一次办成。通俗地说，就是通过统一政务受理的入口，让企业和群众从逐个"找部门"变为直接"找政府"。这不仅需要理念的转变，更需要流程的再造。建设卓越的全球城市，确实需要与之相匹配的政务服务。

**【影响分析】**

(1) **着力建成政务"一网通办"总门户，打造综合化政务服务体系。**对面向群众和企业的所有线上线下服务事项，逐步做到一网受理、只跑一次、一次办成，逐步实现协同服务、一网通办、全市通办。全面推进线上线下政务服务流程再造、数据共享、业务协同，形成一网受理、协同办理、综合管理为一体的政务服务体系，并通过应用大数据、人工智能、物联网等新技术，提升政府管理科学化、精细化、智能化水平。

(2) **通过打响"一网通办"品牌，实现"群众少跑路"。**通过打造"一网通办"倒逼全市各级政府线上线下政务服务流程再造、数据共享、业务协同，实现政务服务减环节、减证明、减时间、减跑动次数，真正做到从"群众跑路"到"数据跑路"。此外，在"一网通办"建设中，有效减少各部门的自由裁量权，让权力运行更加透明，也倒逼各部门加快从事前审批转向事中事后监管。

(3) **从长远来看，"一网通办"和智慧政府建设，将为上海实现"高质量发展"、创造"高品质生活"，提供关键的支撑。**从经济发展层面看，随着城市数据从碎片化走向集成化，政府的决策将更加科学而不是"拍脑袋"，对企业的服务也会更加精准有效。随着"一网通办"的推进，上海的政务服务将在"店小二"精神之外，装上"智慧大脑"。一个"有求必应、无事不扰"的智慧政府，将为上海迈向"卓越的全球城市"提供坚强支撑。

**【对策分析】**

(1) **做好"一网通办"顶层设计。**为实现从"群众跑腿"到"数据跑路"、从"找部门"到"找政府"这一目标，使本市的"一网通办"站位更高、行稳致远，必须在制度供给上突出"一网通办"的整体性、协同性、规范性、标准性、便捷性和有效性。同时，建立高效的统筹协调工作机制，做好政策衔接。

(2) **科学统筹"一网通办"和公共数据的总体发展规划。**加强市、区两级电子政务基础设施的统筹规划和统一管理，加快基础设施的建设与连通，推进电子政务网络、电子政务云、大数据资源平台等的共建共享共用，形成上下贯通、集约整合的一体化服务网络，实现实时感知、智能管理。

(3) **强化"一网通办"中的规范化与标准化建设。**一方面，全面梳理与群众日常生产生活、企业办事密切相关的公共服务事项，编制公共服务事项清单及办事指南。具体明确相关事项减环节、减证明、减时间、优流程的标准。另一方面，统一数据共享标准，明确数据共享的格式要求、类别、范围等内容，实现各区、各层级、各渠道发布的政务服务事项数据同源、同步更新。

## 二、长三角一体化发展

习近平总书记在首届中国国际进口博览会上宣布，支持长江三角洲区域一体化发展并上升为国家战略,着力落实新发展理念,构建现代化经济体系,推进更高起点的深化改革和更高层次的对外开放。《长江三角洲区域一体化发展规划纲要》范围包括上海市、江苏省、浙江省、安徽省全域,规划至2025年,展望2035年。推动长三角一体化发展,增强长三角地区创新能力和竞争能力,提高经济集聚度、区域连接性和政策协同效率,对引领全国高质量发展、建设现代化经济体系意义重大。

【背景分析】

(1)长三角地区具有一体化建设的经济基础和科技优势。自改革开放以来长三角地区经济社会发展取得举世瞩目的成就,成为引领全国经济发展的重要引擎。经济互通互联、地区企业融合性强是长三角一体化建设隐形的纽带和桥梁。此外,长三角地区科教资源丰富,拥有上海张江、安徽合肥2个综合性国家科学中心。区域创新能力强,科创产业紧密融合,大数据、云计算、物联网、人工智能等新技术与传统产业渗透融合,在电子信息、生物医药、高端装备、新能源、新材料等领域形成了一批国际竞争力较强的创新共同体和产业集群。

(2)长三角地区具有一体化建设的设施基础和生态条件。长三角地区拥有通江达海、承东启西、联南接北的区位优势,协同开放水平较高。重大基础设施基本联通,交通干线密度较高,省际高速公路基本贯通,主要城市间高速铁路有效连接,沿海、沿江联动协作的航运体系初步形成,区域机场体系基本建立。此外,长三角生态环境联动共保,"绿水青山就是金山银山"的理念深入人心,长三角地区空气、水、土壤污染联防联治联动机制逐步完善,太湖、淮河等流域合作治理取得明显成效,都为长三角一体化建设提供坚实的基础。

【影响分析】

(1)实施长三角一体化发展战略,是引领全国高质量发展、完善我国改革开放空间布局、打造我国发展强劲活跃增长极的重大战略举措。推进长三角一体化发展,有利于提升长三角在世界经济格局中的能级和水平,引领我国参与全球合作和竞争。

(2)有利于深入实施区域协调发展战略,探索区域一体化发展的制度体系和路径模式,引领长江经济带发展,为全国区域一体化发展提供示范。有利于充分发挥区域内各地区的比较优势,提升长三角地区整体综合实力,在全面建设社会主义现代化国家新征程中走在全国前列。

【对策分析】

(1)坚持创新共建。推动科技创新与产业发展深度融合,促进人才流动和科研资源共享,整合区域创新资源,联合开展卡脖子关键核心技术攻关,打造区域创新共同体,共同完善技术创新链,形成区域联动、分工协作、协同推进的技术创新体系。

(2)坚持协调共进。着眼于一盘棋整体谋划,进一步发挥上海龙头带动作用,苏、浙、皖各扬所长，推动城乡区域融合发展和跨界区域合作，提升区域整体竞争力，形成分工合理、优势互补、各具特色的协调发展格局。

（3）**坚持绿色共保**。践行"绿水青山就是金山银山"的理念，贯彻"山水林田湖草"是生命共同体的思想，推进生态环境共保联治，形成绿色低碳的生产生活方式，共同打造绿色发展底色，探索经济发展和生态环境保护相辅相成、相得益彰的新路子。

（4）**坚持民生共享**。增加优质公共服务供给，扩大配置范围，不断保障和改善民生，使改革发展成果更加普惠便利，让长三角居民在一体化发展中有更多获得感、幸福感、安全感，促进人的全面发展和人民共同富裕。

### 三、优化营商环境

营商环境是指企业在开设、经营、贸易活动、纳税、关闭及执行合约等方面遵循的政策法规所需的时间和成本等条件。营商环境包括影响企业活动的社会要素、经济要素、政治要素和法律要素等方面，是一项涉及经济社会改革和对外开放众多领域的系统工程。一个地区营商环境的优劣直接影响着招商引资的多寡。良好的营商环境是一个国家或地区经济软实力的重要体现，是一个国家或地区提高综合竞争力的重要方面。

【背景分析】

近来，一些经济下行压力较大的地方，出现了对营商环境的诟病。经济发展滞后，下行压力大，不能一概归咎于资源匮乏、基础薄弱和政策不给力，没有依法依规、温暖透明的营商环境，凡事靠关系、靠熟人而不靠制度，到了手的"金娃娃"也会飞走。

因此，我们要清楚地认识到，高效而良好的行政服务环境不是孤立存在的，必须植根于城市的整体氛围之中——既要让领导干部身上表现出来的"店小二"精神引领城市精神的深化提升，也要用充盈在城市方方面面的服务精神进一步助推行政服务环境的优化升级。

上海政府工作报告引人注目地强调"优化营商环境"，要求深化"放管服"改革，坚决为企业松绑，释放了一堆"大礼包"。优化营商环境被提升到"解放生产力、提高竞争力""破障碍、去烦苛、筑坦途，为市场主体添活力，为人民群众增便利"的高度。为了优化营商环境，上海一直强调政府部门要拿出"店小二"的服务意识。

【影响分析】

（1）**有助于培育提升制度环境软实力和国际竞争新优势**。优化营商环境的本质在于为企业经营者和投资者建设一个公平公正、民主法治、诚实守信、安定有序的社会发展环境。良好的营商环境有利于国家或地区有效地开展招商引资、交流合作，并更加自信地参与国际竞争。

（2）**激发市场活力、推动经济转型升级提高市场竞争力的客观要求**。"营商环境就是生产力"，站在我国经济从高速增长阶段转向高质量发展阶段这一新的历史起点上，只有形成充满活力、富有效率、更加开放的法治化、国际化、便利化的营商环境，才能着力降低制度性交易成本，激发市场活力、释放国民经济增长动能、推动产业转型升级。

【对策分析】

（1）**持续提升营商环境法治化水平。**大力营造全社会依法依规营商办事的浓厚氛围，加大产权保护力度，清理、规范涉企收费，健全以"双随机、一公开"监管为基本手段、以重点监管为补充、以信用监管为基础的新型监管机制。

（2）**持续提升营商环境国际化水平。**建立国际化知识产权保护体系，完善营商保障制度建设，加快全国通关一体化改革进程，落实外商投资企业公平待遇，进一步激发市场活力、优化发展环境。

（3）**做好加减法，优化营商环境。**加大简政放权力度，为企业减税降费，通过行政审批制度改革为企业松绑；加法推进"互联网+政务服务"，通过"最多跑一次"改革使企业的交易成本持续下降，切实优化营商环境，激发经济活力。

优化营商环境是一个系统工程，既要改善基础设施等硬环境，更要在提高服务水平、营造法治环境等软环境建设上有新突破，更好地发挥制度的支撑、保障、激励作用。只有更好发挥政府作用，对标国际最高标准，才能打造法治化、国际化、便利化的营商环境。

# 第四节　"引领市场"——经济热点

## 一、经济转型，中美贸易争端

中美贸易关系自从两国建立贸易关系以来就在摩擦和曲折中发展。中国加入世界贸易组织以来，随着两国经贸关系的发展，贸易摩擦出现的频率反倒有所增加，美国成为与中国发生贸易摩擦最多、最激烈的国家。美国公司对海外竞争对手提出的倾销指控中，有20%以上涉及中国。尽管庞大的美国市场和迅速崛起的中国市场已有日益密切的经贸往来，但是如此激烈的贸易摩擦，不禁让人担心中美经贸关系的前景。中美贸易不是单纯的经济决策，而是经济利益和政治现实的平衡。

【背景分析】

中美经贸关系一直是中美两个大国关系的"压舱石"和"稳定器"。但是2018年以来，美国采取单边主义措施，挑起贸易战，导致中美之间贸易摩擦和争端不断升级。美方主动挑起争端，步步紧逼，极限施压和讹诈，言而无信，反复无常，蛮横无理。打不打贸易战，显然不以中国意志为转移。造成中美之间这种疾风暴雨式的贸易战的背景很复杂。

具体来说，首先是极端重商主义的特朗普太"怪"。特朗普是一位极具重商主义色彩的总统，不但把国际贸易看成是"零和游戏"，而且认为过去几十年里美国与他国进行的贸易均存在严重的"不公平"，美国一直在做亏本的生意。所以他发誓，要在任内实现彻底"纠错"，还美国一个"公道"的国际贸易。此外，特朗普具有多变性和神经质特征，出尔反尔，反复无常，本来很有成果的谈判，隔夜就"变脸"，让全世界各国发蒙，没有人能准确判断特朗普的行事风格。

其次是中国经济发展太"快"。中国改革开放40年，年均经济增长9.5%，整个中国社会实现了从穷到富的历史性跨越，创造了世界经济的奇迹。尤其是中国加入世界贸易组织以后，经济持续高增长，2010年，中国GDP超过了日本，成为世界第二大经济体。之后中国这只"大鹏"还在继续飞翔，与世界老三的差距越来越大，到2017年，中国的GDP已经是日本的2.5倍以上。有预计认为，到2025年左右，中国GDP会超过美国，达到世界第一。这样的发展速度让美国焦虑。

【影响分析】

（1）**深度破坏全球产业链。**全球价值链构建了一个不同国家或不同地区的不同公司，利用不同的工序和功能，实现产品的生产、销售和最终使用的体系。也就是说，在全球化背景下，有些国家专业"生产"知识与研发，而另一些国家专业于制造业或品牌行销。因此，一个产品的增加值不再完全属于某一个国家，而是整条价值链上的参与者都可以分一杯羹。因此，特朗普挑起的贸易战不仅对中美两国经济造成伤害，也将使全球产业链遭到严重破坏。

（2）**严重冲击自由贸易体系。**在经济全球化深入发展的当今世界，世界各国已经形成"你中有我、我中有你"的相互依存关系，世界各国通过多年形成的产业链互通有无、取长补短。美国特朗普政府当前表现出来的单边主义做法，不仅对全球产业链造成强烈冲击，也给正在复苏的世界经济增加了不确定性。贸易战将使一些国家不得不抛弃WTO所宣导的多边贸易、自由贸易的国际规则，对自由贸易体制产生重创。

【对策分析】

对于美方发起的贸易战，中国早就表明态度：不愿打，但也不怕打，必要时不得不打。面对美国的软硬两手，中国也早已给出答案：谈，大门敞开；打，奉陪到底。经历了五千多年风风雨雨的中华民族，什么样的阵势没见过？在实现民族复兴的伟大进程中，必然会有艰难险阻甚至惊涛骇浪。无论外部风云如何变幻，对我国来说，最重要的就是做好自己的事情，不断深化改革、扩大开放，实现经济高质量发展。

（1）**从对内改革上说，一要简政放权，**"小政府、大企业"始终是市场经济国家的共同追求，中国经济已经是世界经济重要的部分，只有不断减少行政干预，才能更加符合市场经济国家的要求。二是改善营商环境，不断完善制度，吸引海外资本。三是通过财政补贴和减税等政策调整，增加中小企业活力和国民个人收入，扩大中国内需市场，对冲外部市场的局部收缩。四是通过加大投入，加强自主科技研发，为中国产业竞争力的持续发展提供可靠的技术基础和动力。

（2）在对外开放层面看，一是进一步推动贸易自由化和投资便利化，利用中日关系转圜的时机，推进中日韩自贸区及《区域全面经济伙伴关系协定》（RCEP）的尽早达成。二是通过进一步扩大国内市场开放和深化"一带一路"建设，扩大我国对外经济交往，加强和固化与世界各国的自由贸易。

无论美国下一步是要谈，还是要打，抑或是采取别的动作，我国已经做好了全面应对的准备。正如习主席所指出，中国经济是一片大海，而不是一个小池塘；狂风骤雨可以掀翻小池塘，但不能掀翻大海；经历了无数次狂风骤雨，大海会依旧在那儿。

## 二、互联网直播平台发展

"口红一哥"李佳琦直播 5 分钟卖出 15 000 支口红；"带货女王"薇娅直播 2 小时销售额超 2.67 亿元……2020 年以来大"火"的直播带货，在给各大电商平台带来超高成交额的同时，却也"翻车不断"，直播中"不粘锅粘锅""状元蟹不是大闸蟹"等话题频上热搜。

### 【背景分析】

（1）如今网络直播带货已成电商的标配，异常火爆，各大平台都在争夺有影响力的主播入驻。如今，网络直播已成为各大行业在电商平台新的发展增长点。相关报告显示，2018 年加入淘宝直播的主播人数同比增长 180%。在给消费者带去娱乐体验的同时，这些网络明星也带来了全景式的消费模式，受到很多消费者的认可。

（2）网络视频直播是现在媒体的最高端形态。从信息传播的角度来看，文字可以捏造，图片可以 PS，就连视频也能剪辑制作，唯独直播，它可以让用户与现场进行实时连接，具备最真实、最直接的体验。正因为真实，所以接下来会出现什么都是不可预料的，才会给用户足够的想象空间和惊喜，吸引用户收看，而其强大的互动性也拉近了粉丝和主播的距离。

（3）然而，直播带货是近两年刚刚涌现的新的商业营销方式，监管制度缺位，缺乏有效监管，更导致直播带货良莠不齐和野蛮生长，在爆发式增长的同时暗暗滋长了各种乱象，虚假宣传、产品质量差、数据造假、售后服务跟不上和维权难等问题频频发生，严重损害了消费者的合法权益。导致这些乱象发生主要是一些主播们为快速获利，忽视消费者权益，对产品把关不严或故意夸大其词。

### 【影响分析】

当然，不可否认直播带货的优势明显，"电商＋直播"火热的背后是用户需求升级的结果，也是电商平台发展的选择。

(1) <mark>直播带货刺激消费，拉动内需。</mark>网络直播中产品直观，交互性强。在网络直播的过程中，商家能跟观众产生即时互动关系，直接解决观众对产品的疑虑，使商家能在直播现场达成即时成交的目的。同时互联网直播不受地域限制，受众面更广，直播营销经济效益实现飞跃式上涨，电商批量出货也让消费者享受价格红利，极大地刺激了网民消费。

(2) <mark>直播带货打开销路，促进产业发展。</mark>我国网民数以亿计，而通过网络直播，以一台智能手机直播营销，省却了大量的场地费和媒介费，只要商品本身质量过硬、物美价廉，数分钟成交千万订单已是常事。尤其是互联网时代，每个人都可以为自己的商品代言，从而促进产品销售。比如超级网红李子柒通过自拍农村文化美食生活，自己担当宣传人、代言人、制作人，以一部智能手机打开了农家特产的销路，也在传播美食中传播传统乡土文化。

(3) <mark>直播带货催生跨界合作新常态。</mark>在直播营销中，通过明星亮相，进行产品的直接介绍和现场体验，带动粉丝消费，同时，通过平台用户的轰动效应会为明星提高曝光度，相较于传统模式的宣传，更具有优势。"直播＋明星＋品牌"借助明星放大品牌价值，借助平台用户增加明星人气，借助品牌入驻提高平台宣传。随着该模式的逐渐形成，跨界合作将成为新形态。

【对策分析】

很明显，直播带货狂欢背后，应尽快浇上一瓢法制与监管的"冷水"，让直播带货行为"清醒"一下。主要是加快直播带货监管法制建设进度，将直播带货纳入市场监管正轨。

(1) <mark>市场监管部门增强监管的紧迫感、责任感和使命感，为电商发展营造有利的法治环境。</mark>及时修改《广告法》和《电商法》，将直播带货列为其重要内容，要求进行直播带货的网站平台应接受监管部门审核，提高直播带货准入门槛，将未经审核就进行直播带货的行为视为违法，依法进行取缔和严惩，使直播带货有法可依。

(2) <mark>及时建立直播带货诚信评价机制，</mark>对于随意夸大其词、欺诈和误导消费者的直播带货行为应纳入社会诚信考核体系，实行"零容忍"，对直播带货虚假宣传的网红除进行严厉经济处罚之外，将违法情节严重、污点信息较多的网红拉入黑名单，实行封号，取消其终身直播带货从业资格；同时对直播平台也加大处罚力度，凡发现有直播虚假商品信息的平台吊销其直播带货资格，以便提高违法直播带货成本，增强监管震慑力。

(3) <mark>应建立和完善社会监督体系，</mark>接受公众举报，将直播带货置于全民有效监管之下；建立直播带货维权机制，维护消费者的知情权、选择权与监督权，切实保护好网购消费者的合法权益。

(4) 消费者在网上浏览用户评价时应擦亮双眼，仔细分辨，尽量选择详细描述商品质量、使用客观感受的评价作为参考，对于过于简单的连续好评或者过于夸张的吹捧不要轻信。此外，在网上选购商品时，认真查看商家资质，优先选择经营资质齐全、规模大、信誉好的电子商务平台上的自营店或品牌官方旗舰店，防止掉入陷阱。

## 三、乡村振兴、乡村治理

2019 年《关于加强和改进乡村治理的指导意见》要求，进一步推进乡村治理体系和治理能力现代化，夯实乡村振兴基层基础，加强和改进乡村治理。实施乡村振兴战略，加强乡村治理不仅要让农民"住上好房子、开上好车子"，还要让农民"过上好日子、活得有面子"，满足其精神需求。特别是在乡村居民生活水平已经接近全面小康、衣食住行已经不成问题的现阶段，满足农民对更高生活品质的追求，就显得更为重要，也更为迫切。

【背景分析】

中国是农业大国，农村人口占全国人口的绝大多数，农民问题和农村问题在整个社会发展进程中占有极其重要的地位，是影响我国经济和社会发展的关键因素，也是构建和谐社会面临的重大问题。因此，在我国可以说农村稳则天下稳，农村安则天下安。我国这些年在"三农"领域取得了极大的成就，但是现今乡村治理问题仍然存在，很大程度上制约了农村的发展。

我国城市化、城镇化进程中，吸引了大量的乡土精英人才不断离土离乡，向着城市单向流动，农村人去地荒、出现了空心化。这种农村的"空心化"直接导致了乡村治理精英的缺失，谁来有效治理乡村社会从而实现乡村社会"善治"成为一个普遍性的难题。此外，乡村治理制度不够完善。虽然我国在基层政府中建立了基层群众自治、信访等制度，但村民参与治理依然缺乏有效的制度保障，加之缺乏具体的操作规定、决策机制不健全、制度化参与渠道贫乏等，乡村治理呈现出非制度化和无序性并存的状况。

【影响分析】

（1）乡村治理是推动乡村振兴、实现文明宜居乡村的关键一环。加大乡村治理是解决农村"脏乱差"问题和痛点的必然选择，有助于构建环境美、生活美的宜居乡村，增强群众的幸福感、满足感。在乡村治理中，不断促进农民素质提高、乡村发展整体进步，在脱贫致富中正确处理富脑袋与富口袋的关系。在治理中凝聚人心，为乡村振兴注入强大的精神动力，推动文明宜居乡村的建设。

（2）有助于实现农民对美好生活的追求。追求科学文明健康的生活方式，渴望良好的人际关系和社会风气，希望生活在和谐安定、协调有序的社会环境，盼望享受到现代化文明成果，这是农民群体的一致追求和愿望。只有不断推进乡村治理，才能促进乡风文明，顺应农民群众的愿望，满足农民的精神需求，丰富精神文化世界，从而实现对高水平美好生活的追求。

（3）增强乡村活力和魅力。推进乡村治理，有助于保障和改善农村民生、促进农村和谐稳定。以自治增活力、以法治强保障、以德治扬正气，有助于构建共建、共治、共享的社会治理格局。走中国特色社会主义乡村善治之路，有助于建设充满活力、魅力的和谐有序乡村社会。

【对策分析】

（1）**发挥党员在乡村治理中的先锋模范作用。**推动党员在乡村治理中带头示范，带动群众全面参与。密切党员与群众的联系，了解群众思想状况，帮助解决实际困难，加强对贫困人口、老年人、残疾人、特困人员等人群的关爱服务。

（2）**增强村民自治组织能力。**健全党组织领导的村民自治机制，完善村民会议制度，推进民主选举、民主协商、民主决策、民主管理、民主监督实践。进一步加强自治组织规范化建设，充分发挥村民委员会、群防群治力量在公共事务和公益事业办理、民间纠纷调解、治安维护协助、社情民意通达等方面的作用。

（3）**发挥道德模范引领作用。**深入实施公民道德建设工程，加强社会公德、职业道德、家庭美德和个人品德教育。大力开展文明村镇、农村文明家庭、星级文明户、五好家庭等创建活动，广泛开展农村道德模范、最美邻里、身边好人、新时代好少年、寻找最美家庭等选拔活动，开展乡风评议，弘扬道德新风。

（4）**推进法治乡村建设。**规范农村基层行政执法程序，加强乡镇行政执法人员业务培训，严格按照法定职责和权限执法，将政府涉农事项纳入法治化轨道。大力开展"民主法治示范村"创建，深入开展"法律进乡村"活动，实施农村"法律明白人"培养工程，培育一批以村干部、人民调解员为重点的"法治带头人"。深入开展农村法治宣传教育。

## 四、推动经济高质量发展

当下，我国经济已由高速增长阶段转向高质量发展阶段。一是从"速度"到"质量"的变化。这意味着今后经济工作的主旋律不再是速度，而是质量。从"速度"转向"质量"是一种理念的创新，也是思想的解放。二是从"增长"到"发展"的变化。高质量发展意味着今后不仅要重视量的增长，更要重视结构的优化；不仅要重视经济的增长，更要重视保护环境、提升社会文明水平，以及完善社会治理等多个方面，强调的是"五位一体"的全面发展和进步。

【背景分析】

推动高质量发展是适应我国社会主要矛盾变化的必然要求。党的十九大报告指出，经过长期努力，中国特色社会主义进入了新时代。做出这一判断的主要依据是，我国社会主要矛盾已经转化为人民日益增长的美好生活需要和不平衡不充分的发展之间的矛盾。

社会主要矛盾的变化决定了经济工作的方向和重点，要求我国经济发展切实转向高质量发展。把握社会主要矛盾的变化，关键是全面准确理解"不平衡不充分的发展"。

"不平衡"指的是经济社会体系结构问题，主要表现为经济的"实"与"虚"发展不平衡、区域发展不平衡、城乡发展不平衡、收入分配不平衡、经济与社会发展不平衡等。

"不充分"指的是总量和水平问题，主要表现为市场竞争不充分、有效供给不充分、动力转换不充分、制度创新不充分等。不平衡不充分的发展都是发展质量不高的表现。

**【影响分析】**

（1）<mark>有助于实现质量强国、经济强国的发展目标</mark>。推动质量变革、建设质量强国、增强质量优势是习近平新时代中国特色社会主义经济思想的重要内容。实现社会主义现代化，经济是基础，质量是关键。只有推进高质量发展，才能在新一轮产业革命和技术革命中抓住机遇，提升科技实力、创新能力，实现创新发展，打造质量强国、经济强国。

（2）<mark>推动经济高质量发展有助于推进建设现代化经济体系</mark>。推动高质量发展有助于优化现代化经济体系的空间布局，提高现代化经济体系的国际竞争力，实现经济又好又快地发展。

（3）<mark>推动高质量能够满足人民日益增长的美好生活需要</mark>。高质量的发展是以人民为中心的发展，有助于增进人民福祉、促进人的全面发展。应以人民需求为导向，提供高质量产品和服务，加快实现更高品质的生活。

**【对策分析】**

（1）<mark>创新驱动发展，深化供给侧结构性改革</mark>。要把推动发展的着力点更多放在创新上。激发调动全社会的创新激情，持续发力。营造有利于创新创业的政策环境和制度环境，全面深化"放管服"改革，优化政府服务供给，减少对创新创业活动的干预，为创新驱动发展与供给侧结构性改革营造良好环境。

（2）<mark>构建全面开放新格局</mark>。一方面要从传统出口导向型发展方式转向产业升级与出口替代型发展方式，以战略性新兴产业为先导，大力发展先进制造业和现代服务业。另一方面要努力营造良好外部环境。坚定不移支持多边贸易体系，推进贸易自由化、便利化。

（3）<mark>坚持人才第一资源，集聚高端人才</mark>。紧抓长三角一体化发展机遇，持续强化人才引聚能力，高水平推进各项人才工作，全力打造人才最优生态。紧扣"产业链"布局"人才链"，用好高端人才资源。聚力打造高能级平台，持续完善人才政策，不断优化人才服务，深度赋能人才智力成果。

# 第五节 "传承创新"——文化热点

## 一、"不忘初心，牢记使命"教育活动

**【本质内涵】**

"不忘初心，牢记使命"主题教育是在全党范围内开展的主题教育活动，是推动全党

更加自觉地为实现新时代党的历史使命不懈奋斗的重要内容。党的十九大报告指出："不忘初心，方得始终。"中国共产党人的初心和使命，就是为中国人民谋幸福，为中华民族谋复兴。这个初心和使命是激励中国共产党人不断前进的根本动力。

【内涵剖析】

"初心"是最初的信念、最真的心声、最诚的信仰。如今，部分党员干部正面临着各种诱惑，有人心性不坚，最终沦为罪恶之徒。在当下纷繁复杂的社会，每位党员都应屏住呼吸，聆听最初的心声。只有不忘初心，牢记使命，才能继续前行。

（1）不忘初心，是不忘赤子之心，不忘为何出发。"赤子之心"一词出自战国·孟轲《孟子·离娄下》，形容人的心地善良、纯洁。从更深层意义上说，"赤子之心"应该是一个人的理想信念，而党员干部的赤子之心是忠诚于党、忠诚于人民。习近平曾将理想信念比喻为共产党人精神之"钙"，如果党员干部理想信念不坚定，精神上就会"缺钙"，就会得"软骨病"，并导致政治上变质、经济上贪婪、道德上堕落、生活上腐化。各位党员干部在面对多元化思潮和复杂的现实环境时，尤需擦亮眼睛、坚定信念，怀有对党对群众的赤子之心，铭记为何出发，要到达何地，做到洗尽铅华不忘本。

（2）不忘初心，是不忘为民之心，不忘为谁出发。曾经我们庄严发誓毕生要为民服务，而今日，多少人违背了自己的誓言？多少人离弃了群众？从群众办事"门难进""脸难看""事难办"到"老虎""苍蝇"打不完、拍不死，有多少人背离正道，走上歪路邪道？人民是我党赖以生存的如磐根基，更是我们发展前行的力量源泉。造福百姓、做人民公仆不能成为高谈阔论，不能成为一纸空文。持为民之初心，做为民之实事，才能得一方净土，留一片蓝天，守一生正气。

（3）不忘初心，才能继续前进，有始有终。坚守住初心，才能继续前行，但如何前行，怎样前行却是关键。破今日之困，解当下之难，我们必须要创新发展，推进改革，砥砺前行。真正激发群众的首创精神，构筑党与人民风雨同舟、生死与共的血肉联系。只有和亿万百姓拧成一股绳、汇成一江水、筑成一道墙，才能行在正道、走在正途。

【贯彻落实】

一是要把不忘初心、牢记使命作为加强党的建设的永恒课题和全体党员、干部的终身课题，领悟初心使命，坚守初心使命，践行初心使命，始终保持政治本色和前进动力，强化精神支柱和政治灵魂。

二是要深入推动学习贯彻习近平新时代中国特色社会主义思想往深里走、往心里走、往实里走，着力在学深悟透、融会贯通、知行合一上下功夫，切实做到真学、真懂、真信、真用。

三是要拿出自我革命的勇气，严肃党内政治生活，扎实开展政治监督，驰而不息抓好正风肃纪反腐，不断增强自我净化、自我完善、自我革新、自我提高能力。

四是要<mark>发扬斗争精神，勇于担当作为</mark>，树立重担当的正确导向，锻造善担当的过硬本领，激发敢担当的内在动力，以奋进姿态推动新时代全方位发展。

## 二、弘扬爱国主义精神

中央"不忘初心、牢记使命"主题教育领导小组要求在主题教育中，加强爱国主义教育，弘扬爱国主义精神，激发广大党员干部和人民群众的爱国热情。爱国主义是中华民族精神的核心，弘扬爱国主义精神在新时代中国特色社会主义事业中至关重要。

【背景分析】

中华民族几千年绵延发展的历史长河孕育了伟大的爱国主义传统。作为中华民族的精神基因，爱国主义产生了巨大的感召力和凝聚力，成为激励中华民族自强不息的强大力量。

中国共产党始终把实现中华民族伟大复兴作为自己的历史使命。在近百年的革命、建设、改革过程中践行初心使命，取得了举世瞩目的伟大成就，中国人民实现了从站起来、富起来到强起来的伟大飞跃。中国共产党用栉风沐雨、玉汝于成、波澜壮阔的光辉历程奏响了爱国主义的最强音，不断地赋予爱国主义新的时代内涵，为爱国主义教育增添更为丰富的宝贵资源。

习近平总书记在纪念五四运动100周年大会上的重要讲话深刻揭示出爱国主义的本质，即"坚持爱国和爱党、爱社会主义高度统一"。明确认清新时代爱国主义的本质，对于我们坚持正确的爱国主义方向，坚定中国特色社会主义道路自信、理论自信、制度自信、文化自信，具有重大意义。

【影响分析】

（1）弘扬爱国主义精神，有助于激发磅礴伟力，奋力实现"两个一百年"目标。中华民族几千年绵延发展的历史长河孕育了伟大的爱国主义传统。作为中华民族的精神基因，爱国主义产生了巨大的感召力和凝聚力，成为激励中华民族自强不息的强大力量。习近平总书记指出，爱国不能停留在口号上，而是要把自己的理想同祖国的前途、把自己的人生同民族的命运紧密联系在一起，扎根人民，奉献国家。做理性的爱国者，坚守初心使命，有助于更好地推动社会全面进步，为社会发展激发磅礴力量。

（2）弘扬爱国主义精神，彰显人民情怀，有助于保持同人民群众的鱼水深情。中国共产党人始终把人民放在心中最高位置，彰显出深厚的人民情怀。弘扬爱国主义精神就是要牢记人民利益无小事，一枝一叶总关情，切实加强党群、干群关系，打通联系服务群众的"最后一公里"，不断增强人民群众的获得感、幸福感和安全感。牢记为人民谋幸福的初心使命，坚持以人民为中心的发展思想，有助于始终保持同人民群众的血肉联系，实现人民对美好生活的向往。

【对策分析】

（1）**把爱国热情转化为促进改革发展的实际行动。**我国正处于"两个一百年"奋斗目标的历史交汇期，需要中国共产党人发扬钉钉子精神，以"功成不必在我，功成必定有我"的境界和担当，以"滚石上山、爬坡过坎"的勇气和干劲，保持忧患意识，增强斗争本领，克服狭隘民族主义，做理性的爱国者，坚守初心使命，赓续改革开放，更好地推动人的全面发展、社会全面进步。

（2）**明确认清新时代爱国主义的本质，坚持爱国、爱党、爱社会主义的有机统一。**中国共产党是中国最高政治领导力量，是中国特色社会主义事业的领导核心。立足于新时代的真正爱国者，要把爱国、爱党、爱社会主义三者高度统一、有机结合，才能共同构成和规定爱国主义的时代内涵。

（3）**练就过硬的爱国报国本领，重在增强时代责任担当能力。**按照德、智、体、美、劳全面发展的社会主义建设者和接班人的要求，我们需要全面提高素质能力本领，增强担当意识、担当勇气、担当精神，勇做走在时代前列的奋进者、开拓者、奉献者。学习掌握科学知识，提高内在素质，锤炼过硬本领，使自己的思维视野、思想观念、认识水平跟上时代发展。

## 三、加强监管，维护网络文化秩序

互联网技术的广泛应用不断催生新的文化业态。互联网已成为激活文化消费和信息消费的新引擎，以互联网文学、影视、动漫、游戏、音乐等细分领域为代表的互联网内容产业增长势头则更为突出。然而，网络文化消费在高速发展的同时，困境也随之产生。

【背景分析】

近几年，中国的互联网文化产业发展不平凡。从中央层面提出建设"网络强国"战略目标、依法治网常态化，到民间产业创新风起云涌，互联网金融百花齐放，传统媒体与新兴媒体加速融合。互联网时代巨轮轰鸣向前，网络文化如春风化雨润物无声，网络文化不断丰富了民众文化生活内涵，创造了前所未有的文化新体验。

网络文化是把双刃剑，如何不剑走偏锋，是当下之急。伴随着互联网技术的不断完善以及广泛的推广，我国的用户一方面享受着海量网络文化资源所带来的便利性，另一方面也面临着严峻的网络安全和网络环境秩序问题。为了进一步促进网络文化的健康发展，有关部门加快构建起网络安全防护体系，实现网络安全性的进一步提升。

【影响分析】

（1）**网络信息无孔不入，影响人们的判断力。**在传统的传媒方式之下，人们所获取的信息大多来源于报纸、广播、电视等，这些媒介在信息传递的过程中已经实现了不良消息的清除，但是网络的出现使得人们需要自己进行信息的分类，人们在借助网络这一平台进行信息搜集的过程中往往会面临淫秽、暴力等有害文化内容，而这些文化信息往往会对辨别力不强的青少年产生较大的负面影响，最终造成选择错误。

（2）==网络文化参差不齐，造成价值冲突==。网络文化在形成以及传播的过程中具有开放性，此外，作为一种多元的文化体系，网络文化普遍具有多重价值评判标准。在这样的背景之下，部分人会受到相关信息的误导，进而导致其人生观、价值观、道德观的扭曲以及错位。

（3）==对网络环境及人际关系造成负面影响==。在网络世界里，每个人都可以匿名存在，这就导致人们在网络世界中易挣脱责任的约束，出现谣言、辱骂等网络状况，不利于网络环境的净化。此外，长期痴迷于网络的民众往往会出现人际交往障碍，并出现不同程度的人际关系淡漠、疏远，严重时甚至走上犯罪的道路。

【对策分析】

（1）==规范网络文化传播秩序==。综合利用法律、行政、经济和行业自律等手段，规范网络信息传播秩序。坚决遏制违法有害信息网上传播，巩固壮大健康向上的主流舆论。完善网络文化服务市场准入和退出机制，打击网络侵权盗版行为，净化网络市场，规范网络文化传播秩序。

（2）==加强网络空间的治理，加强网络安全防范==。完善落实《网络安全法》，对网络建设者、运营者、参与者、使用者等所有网络主体的权利和义务明确规范。加强网络日常安全监管，落实网络平台主体责任，规范办网、用网、上网行为，加大网络违法违规行为查处力度。形成部门间协同联动机制，对低俗网络文化现象、涉及违法违规的网络文化联合整治，严查严防，严治严处，维护网络空间安全。

（3）==坚守底线意识，自觉维护网络秩序==。对无限践踏网络秩序、将个人自由凌驾于他人权益之上者，广大网友要与监管部门形成统一战线，主动抵制。在低俗网络文化面前，每位网名应该举起智者的大旗，提高自我"抗谣免疫力"，作合格的网民，守好底线。网络空间是亿万民众共同的精神家园，对每一位公民来说，在使用网络的时候一定要牢记法律底线、道德底线，自觉维护良好的网络秩序。

互联网是传播人类优秀文化、弘扬正能量的重要载体。我们要始终坚持社会主义先进文化前进方向，坚持正确舆论导向，遵循网络传播规律，弘扬主旋律，激发正能量，发展积极向上的网络文化。

# 附录　值得注意的面试模式

## 一、结构化小组面试题型解读

结构化小组面试是近两年在国税系统试点使用的一种新题型，是面试改革的一种代表趋势。上海公务员考试也需关注这种面试新题型。

顾名思义，结构化小组面试结合了结构化面试和无领导小组讨论的特点，要求3～5人为一组的测评者在规定的时间内依次作答结构化面试题目，并就作答情况互相点评。考生应对此类面试题，难度和压力都比传统的结构化面试大，加上现场互动的不可预测性，因此对考生的情境抗压能力、思维应变能力都有较高要求，但总体难度仍比无领导小组面试低。

具体方式有两人组、三人组、四人组、五人组多种形式，一般几人组就几题。实践中以三人三题组为主。下面以三人三题为例说明结构化小组面试流程与规则。

三人三题组的面试流程如下：

**（一）抽签**

所有考生经电脑抽签后，发给签号纸（打乱顺序随机组成小组，即安排到同一组的面试考生，报考的岗位可能不一样）。进入备考室前，按抽签顺序给考生贴好ABC序号

↓

**（二）进入备考室**

一共有15分钟供考生看题本（四题一般20分钟，五题一般为25分钟）。题本不可涂画，不可带入考场（场内场外都有题本、纸、笔），笔也不可带入考场，只能带草稿纸去面试教室

↓

**（三）进入考场**

中间是考官（一般5位），侧边有记分员、监督员

↓

**（四）面试结束**

面试完考生离开，现场不公布成绩

其面试规则如下：

1. 每组考生需要抽签确定每道题目的作答顺序
2. 面试答题的具体操作模式
3. 互相点评并反驳的操作模式

国家公务员考试国税系统面试，山东、广东、浙江、河南、河北、陕西、北京、上海、辽宁、江苏、四川、重庆一般采取的是结构化小组面试形式。

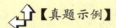【真题示例】

### 国税系统面试题
### 形式：结构化小组

1. 以下是组织激励的因素：
（1）工作环境；（2）薪酬福利；（3）领导认可；（4）成就感；（5）组织文化；（6）职业发展。

请从中选择两个因素并说明理由。

2. 小赵在西安工作，过年期间他有如下事情需要安排：
（1）有关系好的同学回国，只待几天时间，想跟小李叙叙旧；
（2）在北京的父母给小赵打电话让他和妻子回家吃年夜饭，已经两年没回家了；
（3）初一领导要求下基层慰问；
（4）初五北京的同学婚礼，全班最后一个同学结婚，大家说都要参加；
（5）初四单位值班；
（6）妻子初二准备了惊喜，计划去三亚游玩，共五天。

如果你是小赵，你将怎样安排？

3. 小李是帮扶志愿者，但是他的帮扶对象比较冷漠，没有感谢过小李，因此小李感到沮丧，请求调换帮扶对象，你作为自助团队负责人，会怎么劝说小李？请现场模拟。

## 二、无领导小组讨论面试解读

（一）无领导小组讨论方法

在评价中心技术中，用于评估和选拔管理人员的情景模拟测试有两种：（1）小组作业（group exercise）：参与者处于这样一种情境，任务的圆满完成需要参与者们的密切协作。（2）个人作业（individual exercise）：测试要求参与者独立完成任务。

无领导小组讨论属于前者,是评价中心常用的一种技术,也是一种对应试者进行集体测试的方法。通过给一定数目的应试者一个与工作相关的问题,让他们进行一定时间长度的讨论,来检测应试者的组织协调能力、洞察力、非语言沟通能力(如面部表情)等各个方面的能力,以及自信程度等个性特点和行为风格,以评价应试者之间的优劣。

无领导小组讨论由一组应试者组成一个临时工作小组,讨论给定的问题,并做出决策。由于这个小组是临时拼凑的,并不指定谁是负责人,目的就在于考查应试者的表现,尤其是看谁会从中脱颖而出,成为自发的领导者。在无领导小组讨论中,或者不给应试者指定特别的角色(不定角色的无领导小组讨论),或者只是给每个应试者指定一个彼此平等的角色(定角色的无领导小组讨论),但这两种类型都不指定谁是领导,也并不指定每个应试者应该坐在哪个位置,而是让所有受测者自行安排、自行组织,评价者只是通过安排应试者的讨论题目,观察每个应试者的表现,给应试者的各个要素评分,从而对应试者的能力、素质水平做出判断。

无领导小组讨论将自主形成三类角色:组织者、时间控制者和记录者、参与融入者。组织者有别于领导,能在讨论过程中对所有成员起组织引导作用,比如带领团队确定讨论标准,控制大家的发言次序,使之有序,引导没发言的发表意见,控制言语多的人抓紧时间表达重点等。

时间控制者对团体讨论时间做提醒与控制,记录者可以是每一位,记录讨论的过程、各人的观点和意见,用以总结归纳等。

每一位队员都将融入讨论中,成为参与者。

(二)无领导小组讨论的特点

**1. 无领导小组讨论的优点**

无领导小组讨论作为一种有效的测评工具,和其他测评工具比较起来,具有以下几个方面的优点。

(1)能测试出笔试和单一面试所不能检测出的能力或素质;

(2)能观察到应试者之间的相互作用;

(3)能依据应试者的行为特征来对其进行更加全面、合理的评价;

(4)能够涉及应试者的多种能力要素和个性特质;

(5)能使应试者在相对无意之中暴露自己各个方面的特点,因此用于预测其在真实团队中的行为有很高的效度;

(6)能使应试者有平等的发挥机会从而很快表现出个体上的差异;

(7)能节省时间,并且能对竞争同一岗位的应试者的表现进行同时比较(横向对比);

(8)应用范围广,能应用于非技术领域、技术领域、管理领域和其他专业领域等。

**2. 无领导小组讨论的缺点**

(1)对测试题目的要求较高;

(2) 对考官的评分技术要求较高，考官应该接受专门的培训；

(3) 对应试者的评价易受考官各个方面特别是主观意见的影响（如偏见和误解），从而导致考官对应试者评价结果的不一致；

(4) 应试者存在做戏、表演或者伪装的可能性；

(5) 指定角色的随意性可能导致应试者之间地位的不平等；

(6) 应试者的经验可以影响其能力的真正表现。

**3. 无领导小组讨论的评价标准**

在无领导小组讨论中，考官评价的依据标准主要是：

(1) 受测者参与有效发言次数的多少；

(2) 受测者能否随时消除紧张气氛，说服别人，调节争议，创造一个使不大开口讲话的人也想发言的气氛，并最终使众人达成一致意见；

(3) 受测者能否提出自己的见解和方案，同时敢于发表不同意见，并支持或肯定别人的意见，在坚持自己正确意见的基础上根据别人的意见发表自己的观点；

(4) 受测者能否倾听他人意见，并互相尊重，在别人发言的时候不强行插话；

(5) 受测者语言表达、分析问题、概括或归纳总结不同方面意见的能力；

(6) 受测者反应的灵敏性、概括的准确性、发言的主动性等。

**（三）无领导小组讨论试题的形式**

无领导小组讨论的讨论题一般都是智能性的题目，从形式上来分，可分为以下五种。

(1) 开放式。例如，您认为什么样的领导才是个好领导？

(2) 两难式。例如，您认为能力和合作精神哪个更重要？

(3) 排序选择。例如，若母亲、妻子、儿子三人同时落水，该先救谁？

(4) 资源争夺。例如，公司只有500万元奖金，不同部门应如何分配？

(5) 实际操作。针对存在的问题设计一个实际操作方案。

**1. 开放式问题**

开放式问题答案的范围可以很广、很宽。主要考查应试者思考问题时是否全面，是否有针对性，思路是否清晰，是否有新的观点和见解。例如，你认为什么样的领导是好领导？关于此问题，应试者可以从很多方面如领导的人格魅力、领导的才能、领导的亲和力、领导的管理取向等方面来回答，可以列出很多的优良品质。开放式问题对于评价者来说，容易出题，但是不容易对应试者进行评价，因为此类问题不太容易引起应试者之间的争辩，所考查应试者的能力范围较为有限。

**2. 两难问题**

两难问题是让应试者在两种互有利弊的答案中选择其中的一种。主要考查应试者分析能力、语言表达能力以及说服力等。例如，你认为以工作为取向的领导是好领导呢，还是以人为取向的领导是好领导？此类问题对于应试者而言，不但通俗易懂，而且能够引起充分的辩论；对于评价者而言，不但在编制题目方面比较方便，而且在评价应试者方面也比较有效。但是，此种类型的题目需要注意的是两种备选答案一定要有同等程度的利弊，不能其中一个答案比另一个答案有明显的选择性优势。

**3. 多项选择问题**

此类问题是让应试者在多种备选答案中选择其中有效的几种或对备选答案的重要性进行排序，主要考查应试者分析问题实质、抓住问题本质方面的能力。对于评价者来说，此类问题出题难度较大，但对于评价应试者各个方面的能力和人格特点则比较有利。

**4. 操作性问题**

操作性问题，是给应试者一些材料、工具或者道具，让他们利用所给的这些材料，设计出一个或一些由考官指定的物体来，主要考查应试者的主动性、合作能力以及在实际操作任务中所充当的角色。如给应试者一些材料，要求他们相互配合，构建一座铁塔或者一座楼房的模型。此类问题，在考查应试者的操作行为方面要比其他方面多一些，同时情景模拟的程度要大一些，但较少考查言语方面的能力，同时考官必须很好地准备所能用到的一切材料，对考官的要求和题目的要求都比较高。

**5. 资源争夺问题**

此类问题适用于指定角色的无领导小组讨论，是让处于同等地位的应试者就有限的资源进行分配，从而考查应试者的语言表达能力、分析问题的能力、概括或总结能力、发言的积极性和反应的灵敏性等。如让应试者担当各个分部门的经理，并就有限数量的资金进行分配，因为要想获得更多的资源，自己必须要有理有据，必须能说服他人，所以此类问题可以引起应试者的充分辩论，也有利于考官对应试者的评价，但是对讨论题的要求较高，即讨论题本身必须具有角色地位的平等性和准备材料的充分性。

（四）无领导小组讨论的安排

无领导小组讨论一般安排 30~60 分钟，主要有以下几步。

**1. 准备阶段**

（1）指导语：要有统一、明确的指导语，以免在组与组的应试者之间造成不匹配，没有可比性。

（2）安排场地：为使所有的受测者处于同等地位，无领导小组讨论应该用圆桌，而不要用方桌，使用方桌容易使得相对而坐的人有对立感。

（3）选择题目：无领导小组讨论常用的题型有五类，在出题难度、评价难度方面略有不同，包括开放式问题、两难问题、多项选择问题、操作性问题和资源争夺问题。一般来说，选择能够引发小组成员较激烈争论的题目比较好。

**2. 具体实施阶段**

面试官给受测者提供必要的资料、交代问题的背景和讨论的要求后，一定不要参与提问、讨论或者回答，以免给应试者造成暗示，整个讨论过程可用摄像机监测、录像。

整个讨论可以分为三个阶段。

第一阶段：面试官宣读试题，受测者了解试题、独立思考、列出发言提纲，一般规定为 5 分钟左右；

第二阶段：受测者轮流发言阐述自己的观点；

第三阶段：受测者自由发言，不但阐述自己的观点，而且对别人的观点提出意见，最后达成某一个协议。

在时间上要求单个受测者单次发言时间不要过长。

**3. 评价阶段**

至少要有 2 位评价者，以相互检查评价结果；

评价者应对照计分表所列条目仔细观察应试者的各项表现；

评价者一定要克服对受测者的第一印象，不能带有民族、种族、性别、年龄、资历等方面的成见；

评价者对受测者的评价一定要客观、公正，以事实为依据。

**4. 总结阶段**

在进行无领导小组讨论后，所有考官都要撰写评定报告，内容包括此次讨论的整体情况、所问问题的内容及优缺点，主要说明每个应试者的具体表现、自己的建议，以及最终录用意见等。

小组讨论一般每组 4~8 人不等，参与者得到相同的信息，但都未被分配角色，大家地位平等，要求他们分析有关信息并提出一个最终的解决方案，检测考生的组织协调能力、口头表达能力、辩论能力、说服能力、情绪稳定性、处理人际关系的技巧、非言语沟通能力（如面部表情、身体、姿态语调、语速和手势等）等各个方面的能力，以及自信程度、进取心、责任心、灵活性、情绪控制等个性特点和行为风格。

无领导小组讨论通常适用于挑选具有领导潜质的人或某些特殊类型的人群（如营销人员、公务员这类经常跟"人"打交道的岗位），对于 IT 人员、生产类员工是不适用的。

（五）无领导小组讨论法的类型

（1）根据讨论的主题有无情境性，可分为无情境性讨论和情境性讨论。无情境性讨论一般针对某一个开放性的问题来进行，情境性讨论一般把应聘者放在某个假设的情境中来进行。

（2）根据是否给应聘者分配角色，可以分为不定角色的讨论和指定角色的讨论。不定角色的讨论是指小组中的应聘者在讨论过程中不扮演任何角色，可以自由地就所讨论的问题发表自己的见解；指定角色的小组讨论中，应聘者分别被赋予一个固定的角色。

（六）无领导小组讨论的测评要素

（1）应试者的举止仪表，主要包括体格外貌、穿着举止、精神状态。

（2）应试者在团队中与他人发生关系时所表现出的能力，主要有语言和非语言的沟通能力、说服能力、影响力、人际交往的意识与技巧、团队精神等。

（3）应试者在处理实际问题时的思维分析能力，主要包括理解能力、分析能力、综合能力、推理能力、想象力、创新力以及信息的检索和利用能力。

（4）应试者的个性特征和行为风格，主要包括动机特征、自信心、独立性、灵活性等特点，还包括考察问题时从大处着眼还是关注细节。

（5）动机与岗位匹配性，如对职位的选择是否源于对事业的追求，是否有奋斗目标、积极努力、兢兢业业、尽职尽责。

（6）应变能力，即在实际情景中解决突发性事件的能力，能否快速、妥当地解决棘手问题。

（7）言语表达能力，即考生言语表达的流畅性、清晰性、组织性、逻辑性和说服性。

图书在版编目(CIP)数据

面试实战解码/上海华智公考学校编著. —上海：复旦大学出版社，2020.8
(上海华智公考系列)
ISBN 978-7-309-13575-6

Ⅰ.①面… Ⅱ.①上… Ⅲ.①公务员-招聘-考试-中国-自学参考资料 Ⅳ.①D630.3

中国版本图书馆 CIP 数据核字(2020)第 104510 号

**面试实战解码**
上海华智公考学校　编著
责任编辑/张美芳

复旦大学出版社有限公司出版发行
上海市国权路 579 号　邮编：200433
网址：fupnet@ fudanpress.com　http://www.fudanpress.com
门市零售：86-21-65102580　团体订购：86-21-65104505
外埠邮购：86-21-65642846　出版部电话：86-21-65642845
上海丽佳制版印刷有限公司

开本 787×1092　1/16　印张 16.25　字数 344 千
2020 年 8 月第 1 版第 1 次印刷

ISBN 978-7-309-13575-6/D・1039
定价：66.00 元

如有印装质量问题,请向复旦大学出版社有限公司出版部调换。
版权所有　　侵权必究